法治建设与法学理论研究部级科研项目成果

XINGFA SHANG DE WEIXIAN ZEREN

刑法上的危险责任

庄 劲 ◎ 主编

中山大学出版社
SUN YAT-SEN UNIVERSITY PRESS

·广州·

图书在版编目（CIP）数据

刑法上的危险责任/庄劲主编. —广州：中山大学出版社，2018.1
ISBN 978 - 7 - 306 - 06244 - 4

Ⅰ. ①刑…　Ⅱ. ①庄…　Ⅲ. ①刑法—研究—中国　Ⅳ. ①D924. 04

中国版本图书馆 CIP 数据核字（2017）第 287780 号

出 版 人：徐　劲
策划编辑：金继伟
责任编辑：周　玢
封面设计：曾　斌
责任校对：王　璞
责任技编：何雅涛
出版发行：中山大学出版社
电　　话：编辑部 020 - 84110771，84113349，84111997，84110779
　　　　　发行部 020 - 84111998，84111981，84111160
地　　址：广州市新港西路 135 号
邮　　编：510275　传　　真：020 - 84036565
网　　址：http://www.zsup.com.cn　E-mail：zdcbs@ mail. sysu. edu. cn
印 刷 者：虎彩印艺股份有限公司
规　　格：787mm×1092mm　1/16　12. 75 印张　209 千字
版次印次：2018 年 1 月第 1 版　2018 年 1 月第 1 次印刷
定　　价：45. 00 元

自　序

　　危险业务（民法又称"高度危险作业"），是指将复杂工业技术应用于生产、生活而对公共安全有较高危险的作业，包括民用核设施经营，高速轨道交通运输，民用航空，高度危险物占有与使用，高空、高压、地下挖掘，医药研发与推广，以及其他应用尖端技术可能致公害事故的活动。危险业务有着不可忽视的潜在社会负面效应，尤其是近年来高新工程建设、医药卫生等危险业务事故频发，其安全运营影响到公众的人身安全及行业的健康发展。危险业务具有促进公共福祉和危及公共安全的两面性，而且致害过程复杂，因此需确立专门的归责原理，即讨论刑法上的危险责任。本书的意义在于，对灾害事故的结果责任提出更为合理的归责路径和原理。具体来说，即针对危险责任的特点，从保护法益的确定、危险监督中的责任分担、因果关系的判断、注意规范视野下的因果归责、合理信赖和被害人自陷风险等方面细化灾害事故的归责原理。这些原理对于指引灾害事故的刑事审判实务具有重要价值。

　　要界定危险业务的不法行为，首先应明确行为所侵犯的法益，而公共安全是危险业务犯罪的主要侵害法益，故本书开篇即从"公共安全"法益的界定着手。传统上，公共安全是指"不特定或者多数人的生命、健康或公私财产的安全"。但本书认为，公共安全的认定应对"不特定"和"多数人"做合理限制。"不特定"是指犯罪行为可能侵犯的对象和可能造成的结果事先无法确定，而且行为所造成的危险状态或危害结果有随时转化或扩大的现实可能性，绝不能仅仅依赖于损害结果数量的多少。"多数人"除了有数量上的要求，同时还需要加入社会性的本质理解，即应当考虑不特定的可能的人遭受损害的现实可能性。公共安全应当包含社会公共秩序法益，排除单纯的财产安全。

　　由于危险业务具有技术复杂性、前沿性，往往非一人之力能够成就，现代组织体下的企业共同体应运而生。在此背景下形成了复杂、多层次的监管分工，一个人疏忽或懈怠的行为往往会发生连锁性的反应，通过引发其他人的行为，特别是被监督者的行为，共同导致严重后果的发生。因此，本书第二章讨论如何运用监督过失的法理解决危险业务事故犯罪的责任分担。按照传统过失犯罪的理论，往往只能追究直接引起危害结果发生的行为人的刑事责任，而无法追溯到直接行为人背后的监督管理者的责任。起源于日本的监督过失理论为我们解决这类问题提供了理论依据。监督过失犯罪的本质是监督者违反其注意义务。监督者的注意义务包括结果回避义务和结果预见义务，其中对结果回避义务的违反属于犯罪的客观要件，而对结果预见义务的违反属于犯罪的主观要件。在客观方面上，监督者的结果回避义务可分为信息收集义务、预防危险的义务和排除危险的义务。客观归责理论在判断客观行为与结果之间的关系、合理限定处罚范围上有着不容忽视的作用。在主观方面上，监督者的结果预见义务包含预见对象、预见程度、形成结果回避的动机三方面的内容。其中，预见对象既包括监督者自己的行为与被监督者行为之间的因果关系，又包括监督者自己的行为与最终危害结果之间间接的因果关系；在预见程度上，监督者对自身的行为可能导致被监督者过失或其他不当行为的危险须是具体明确地预见，而对于监督者自己的行为与最终危害结果之间的间接因果关系仅需抽象地预见。另外，信赖原则在主观上起到限定处罚范围的作用。我国刑法分则中虽有对监督过失犯罪的体现，但并非自觉适用监督过失犯罪理论的结果，存在对犯罪主体的规定比较模糊、监督者责任的认定依附于单位犯罪的成立、对监督过失责任规定不平衡等现象。因此，完善监督过失犯罪体系并在我国现行刑法的框架中加以贯彻，对于预防公害事故，具有重要的意义。

本书第三章致力于讨论危险业务灾害常见的因果类型——公害犯罪的因果关系。认定危险业务事故的刑事责任，必须证明危险业务行为和结果之间的因果关系。但高科技背景下的危险业务事故具有因果类型多重、因果方式模糊和因果发展长期性的特点，是危险业务事故因果认定的根本难题之所在。我们主张借鉴疫学因果关系理论认定公害犯罪的因果关系。传统因果关系理论建立在实证主义、自然主义的科学法则之上，利用经验法则判断实行行为与结果之间引起与被引起的关系。无论是大陆法系国家的条件说、原因说、相当因果关系说，还是英美法系国家的双层次因果关系理论，抑或是社会主义国家的必然与偶然因果关系说，在因果关系的判定上都需要确切的因果链条，都离不开科学规律的支持。而危险业务事故之因果关系导致传统因果关系理论难以有所作为。如果在刑事责任的认定上拘泥于科学法则、经验事实，无形中便关闭了危险业务事故之被害群体寻求刑事救济的大门。所以，公害犯罪的因果判断可围绕时间序列开展"群体性"研究，将大量差异化的结果逐步溯源至最初的实行行为，与流行病学范畴以"人群""暴露"及"疾病"研究为中心的传染病病因研究极为相似，流行病学因果研究方法及标准有应用于危险业务事故因果认定的现实性与可行性。

结果要归责于行为，除了行为与结果间存在因果关系，还须结果可客观归责于行为。因而第四章讨论的是如何根据注意规范的保护目的限制灾害事故的客观归责。在过失犯罪中，每一个危险行业领域均会存在法律法规、规章制度等预防性规则，这些规定存在的主要目的就在于通过规定特定的措施来预防某种结果的发生，因此，当发生了该规范企图预防的结果时，也就违反了注意规范的保护目的。反之，若损害结果发生在注意规范保护目的之外，则应排除归责。在传统的刑法因果关系认定中，主要采用的是相当因果关系说。正是因为认识到相当因果关系理论存在着不足与盲区，因此在危险事故过失犯罪领域引入注意规范保护目的理论十分必要，适用注意规范保护目的对违反注意义务规定造成损害的因果进程进行判断，可以得到清晰明确的答案。

最后一章提出，应根据合理信赖理论来解决危险业务领域损害中被害人自陷风险的责任分担。传统的被害人自陷风险理论主张，即使行为人造成了法益损害，只要被害人事前同意了行为的风险，即可排除行为人对损害的责任。但社会是一种团结共同体，任何公民作为这一共同体的成员都需要对其他成员担负一定的照顾义务，即公民间的团结义务。当行为人参与了他人的法益风险时，即使他人自愿接受该风险，行为人对法益仍承担一定的注意义务。被害人自陷风险理论包括形式和实质两方面的理据。在形式理据上，无论是客观归责论、共犯从属性论还是被害人承诺论，都存在逻辑上的不能自洽。在实质理据上，无论是立足于被害人的自决权还是被害人教义学，都无法说明何以被害人对风险的接受足以免除行为人对被害人的团结义务。对被害人实施自我保护行为的信赖，是现代社会的分工和交往要求。随着现代科技发展和社会分工的细化，整个社会既是相互独立和陌生的，又要相互联系和相互信任。在这些细化的分工中，每个交往关系中的他人一般都会被推定是自身利益的最优的判断者。当交往关系中的一方明知这一危险而自愿接受时，交往的另一方原则上可以推定他有能力避免危险的发生。立足于对被害人自我保护的合理信赖，我们便可以将被害人的自陷风险与行为人的主观归责联系起来。如果行为人能够合理信赖被害人自我保护的能力，规范即免除了行为人对被害人法益相应的注意义务。因此，当行为人根据被害人自陷风险的态度，能够有效信赖被害人能够自我保护时，可排除其对结果的责任。

　　本书是司法部中青年项目"刑法上的危险责任——危险业务领域灾害事故的归责原理"（编号：12SFB3013）的最终研究成果。本书由庄劲主编，各章具体分工如下：黄彤撰写第一章，林鹏撰写第二章，杨雪莹撰写第三章，邢留双撰写第四章，庄劲撰写第五章。本书成稿仓促，难免有谬误之处，恳请同行不吝赐教。

目　　录

危险业务（民法又称"高度危险作业"），是指将复杂工业技术应用于生产、生活而对公共安全有较高危险的作业，包括民用核设施经营，高速轨道交通运输，民用航空，高度危险物占有与使用，高空、高压、地下挖掘，医药研发与推广，以及其他应用尖端技术可能致公害事故的活动。学理认为，危险业务具有促进公共福祉和危及公共安全的两面性，而且致害过程复杂，因此需确立专门的归责原理。危险责任有不同于事故犯罪的特殊性：其一，危险业务需要庞大的组织体系，主体的责任范围常重叠交错，难以区分；其二，当今科技常无法完全查明灾害发生的因果进程；其三，高危工业技术多包含较难预见的危险，以致难以认定被告的主观责任；其四，现行研究多局限于"合理信赖"和"监督过失"之理论，已明显落后于现代企业管理学多维度、多环节的风险控制要求，故专门探讨刑法上的危险责任是理论和实践上的必然趋势。在德国法中，基于危险业务产生的法律责任统称"危险责任"（Gefahrdungshaftung），包括民事责任、行政责任、刑事责任。国内对民事危险责任早有深入讨论，但对刑事危险责任之研究尚付阙如。

因此，本书拟分五章讨论刑法上危险责任的归责问题。第一章，将讨论危险业务犯罪的侵害法益；第二章，将运用监督过失理论检讨危险业务领域不法行为的构成；第三章，将讨论特殊公害犯罪中的因果关系；第四章，将讨论注意规范保护目的在危险业务犯罪中的适用；第五章，将讨论危险业务事故中被害人自陷风险时的责任分担。

第一章　危险业务犯罪的侵害法益

危险业务虽然具有促进公共福祉的积极作用，但也具有危害公共安全的弊端。在现有的技术条件下，人们还不能够完全控制自然力量和某些物质属性，在经营过程中，稍有不慎就很有可能造成人们的生命、健康以及财产的巨大损害。危险业务对公共安全具有严重危险性，高危险作业过程中引发的危险事故犯罪也屡次发生。但由于危险业务的民事法律规定较为完善，而相关的专门刑事法规则阙如，导致司法实践中对此类高度危险作业事故案件处理混乱，许多已经涉及危害公共安全性质的危险事故犯罪，却适用民法的责任规定，导致被告人承担的责任畸轻，并不符合社会公正的要求。比如"斜坡放炮炸石头案"，被告人经养路道班同意后，约请其他 4 人在距离公路约 10 米的高斜坡上放炮炸石头，并在放炮后清除公路上的碎石。半小时后，被害人骑自行车路过该段公路，在被告放炮位置斜下约 2 米处，滚下一块约一吨重的大石头，导致被害人被撞倒并致右手六级残废，自行车被压坏。法院认为，从公路上方滚下石头，被告很难预料，原告也很难预料，故适用民法的高度危险责任规定，由双方当事人分担被害人的损失。此案引发了社会争议，许多民众认为此案已经属于刑事犯罪，甚至涉及危害公共安全，适用民事责任的规定并不合理，对受害者极不公平。危险业务对社会具有高度危险性，危险业务产生的危险，究竟是民法的调整范畴，还是具有危害公共安全性质的刑事犯罪？这就依赖于对公共安全和"危险"的科学理解。探讨公共安全的正确含义，研究公共安全中的"危险"内涵，才能正确划定危险业务的刑罚界限。

第一节　公共安全的含义

由于刑法理论界对于"公共安全"的理解迥然不同，致使司法机关在认定危险作业行为是否足以构成危害公共安全罪时，困难重重。笔者试图通过对主要学术观点的比较评析，对"公共安全"的含义重新进行思考和界定，以期对危险业务事故的性质认定有所裨益。

一、刑法理论界对"公共安全"含义的界定

究竟何为公共安全？现行《刑法》第二章以及司法解释都没有明确规定，只是在我国刑法教科书及相关论文中可以看到对"公共安全"所下的定义。以下是几种有代表性的观点。

其一，高铭暄教授认为，公共安全是指不特定多数人的生命、健康和重大公私财产安全。[①]

其二，张明楷教授认为，公共安全是指不特定或者多数人的生命、健

① 参见高铭暄《新编中国刑法学》，中国人民大学出版社 1998 年版，第 510 页。

刑法上的危险责任

康或公私财产的安全。①

其三，高格教授认为，公共安全是指不特定多数人的生命、健康或重大公私财产安全。②

其四，王作富教授认为，公共安全是指特定或者不特定的多数人的生命健康、重大公私财产或者公共生活利益的安全。③

通过比较，可以发现，上述四种观点的分歧主要集中在以下两个方面：

第一，不特定和多数人的关系究竟是并列关系还是选择关系。如果不特定与多数人是并列的关系，则它排斥侵害特定多数人、特定少数人和不特定少数人的生命、健康以及重大公私财产安全的行为构成危害公共安全罪；如果不特定和多数人是选择的关系，则它只排斥侵害特定少数人的生命、健康和重大公私财产安全的行为构成危害公共安全罪。

第二，公共安全的内容争议。生命、健康、重大公私财产是"三选一"的关系还是"二选一"的关系？即重大公私财产是否要以生命、健康为前提，如果侵害重大公私财产必须以侵害生命、健康为前提，则单纯侵害财产安全就不构成危害公共安全。另外，除了不特定多数人的生命、健康、重大公私财产安全以外，公共安全是否还应该包括其他内容？

以上两个问题能否正确解答，关系着对于"公共安全"的界定是否科学，同时，对于判断是否构成危害公共安全罪也有重要意义。接下来笔者将对上面的问题分别进行分析论证。

二、公共安全中的"公共"含义

危险业务的侵害范围，是认定危险业务行为是否具有刑事犯罪性质的核心，如果危险业务危及公共安全，则足以构成危害公共安全罪。因此，何为公共安全，是我们探究危险业务犯罪性质的第一步。公共安全的认定，首先在于对"公共"概念的理解和把握，而对"公共"界定的关键，就是如何理解"不特定"与"多数人"。因此，我们先分析"不特定"和"多数人"的概念。

---

① 参见张明楷《刑法学》（第四版），法律出版社 2014 年版，第 537 页。
② 参见高格《刑法教程》，吉林大学出版社 1987 年版，第 273 页。
③ 参见赵廷光《中国刑法原理·分论卷》，武汉大学出版社 1992 年版，第 174 页。

（一）对于"不特定"的理解

对于不特定的理解，理论界主要有以下几种观点：

（1）张明楷教授认为，不特定是指犯罪行为可能侵犯的对象和可能造成的结果事先无法确定，行为人对此既无法预料也难以控制，行为造成的危险或者侵害结果可能随时扩大或者增加。[①]

（2）何秉松教授认为，不特定指犯罪行为不是针对某一个、某几个特定的人或者某项特定具体的财产，它的实际危害后果的严重性和广泛性，犯罪分子往往难以预料和控制。[②]

（3）赵秉志教授认为，不特定是指危害公共安全的犯罪的危害性不是限定于特定的个人或财产，而往往在事先无法确定其侵害的对象，也无法预料和控制可能造成的后果。[③]

（4）高铭暄教授和马克昌教授认为，不特定是指绝大多数犯罪往往在行为前无法确定其侵害的对象的范围，也无法预料和控制可能造成的后果及其程度，所造成的实际危害后果常常超出了行为人的预料和控制。但是，不能将"不特定"理解为没有特定的侵犯对象或目标。[④]

（5）鲍遂献和雷东生教授认为，不特定是指行为人对自己行为可能侵害或可能破坏的后果，事前无法确定，无法预料并难以控制。它包括对象不特定和结果不特定两层含义，也就是说，危害公共安全罪不以行为人主观上是否有确定的犯罪对象与侵害目标为准。对象不特定，是指行为究竟可能对谁的人身或财产造成损害，造成多少人的人身财产安全损害，是行为人无法预料的。但需要注意的是，不特定并不意味着可能侵害的对象和可能造成的结果没有上限，有些情况下上限无法确定，而有些情况下上限是可能确定的。不特定从属性上讲是客观的，其判断只能依照自然法则和客观规律来确定，而不以行为人的主观意图为转移。[⑤]

① 参见张明楷《刑法学》（第四版），法律出版社 2014 年版，第 537 页。
② 参见何秉松《刑法教科书》，中国法制出版社 2000 年版，第 670 页。
③ 参见赵秉志《刑法新教程》，中国人民大学出版社 2001 年版，第 467 页。
④ 参见高铭暄、马克昌《刑法学》（第六版），北京大学出版社、高等教育出版社 2014 年版，第 352～353 页。
⑤ 参见鲍遂献、雷东生《危害公共安全罪》，中国人民公安大学出版社 2003 年版，第 4 页。

（二）比较分析

1. 对象不特定是指行为在客观上造成不特定多数人受到侵害的结果

对象不特定究竟是指行为人没有侵害的特定对象，还是指行为在客观上造成了对不特定人的损害结果。对于这个问题，上述的五种观点均赞成后者，认为对象不特定是指行为在客观上使不特定的人遭受侵害，而不是没有特定目标。也就是说即使行为人在行为之前有明确的侵害目标，但行为造成的客观结果不止于特定目标，也侵犯了公众的生命、健康和重大公私财产安全，也构成危害公共安全罪，对象不特定的理解在学界中观点是较为一致的。

2. 行为人对实际危害结果的预测和控制

上述的五种观点，其实都不同程度地认为行为人在事前对于实际危害结果无法预料和控制。笔者认为，将行为人对实际危害结果的无法预料和控制作为"不特定"内涵的构成要素之一，是不合理的。行为人无法预料和无法控制危害结果的发生，并非公共安全中不特定的必要含义。

首先，无法预料和无法控制，在刑法中常常是被用来表述行为人主观上没有罪过，是不负刑事责任的意外事件，而在危害公共安全的犯罪中，同样使用这种不负刑事责任的表述方式，并不合适。其次，故意实施的危害公共安全的犯罪，如在人口密集的居民区、超市、电影院等公共场所放置炸药等，这种行为将导致什么样的结果，相信一般人都可以预见，行为人自然更加可以预见，因为行为人本来就意图制造危害社会的结果。如果行为人存在事前意图侵害的特定目标，实施危害行为侵害特定目标的同时，放任危害公共安全的结果发生，比如甲为了杀死乙，在人流众多的地铁上引爆炸弹，造成多人死伤的结果。这种情况之下，行为人对于特定目标之外的危害公共安全的结果持放任的故意，行为人对其行为和结果已经有大致预见。既然行为人对这种危害公共安全的结果持一种希望或者放任的态度，即使行为人可以预料到，他也不会去控制，更无难以控制这一说。再次，即使在过失造成的危害公共安全犯罪中，行为人也是负有预见义务的，行为人对危害公共安全结果的发生也是应该预见、能够预见的，而不是无法预见，否则，刑法也不会追究行为人的过失责任。最后，在某些特殊情况下，行为人实施了危害行为，行为造成的危害结果进一步扩大，超出了行为人的预料范围，倘若没有扩大之前的结果也足以使其构成危害公共安全罪的话，那么这种情况并不影响对其行为的定性。如果没有扩大之前的结果不足以构成危害公共安全罪的话，那么，就要具体判断行为人的行为与最后的结果之间是否具有相当的因果关系，如果具有相当的因果关系，则行为人仍然要构成相应的犯罪；如果不具有相当的因果关系，则行为人不对扩大后的结果负责。

3. 危险状态或危害后果随时扩大或增加的现实可能性

笔者认为，危险状态以及危害后果随时扩大或增加的现实可能性构成不特定内涵的不可或缺的要素，也是在司法实践中判断罪与非罪、此罪与彼罪的关键因素。为了充分而具体地解释这个问题，笔者将通过两个案例进一步具体分析。

案例一：甲因为与人闹矛盾，心中郁闷，为了发泄心中怨气，来到过街天桥，将桥上废置的砖头向步行街的人群中掷去，结果砸中乙的头部，致使乙当场死亡。

案例二：乙同样是因为心中郁闷，来到一个跨越高速公路的人行天桥，将桥上的石块砸向高速公路，恰巧砸穿一辆飞速行驶的轿车的挡风玻璃，致使车辆损坏，驾驶员当场死亡。

以上两个案例从客观结果看，都是致一人死亡；从不特定性上来看，甲和乙事前都没有特定的侵害目标，甲和乙的行为最终将导致谁的伤亡都无法确定，所以，从表面上看，都是不特定的。但是，尽管两个案件具有很大的相似性，本质却不同，这是因为甲和乙的行为发生的具体环境不同。甲将砖头扔向步行街的人群中，虽然甲主观上对可能发生的不特定对象的伤亡持故意的态度，事实上也造成了一人死亡的结果，但城市的步行街一般都是步行的行人，不会有机动车辆等危险的交通工具通过；在客观上，甲的行为不具有扩大或者波及其他不特定人利益的现实可能性，达不到危害公共安全罪中"公共"的要求。因此，对于甲的行为应定性为故意杀人罪或者故意伤害罪，而不能是危害公共安全罪。与甲的情况不同，乙将石块投掷到高速公路上，众所周知，高速公路是国家重要的交通干道，车流量大、车速快，一旦某路段发生突发性的交通事故，极有可能在短时间内造成重大交通事故。也就是说，虽然乙的行为在客观上最终只造成了一人死亡的结果，但是，乙的行为随时可使这种结果扩大，危及更多人的利益，从而使不确定的其他人的利益处于随时可能受到侵犯的危险状态之中。因此，乙的行为应该认定为以危险方法危害公共安全罪。

可见，危险状态或危害后果随时扩大或增加的现实可能性对于处理司法实践中的疑难问题起着很重要的作用。那么，如何判断行为人的行为是否具有"危险状态或危害后果随时转化或扩大的现实可能性"呢？一般来说，对于"危险状态或危害后果随时转化或扩大的现实可能性"的判断应以行为时客观存在的情况和一般人认识到的各种事实为基础，立足于一般人的立场对事态做事前判断。如果从行为时存在的情况以及一般人的观念来看，在侵犯不特定个人时，有危及其他人生命、健康和重大公私财产安全的现实可能性，那么，行为人的行为就具有危害公共安全的危险，构成危害公共安全罪。

据此，笔者认为，危害公共安全的"不特定"是犯罪行为可能侵犯的对象和可能造成的结果事先无法确定，而且行为所造成的危险状态或危害结果有随时扩大或增加的现实可能性。

（三）对于"多数人"的理解

我国刑法理论界对于危害公共安全中的"多数人"的研究较少，而且也比较表面化。相当一部分教材和论文根本就没有阐述什么叫作"多数人"，或者参照财产犯罪的规定将其简单地规定为3人或3人以上。

周光权教授就简单地将多数人解释为众人，交叉使用"多数人"和"公众"的概念；[①] 赵秉志教授则放弃了"多数人"的概念，将公共安全定义为多人的生命、健康和财产安全；[②] 相对而言，张明楷教授对于多数人的理解更合理。他认为，对于多数人，难以用具体数字表述，行为使较多人（即使是特定的多数人）的生命、身体受到威胁时，应认为危害了公共安全。当"安全"是指不特定或者多数人的生命、健康等安全时，该行为就属于危害公共安全。倘若行为仅侵犯了特定的少数人的生命、健康等法益，则不构成危害公共安全罪。[③]

笔者认为，"多数人"是与"不特定"相通的概念，3人或3人以上是一个非常方便运用的概念，但我们更应该从社会性的含义上去理解多数人，而不是仅仅用数量衡量。"多数"并不要求一定是现实的多数，也包含潜在的或者可能的多数。即使侵害对象是特定的，如果行为具有随时向

---

① 参见周光权《刑法各论》（第二版），中国人民大学出版社2011年版，第161页。
② 参见赵秉志《刑法》，高等教育出版社2007年版，第289页。
③ 参见张明楷《刑法学》（第五版），法律出版社2016年版，第688页。

危及潜在多数人安全的方向发展的现实可能性，则当然也属于危害公共安全。相反，如果行为人向不特定对象实施的行为除了使得该被害人受到危险或损害外，并不具有向危及第三人安全扩展之现实可能的，则不具有"公共"意义。《中华人民共和国刑法》（以下简称《刑法》）分则第二章规定危害公共安全罪，实际上是将个人法益抽象为社会法益作为保护对象，是为了保护公共安全，维护社会公共秩序和公众的利益的"公共"是相对于"个人"而言的，相应地，"公共安全"应当是与"个人安全"相对应的概念。社会性是公共安全的题中之义，因此，公共安全应当是指多数人的安全或者潜在的可能的被威胁的多数人的安全。诚然，数量的多少与公众利益的大小，社会性的强弱都有关系，但是，对于"公共"的界定绝不能仅仅依赖于数量的多少。危害公共安全犯罪中的"多数"人除了要求数量上要达到 3 人或 3 人以上，同时，还需要具有与不特定相通的特性即社会性，具体体现为使潜在的不特定的可能的人遭受损害的现实可能性。具备以上两个要素的"多数人"才是危害公共安全罪中的"多数人"。

同时值得注意的是，以"多数"为核心来理解"公共"的概念，是就单一行为本身在客观上具有危及现实的或者潜在的多数人的生命、身体或者财产安全而言，而不是就数行为所可能导致的危害后果而言。比如基于报复社会的心理，行为人手持带有艾滋病毒的针管见人就扎，或者在人群密集的地方拿匕首见一个捅一个的行为，即使行为最终导致多个个体重伤或者死亡，也不能被认为危害了"公共"的安全。在此类情形中，行为人实际上实施了多个行为，尽管行为对象涉及多个，而且从结果来看似乎也符合多数的要求，但不能认为其行为具有危害公共安全的性质。因为单就每个单一的行为来看，相关行为根本不具有随时向危及多数人安全的方向发展的现实可能性。所以不能认为相关行为具有危害公共安全的性质，更不应认定行为人构成以危险方法危害公共安全罪。由于行为人实际上实施了数个同种行为，这便涉及成立同种数罪的问题。①

（四）"不特定"与"多数人"的关系

如何理解危害公共安全罪中的"不特定"和"多数人"的关系，同

---

① 参见劳东燕《以危险方法危害公共安全罪的解释学研究》，载《政治与法律》2013 年第 3 期。

样是一个重要而又众说纷纭的问题。学界通行的观点是"不特定且多数人"，然而，近年来又有很多学者提出质疑，认为他们的关系应该是选择即"或"的关系。

（1）"不特定（且）多数人"的观点是我国刑法学界的通说。持该观点的学者，几乎都对不特定的概念进行了描述，而对"不特定"和"多数"的关系并没有做任何解释。该观点强调"不特定"和"多数"并重，二者缺一不可。

笔者认为这种观点是不合理的。"不特定多数人"的表述意味着特定的多数人的生命、健康等安全，以及不特定人的生命、健康等安全，都不是公共安全。这似乎缩小了危害公共安全罪的范围，存在法益保护不周延的可能性，也与法条和司法实践不相符合。以交通肇事罪为例，如果按照"不特定且多数人"的观点，有些违反交通规则造成事故的行为只是危害了特定多数人的生命、健康等安全，或者只是危害了不特定多数人的生命、健康等安全，又或者只是危害了不特定少数人甚至一个人的生命、健康等安全，但司法实践中没有争议地将其认定为危害公共安全罪的交通肇事罪。

（2）"不特定或多数人"的观点由张明楷教授提出，他认为，作为危害公共安全罪的保护法益的公共安全的"公共"，是指不特定或者多数人。如今赞成这一观点的学者越来越多，而该观点在我国也逐渐演变成一种有力的学说。因为危害公共安全罪，是以危害公众的生命、健康等为内容的犯罪，故应注重行为对"公众"利益的侵犯；刑法规定危害公共安全罪的目的，是将生命、身体等个人法益抽象为社会利益作为保护对象的，故应当重视其社会性。"公众"与"社会性"要求重视量的"多数"。换言之，"多数"是"公共"概念的核心，"少数"的情形应当排除在外。但是，如果是"不特定的"，则意味着随时有向"多数"发展的现实可能性，会使多数成员遭受危险和侵害。因此，不特定或者多数人的生命、健康等安全，就是"公共"安全。①

笔者基本赞成此观点，"不特定或多数人"就意味着侵犯"不特定多数人""不特定少数人""特定多数人"的生命、健康和重大公私财产安全的行为都构成危害公共安全罪。这种观点有效地弥补了上述第一种观点

---

① 参见张明楷《刑法学》（第五版），法律出版社 2016 年版，第 688 页。

把成立危害公共安全罪的范围限定得过小的缺点。但遗憾的是，范围又太大了。就拿侵害"特定多数人"的利益来说，比如，甲与乙有仇，深夜，甲潜入乙家中，将乙全家7口全部杀死，虽然甲杀死的人数数量已经大于3，但是甲的行为并没有危害公众安全，显然构成故意杀人罪，而不是危害公共安全罪。

因此笔者认为，须加入对"多数人"的社会性理解，来完善第二种观点的缺点，在上文中，笔者提出"多数人"最重要的是需要具有社会性，能够使潜在的不特定的可能的人遭受损害的现实可能性。即危害结果扩大或增加的现实可能性，除了要求数量上达到3人或者3人以上之外，具有社会性本质的"多数人"才是危害公共安全罪中的"多数人"，在这种理解下，甲出于报仇潜入乙家中杀害乙全家多人，乙的全家人虽然达到了数量上"多数人"的要求，但不具有社会性，即杀人结果没有扩大或增加的可能性，因此就被排除在"特定多数人"的范围之外了，不构成危害公共安全罪。

（3）"不特定"的观点。该观点认为，危害公共安全罪最本质的特点是不特定。不特定不存在数量上的要求，不特定在属性上讲是客观的，其判断只能依照自然法则和客观规律来确定，而不以行为人的主观意图为转移。该观点把多数的要素排除在外，只强调不特定性。[1] 认为危害公共安全罪的最本质的特点是不特定，不特定并不存在数量上的要求。该观点把"多数"的要素排除在外，只强调不特定性。依据这种观点，侵犯"特定的多数人，特定的少数人"的生命、健康和重大公私财产安全的行为都不成立危害公共安全罪。但是，对于侵犯"不特定少数人"的生命、健康和重大公私财产安全的行为，在司法实践中仍然有一些例子可以证明其在一些情况下并不具有危害公共安全的性质。比如，甲为了宣泄心中的郁闷情绪，在某电影院的一个座位上放了一个5厘米长的钉子，想通过捉弄他人取乐，结果铁钉深深扎入乙的身上，事后乙被鉴定为重伤。在这个案件中，甲并没有特定的侵害对象，铁钉会扎到谁并不确定，客观上讲，铁钉的威力是有限的，而且一旦扎伤其中任何一个观众，电影院都会采取措施避免这种情况再次发生，观众也会更加小心。甲的行为虽然侵害了乙的健康，但显然不符合危害公共安全罪的本质，故应以故意伤害罪论处。

---

[1]　参见张小虎《放火罪之理论研究》，载《河南省政法管理干部学院学报》2002年第4期。

刑法上的危险责任

（4）"多数人"的观点。王作富教授认为，公共安全是指特定或者不特定的多数人的生命、健康、重大公私财产或者公共生活利益的安全。[①]赵秉志教授认为，公共安全是多数人的生命、健康和财产安全。[②] 台湾学者林山田定义公共危险罪为"乃指足以造成特定或不特定多数人死亡，或身体健康受到伤害，以及财物受损等严重后果的具有公共危险性的犯罪行为"[③]。该观点认为，公共危险是指对多数人的生命、身体或者财产的危险。不问是否特定，只要是对多数人的生命、身体或者财产的危险，就是公共危险。

笔者认为这种观点同样也是不合理的，这种观点认为公共危险是指对多数人的生命、身体或者财产的危险，不问是否特定。这就排除了侵害"不特定少数人"的生命、身体或者财产的危险构成危害公共安全罪的情况，那么交通肇事罪就是最有力的反驳，与法条不符。在"特定多数人"的情况下，比如甲出于报复心理杀了乙一人，定故意杀人罪；甲若出于报复心理杀了乙全家十几口人，达到了多数人的要求，就变成了危害公共安全罪，这明显是不符合司法实践的。

第二节　公共安全的内容

对于公共安全内容，理论界存在两个争议问题需要分析：一是单纯的财产安全是否属于公共安全？危险业务行为若单纯侵害财产安全，是否足以构成危害公共安全罪？二是除了不特定或者多数人的生命、身体之外，公共安全还应该包括什么内容，公共秩序是否也属于公共安全的保护法益？如果危险业务行为造成了公众生活混乱，是否足以构成危害公共安全罪？

一、单纯的财产安全，是否属于公共安全

我国刑法理论主流观点均将重大公私财产的安全作为公共安全的内

---

① 参见王作富《刑法》（第六版），中国人民大学出版社 2016 年版，第 246 页。
② 参见赵秉志《刑法相邻相近罪名界定》（上册），吉林人民出版社 2000 年版，第 93 页。
③ 林山田：《刑法特论》（上册），台湾三民书局 1988 年版，第 61 页。

容，公共安全应当包括财产安全，即便是"纯粹性财产"，也应属于危害公共安全罪之保护法益。那么根据这种观点，如果行为人过失毁坏的是不特定或者多数人的财物，则应当以（过失）危害公共安全罪论处。但对于过失毁坏财物的，无论数额多寡，情节严重、恶劣与否，只要没有侵犯其他法益，都不得以犯罪论处，这种做法明显不合理。另外，将仅仅侵犯不特定或者多数人的财产而未侵犯生命、身体的行为也认定为危害公共安全罪，必然会与财产犯罪尤其是故意毁坏财物罪的法定刑相冲突。根据《刑法》第二百七十五条①的规定，故意毁坏公私财物行为的最高法定刑为7年有期徒刑；相反，如果只是因为行为人毁坏了属于不特定或者多数人的财物并且造成了重大损失就以危害公共安全罪论处，则最高可以判处死刑，这种畸轻畸重的做法也显然不妥。

张明楷教授反对将单纯的财产安全作为公共安全的内容，他认为：①如果说只要行为侵害了价值重大的财产就属于危害公共安全罪，那么，一方面，盗窃银行、博物馆并取得重大价值财物的行为，构成危害公共安全罪；另一方面还会出现明显不协调的现象，即刑法只处罚故意毁坏财物罪，而过失毁损价值重大的财产时反而成立危害公共安全罪，这令人难以理解。②倘若说只要行为侵害了不特定或者多数人的财产就属于危害公共安全罪，那么面向不特定或者多数人实施的集资诈骗行为，流窜犯盗窃多人财物的行为，都成立危害公共安全罪，这也令人难以接受。事实上，《刑法》第一百一十五条②规定的"使公私财产遭受重大损失"是以危害不特定或者多数人的生命、身体安全为前提的。③

而反对张明楷教授观点的学者认为，是否构成危害公共安全罪，还取决于行为人的行为方式。银行、博物馆的财产不仅不属于公共重大财物，而且盗窃等行为方式并不属于《刑法》分则第二章所规定的行为方式。所以，将公共重大财产纳入公共安全的范围，并非意味着只要是取得重大财产的行为就属于危害公共安全罪。而是以危险方式危害公众之重大财产的

---

① 《刑法》第二百七十五条：故意毁坏公私财物，数额较大或者有其他严重情节的，处三年以下有期徒刑、拘役或者罚金；数额巨大或者有其他特别严重情节的，处三年以上七年以下有期徒刑。

② 《刑法》第一百一十五条：放火、决水、爆炸以及投放毒害性、放射性、传染病病原体等物质或者以其他危险方法致人重伤、死亡或者使公私财产遭受重大损失的，处十年以上有期徒刑、无期徒刑或者死刑。

③ 参见张明楷《刑法学》（第五版），法律出版社2016年版，第688页。

方能构成危害公共安全罪。① 这个观点的缺陷是显而易见的，一方面，盗窃银行、博物馆的，不能成立危害公共安全罪，而盗窃交通设施、电力设备、公用电信设备以及枪支弹药的，能够成立危害公共安全罪；破坏尚未投入使用的铁轨的，不成立危害公共安全罪，并不只是取决于行为方式。另一方面，如果认为公众的重大财产安全就是公共安全，那么，盗窃、骗取公众重大财产的行为，在本质上危害了公共安全，只不过《刑法》分则没有将其规定为危害公共安全罪，这样的结论很难让人赞成。②

笔者认为，单纯的财产安全不能作为危害公共安全罪之保护法益，如果危害公共安全罪涉及财产安全，也应当是与多数人的人身安全有密切关联的财产安全（即侵犯该财产安全，必然会不可避免地危及相关人员人身安全。例如，放火烧毁有人居住的房屋，或者破坏正在使用中的公共交通工具，等等），对于仅仅侵害到多数人的财产，但并不牵涉生命、身体安全之行为则不能认定为危害公共安全罪。

首先，如张明楷教授所说，如果单纯的财产安全也属于公共安全，则流窜作案的盗窃犯或者盗窃、诈骗银行、博物馆甚至一般机关、企事业单位的财物，都会被认为构成危害公共安全的犯罪。

其次，根据《刑法》第一百一十五条第二款的规定，刑法惩罚危害公共安全罪的过失实害犯；相反，在其他财产类的犯罪中，刑法则既不惩罚过失实害犯，也没有采取危险犯的立法方式。《刑法》第一百一十四条③所规定的各个罪名属于危险犯，若是单纯的财产安全可以构成公共安全，那为什么在侵犯财产安全的具体危险出现之时，刑法就要提前介入进行保护，而且在财产犯罪的规定中又不做出这样的规定？

再次，若是认为单纯的财产安全也属于公共安全，则势必无法合理地处理本罪与故意毁坏财物罪之间的关系。根据《刑法》第二百七十五条的规定："故意毁坏公私财物，数额较大或者有其他严重情节的，处三年以下有期徒刑、拘役或者罚金；数额巨大或者有其他特别严重情节的，处三年以上七年以下有期徒刑。" 如果放火烧掉荒漠上无人居住的

---

① 参见曲新久《论刑法中的"公共安全"》，载《人民检察》2010 年第 9 期。

② 参见张明楷《刑法学》（第五版），法律出版社 2016 年版，第 688 页。

③ 《刑法》第一百一十四条：放火、决水、爆炸以及投放毒害性、放射性、传染病病原体等物质或者以其他危险方法危害公共安全，尚未造成严重后果的，处三年以上十年以下有期徒刑。

别墅构成放火罪，适用 10 年以上有期徒刑、无期徒刑或者死刑的法定刑；而假设另一行为人采取的是用推土机推倒的方式将别墅毁坏，只适用 3 年以上 7 年以下有期徒刑，这势必导致处罚上的不公。而且基于法益侵害说的立场，刑法中的法益具有区别此罪与彼罪的功能，即不同法益能够明示不同个罪之间的根本界限，从而在整体上赋予具体个罪较为清晰的构成要件之轮廓。正是基于法益所具备的区分各罪功能，"纯粹性财产"无论其数额多么巨大，也不应成为危害公共安全罪的保护对象。我国《刑法》分则第五章专门设有故意毁坏公私财物罪、破坏生产经营罪、盗窃罪、抢劫罪、诈骗罪、抢夺罪等财产犯罪，其保护法益均为财产权。倘若将仅仅危害纯粹性财产安全之行为一概视为危害公共安全罪，则必将使得公共安全之法益所应具备的"构成要件区别功能"形同虚设。

最后，如果一种方法只是危及财产安全，而不可能危及他人的生命、身体安全，则这样的方法也不可能被认为是《刑法》第一百一十四条与第一百一十五条第一款所规定的"危险方法"。比如，行为人将荒漠中他人空置的孤零零的一栋别墅放火烧掉，不可能被认定为构成放火罪。尽管从经验层面来看，放火往往会因危及他人生命、身体安全而构成"危险方法"，但这并不意味着，任何放火的行为都会产生《刑法》第一百一十四条与第一百一十五条第一款所要求的公共危险。盗窃正在使用中的电缆会构成破坏电力设备罪，而如果电缆尚未交付使用，便只能构成盗窃罪，这说明是否构成危害公共安全犯罪，并不一定取决于行为方式。

就司法实践来看，将重大公私财产安全纳入公共安全保护法益之中，是因为行为在使公私财产遭受重大损失的同时，也往往对公众的生命、健康造成了损害。例如，破坏交通工具的行为，一方面使交通工具遭受了损失，更重要的是对乘客，对行人的生命、身体构成了严重的威胁。所以，这种情况下公众的生命、健康与重大公私财产安全在一般情况下是一损俱损的关系。行为侵害了不特定人的重大公私财产安全，根据不特定的性质，这种行为至少会给公众的生命、健康造成威胁，除非重大公私财产与社会相对或者绝对隔离，但是被隔离的重大公私财产的安全就不符合不特定的要求了，对它的侵犯也不可能危害公共安全。所以，尽管行为在客观后果上看，可能只使不特定人的财产受到损害，而生命、健康没有受到实际损害，但是，这并不代表公众的生命、健康没有受到损害的现实可能性。① 综上所述，笔者认为有必要对《刑法》第一百一十五条第一款中的"使公私财产遭受重大损失"限制解释为：在使公私财产遭受重大损失的同时，还存在致人重伤、死亡的现实可能性；如果仅有使公私财产遭受重大损失的危险，而实际上不可能危及他人生命、身体安全的，则仍不能成立以危险方法危害公共安全罪。这意味着，具有致不特定人或多数人重伤、死亡的现实危险，是成立以危险方法危害公共安全罪的必要前提。

二、除了不特定或者多数人的生命、身体之外，公共安全还应该包括什么内容？公共秩序利益是否也属于公共安全的内容

显然，规定在危害公共安全罪中的犯罪，并不都是侵害、威胁生命、身体的犯罪，例如《刑法》第一百二十四条②所规定的破坏广播电视设施、公用电信设施罪，行为人卸掉正在使用的公用电信设施上的一点价值不大但又很关键的部件，致使公用电信设备不能正常使用，运行中断。在这种情况下，行为人的行为既没有侵犯不特定人的生命、健康安全，也没有侵犯重大公私财产的安全。如果将公共安全的内容限定在不特定人的生命、健康和重大公私财产安全之内，便无法解释对上面那种行为为什么定性为危害公共安全的行为。

张明楷教授认为，危害公共安全罪的保护法益除了不特定或者多数人的生命、身体的安全，还应当包括公众生活的平稳与安宁。据此，危害公共安全罪，是指故意或者过失危害不特定或者多数人的生命、健康的安全以及公众生活的平稳与安宁的行为。破坏广播电视设施、公用电信设施，扰乱了公众生活的平稳与安宁，在当今社会，如果使得多数人不能观看电视、不能使用电话，就会让公众生活陷入混乱状态，《刑法》第一百二十四条的规定就是为了保护公众生活的平稳与安宁。《刑法》第一百一十四条、第一百一十五条所规定的犯罪，也包括对公众生活的平稳与安宁的保

① 参见何洋《试论刑法中"公共安全"的涵义》，载《河北法学》2012年第3期。
② 《刑法》第一百二十四条：破坏广播电视设施、公用电信设施，危害公共安全的，处三年以上七年以下有期徒刑；造成严重后果的，处七年以上有期徒刑。过失犯前款罪的，处三年以上七年以下有期徒刑；情节较轻的，处三年以下有期徒刑或者拘役。

护。例如，明知多数人的住房内无人，但放火烧毁多数人的住房的，也应认定为放火罪，因为这种行为严重侵害了多数人生活的平稳与安宁。①

反对将"公众生活的平稳与安宁"作为公共安全内容的学者指出，对于司法实践中发生的破坏广播电视设施的行为来说，没有危害而且也不可能威胁公众生命、身体健康，而只是危害重大财产安全的，若是财产属于公众，那么行为就具有公共危险性，应当以破坏广播电视设施罪论处；反之，若是属于个人财产法益，则应当归入故意毁坏财物罪，过失不构成犯罪。②

可是，这种观点基本上废除了破坏广播电视设施罪。其一，破坏广播电视设施的行为，一般不可能危害公众的生命、身体安全；其二，广播电视设施虽然一般是公共财产，但难以认定为公众的重大财产，而且，破坏广播电视设施的行为，通常不可能危害重大财产安全。《刑法》第一百二十四条的法定刑之所以明显轻于《刑法》第一百一十四条至第一百一十九条的法定刑，就是因为其仅侵犯了公众生活的平稳与安宁，而没有（也不要求）侵犯公众的生命、身体安全。③

笔者赞成张明楷教授的观点，公共秩序利益也是公共安全的内容，破坏广播电视设施、公用电信设施，在人们越发依赖电信设备的现代社会，势必会造成巨大混乱，严重影响人们的工作与生活，甚至可致使依赖于公用电信设施进行工作、生活的人的不特定的财产利益，甚至生命、健康处于危险状态，这种社会混乱的危险状态如果持续下去，后果将不堪设想。为了公众的生产生活利益，公众的良好秩序需要得到有力的维护，因此笔者认为，公共秩序利益也是公共安全的保护法益之一，这样也就充分解释了为何《刑法》第一百二十四条的规定属于危害公共安全罪的范畴。

第三节　危害公共安全的"危险"

危险业务是将对公共安全具有较高危险的复杂技术运用于生产、生活之中的作业。对公共安全具有危险性是危险业务最大的弊端，科学界定危

---

① 参见张明楷《刑法学》（第五版），法律出版社 2016 年版，第 688 页。
② 参见曲新久《论刑法中的"公共安全"》，载《人民检察》2010 年第 9 期。
③ 参见张明楷《刑法学》（第五版），法律出版社 2016 年版，第 689 页。

险业务对公共安全的危险性，是认定危险业务事故是否足以上升为刑事犯罪的关键。如果危险业务事故已经危及公共安全，则可能构成危害公共安全罪，自然不可仅适用民法责任。那么，如何定义危及公共安全的"危险"？"危险"达到何种程度就足以危害公共安全？危害公共安全的"危险"是何种性质？接下来笔者将对危害公共安全的"危险"进行探讨。

危害公共安全的危险方法，是指故意或者过失使用放火、决水、爆炸、投放危险物质和其他危险方法危害公共安全的行为。放火、决水、爆炸、投放危险物质这些危害公共安全的形式具有相当严重的刑事违法性，危险业务事故中存在这些行为，认定为刑事犯罪是较为无疑义的。所以我们需要研究的，是危害公共安全罪中的"其他危险方法"危害公共安全的行为。

以危险方法危害公共安全罪是一个独立的罪名。刑法将以危险方法危害公共安全罪与放火、爆炸等罪并列规定在相同法条中，并且规定了相同的法定刑。此罪在最高人民法院和最高人民检察院以司法解释的方式确定罪名之前，理论界存在究竟是统一将此罪定为"以危险方法危害公共安全罪"还是根据犯罪行为人实际使用的方法确定其罪名存在争议。后来最高人民法院和最高人民检察院发布的关于罪名的司法解释正式确定此罪罪名为"以危险方法危害公共安全罪"。罪名虽然随着司法解释的出台似乎没有太多的争议，但是对"其他危险方法"却在理论与实践中可能产生不同的理解。因此，对这一问题进行理论上的探讨就颇有必要。

一、"其他"的含义

在界定何种危险行为可以成立危险业务中危害公共安全的危险方法时，离不开对该危险方法的前缀修饰词语"其他"的解释。其他，顾名思义，即别的。在《刑法》分则条文中规定了"其他"的犯罪条文有很多，对于"其他危险方法"中的"其他"的解释，学界基本上比较同意同类解释、体系解释和限制解释的方法。

（一）体系解释

危险业务所讨论的具有危害公共安全性质的其他危险方法被规定于《刑法》分则第二章，即危害公共安全类罪中。所以本罪中的其他危险方法侵犯的必定是公共安全，而且本罪被置于分则第二章之首，从法定刑判断成立本罪中的其他危险方法的行为应当为有可能造成重大公共危害的危险行为。本罪中的其他危险方法被并列规定在放火、爆炸、投放危险物质等行为之后，依照罪刑法定的原则，成立本罪中的危险方法应当是除这几种危险行为之外的方法。即当行为人所实施的危险行为满足了上述几种犯罪的犯罪构成时，应当以刑法明文规定的放火罪、爆炸罪等定罪处罚，不宜定为以危险方法危害公共安全罪。同理，若行为人所实施的危险行为满足了《刑法》分则第二章其他条文里规定的犯罪，如交通肇事罪时，就应当将其认定为刑法已明文规定的具体罪名，而不能直接套用以危险方法危害公共安全罪，否则会导致罪刑不均衡，违反罪刑法定原则和罪责刑相适应原则，导致该罪名的滥用。

（二）同类解释

"其他危险方法"被并列排在放火、爆炸等行为之后，它必须与前面所列举的行为相当，应当具有同该几种行为性质相同的危险性，即具有一经实施，便有可能造成不特定多数人的生命、健康和重大公私财产遭到损害的紧迫危险性，这也是理论界的通说。放火、爆炸、决水等行为的紧迫危险性是显而易见的，而对于投放危险物质和以其他方法危害公共安全的行为，也具有同等的紧迫危险性。虽然从实行行为的表面上来看，比如在村庄的饮用水里投毒，危害结果的发生由受害人是否饮用而决定，似乎不一定会发生，从而使这种投毒行为表面上看并没有紧迫的现实危险性，但就如同放火行为有可能因为风力过大导致火焰熄灭、爆炸行为因为一些其他偶然因素而没有实现、射杀被害人因为枪法不准而失败等一样，任何实施行为都存在行为实现的概率问题。危害结果的实现概率高低不同，任何一种危害行为的实现都不是必然的，我们不能因此否定未遂行为的危险性，也不能因为投放危险物质行为和以其他危险方法危害公共安全的行为的危险性实现具有间接性而认为这种行为不具有紧迫现实的危险性。危害公共安全的危险方法，应当被认定为一经实施，便有危害不特定或者多数人的生命、健康和重大公私财产安全的行为。

（三）限制解释

《刑法》第一百一十四条与第一百一十五条没有明文规定（过失）以

危险方法危害公共安全罪的具体行为结构与方式，导致"其他危险方法"没有限定，这与罪刑法定原则的明确性要求存在距离。司法实践明显扩大了本罪的适用范围。有的判决将明显构成其他犯罪的行为也认定为（过失）以危险方法危害公共安全罪；有的判决将危害公共安全但不构成其他具体犯罪的行为，认定为（过失）以危险方法危害公共安全罪，导致本罪囊括了刑法分则没有明文规定的、具有危害公共安全性质的全部行为，使"以其他危险方法"的表述成为危害公共安全罪的"兜底"条款；有的判决还将并不危害公共安全的行为认定为以危险方法危害公共安全罪。于是，以危险方法危害公共安全罪，被学者们称为"口袋罪"。①

张明楷教授一直主张对本罪的构成要件采取限制解释的态度。①"以其他危险方法"仅限于与放火、决水、爆炸、投放危险物质相当的方法，而不是泛指任何具有危害公共安全性质的方法。因为《刑法》将本罪规定在第一百一十四条与第一百一十五条之中，根据同类解释规则，它必须与前面所列举的行为相当；根据该罪所处的地位，"以其他危险方法"只是《刑法》第一百一十四条、第一百一十五条的"兜底"规定，而不是《刑法》分则第二章的"兜底"规定。换言之，对那些与放火、决水、爆炸等危险方法不相当的行为，即使危害公共安全，也不宜认定为本罪。②单纯造成多数人心理恐慌或者其他轻微后果，不足以造成《刑法》第一百一十四条、第一百一十五条第一款规定的具体的公共危险或者侵害结果的行为，不得认定为以危险方法危害公共安全罪。③如果某种行为符合其他犯罪的犯罪构成，以其他犯罪论处符合罪刑责相适应原则，应尽量认定为其他犯罪，不宜认定为本罪。② 笔者也赞成这一观点，采取限制解释，合理界定本罪的适用范围是贯彻罪刑法定原则的体现，唯有如此才能改变司法实践中在适用本罪时大量存在的滥用罪名、适用混乱、罪刑责不相适应的乱象。

二、"危险"的认定

在"其他"的限定下，与危险业务相关的其他危险方法应当解释为除

---

① 参见张明楷《论以危险方法危害公共安全罪——扩大适用的成因与限制适用的规则》，载《国家检察官学院院报》2012 年第 4 期。

② 参见张明楷《刑法学》（第五版），法律出版社 2016 年版，第 695 页。

了放火、爆炸、决水和投放危险物质之外且危险性相当的行为。要界定何为危险业务中足以危害公全的危险方法，关键在于明确何为"危险性相当"，何为"危险"。

（一）对于"危险相当性"的理解

危害公共安全的危险行为，应当解释为与放火、爆炸、决水和投放危险物质的行为危险相当性的行为，即被认定为本罪中危险方法的行为必须要具备同上述行为相当的危害性程度，一经实施便可能导致公共安全遭受严重损害的后果。对于这一点，学界没有争议。但是危险相当性标准，本身便是一个价值判断标准，用价值判断标准去认定一个行为，必然会引起实务界中适用时的混乱，在学界也存在很多争议。对该标准的认定不能流于形式而应当从行为实质的危害性来认定。对相当性标准的认定，学界有如下几种观点：

（1）鲍遂献和雷东生教授认为应具有与放火、决水、爆炸等相当严重程度的社会危害性，常见形态有驾车冲击人群，私设电网，向人群开枪，制造、输坏血、病毒血等危险方法。①

（2）张明楷教授认为，本罪中的危险相当性指的是对《刑法》第一百一十四条中所列举的对象具有同样的严重破坏性，同时还会波及公共安全的危险性行为，即此处的危险相当性体现为对公共安全的严重破坏性。②

（3）高铭暄和马克昌教授认为，这里的危险相当性应当解释为与放火、爆炸、决水和投放危险物质行为的危险性相当，行为人一旦实施，就可能造成不特定多数人重伤、死亡的结果，或者使公私财产遭受重大损失，或者严重损害其他重大公共利益。③

笔者赞成第三种观点。第一，这种观点视其他危险方法与放火、爆炸、决水等行为是并列关系，因此被评价为危险行为的危险性也应具有相当性，如此便符合罪名协调性的设置。放火、爆炸、决水和投放危险物质等行为的一个明显特征便是侵害范围广、对象不特定，只有行为本身具有

---

① 参见鲍遂献、雷东生《危害公共安全罪》，中国人民公安大学出版社 2003 年版，第 67 页。

② 参见张明楷《刑法学》（第四版），法律出版社 2014 年版，第 545 页。

③ 参见高铭暄、马克昌《刑法学》（第六版），北京大学出版社、高等教育出版社 2014 年年版，第 355 页。

同等危险性，足以导致危害程度相同的危险方法，才能被认定为本罪中所讨论的行为。此时对于该危险性的判断不仅仅是从可能造成的结果而言，同时也是对行为本身具有足够危险性的要求。只要该行为一经实施，如放火行为已经实施，便极有可能造成不特定多数人的重伤死亡乃至重大公司财产遭受损失的危害。第二，该种观点符合罪刑相适应原则。以危险方法危害公共安全罪被规定于《刑法》分则第二章之首，从其法定刑设置来看，本罪已然属于重罪，因此，也只有该行为的危险程度能与放火、爆炸等行为相当，具有非常严重的社会危害性时，才能认定为危害性相当，否则，就会有违罪刑相适应的原则。对于造成多数人心理上的恐慌以及只是表面上危害了公共秩序，但是没有实质上造成重大危害结果的行为，或者一些偶然侵害到了公共安全但没有严重到与刑法所列举的几种行为危险相当的情况，是不能认定其具备危险相当性的，否则会导致本罪适用范围过于宽泛。

因此，笔者认为，本罪所讨论的危险相当性不仅体现在对公共安全损害的严重程度相当，而且要求行为本身的危险性质要同放火、爆炸等行为具有等同性，行为的危险性程度只能是有过之而无不及。

（二）对危害公共安全的"危险"的认定

在界定了危险相当性之后，"危险"的含义便成为要讨论的问题，这也是认定危险业务所产生的危险是否足以危害公共安全的重中之重。危险业务中具有高度危险性的行为，这类行为所具有的危险究竟为何呢？危险业务的危险行为，是仅实施行为即成立犯罪，还是需要达到现实、紧迫的具体危险才能被认定为危害公共安全罪？如何通过确定放火、爆炸、决水、投放危险物质等这类行为的危险含义来判断危险业务行为是否属于危害公共安全罪中所规定的危险行为？

1. 犯罪性质——"准抽象危险犯"概念的提倡

分析我国《刑法》第一百一十四条可以发现，该条文中只描述了"以放火、决水、爆炸以及投放危险物质或者其他危险方法危害公共安全，尚未造成严重后果"，并没有"足以造成"四个关键字。因此，对于本条规定的危害公共安全罪的性质，是属于具体危险犯还是抽象危险犯，学界尚存在争议。

持抽象危险犯观点的学者较少，比如有学者认为，以危险方法危害公共安全罪应当属于抽象的危险犯，危险的存在是不需要证明的，或者说不需要判断是否有发生现实危险的可能性，这种危险是一种推断的危险，倘若行为人实施了一定的危险行为，就必然会对公共安全造成威胁而成立犯罪既遂。①

学界主流观点认为本罪应当属于具体危险犯，某行为成立《刑法》第一百一十四条规定的危险犯时，应当根据行为时的主客观事实来综合判断其是否达到了足以危害不特定或者多数人的人身财产安全的危险程度。周光权教授认为，"具体危险犯中的具体危险使法益侵害的可能具体地达到现实化的程度"，并根据暴力危及飞行安全罪中存在"危及飞行安全"的表述，认同危害公共安全罪属于具体危险犯。② 张明楷教授认为，具体危险犯中的危险是指"具有发生侵害结果的紧迫（高度）危险"，根据非法携带枪支、弹药、管制刀具、危险物品危及公共安全罪中存在"危及公共安全"的表述，也认为危害公共安全罪属于具体危险犯。③

但是，暴力危及飞行安全罪的最高法定刑仅仅为 5 年有期徒刑，如果要求对飞行中的航空器上的人员使用暴力，并且要产生足以使飞机发生重大事故的现实、紧迫的高度危险时，才成立本罪。那么，假如对飞行中的航空器的机组人员使用暴力，已经影响了飞机的正常飞行并造成了乘客的巨大恐慌，但最终并未达到使飞机倾覆等严重后果，这种行为同样对公共安全具有危害性，但因为没有造成巨大的严重后果，则不需要处罚。这似乎不合理地缩小了该罪的适用范围，违背了罪刑责相适应的原则，并不符合社会正义的要求。非法携带枪支等危险物品进入公共场所的行为，如果也是仅在行为对公共场所造成现实、紧迫的危险状态时才成立危害公共安全罪，同样也是不合理地缩小了处罚范围。因此，将危害公共安全罪统一定性为具体危险犯，则会将诸多已经产生了一定危险，但尚不足以达到现实、紧迫的具体危险状态的危害公共安全的行为排除在刑罚之外，这并不妥当。

其实，在司法实践中，许多理论上认为是具体危险犯的罪名，却适用

① 参见谭绍木《以危险方法危害公共安全罪中"危险方法"的展开》，载《南昌航空工业学院学报（社会科学版）》2005 年第 1 期。

② 参见周光权《刑法各论》，中国人民大学出版社 2011 年版，第 132、153 页。

③ 参见张明楷《刑法学》（第四版），法律出版社 2014 年版，第 167、628 页。

了抽象危险犯的规定。比如，将管制刀具带入候车厅、①在市场上摆摊销售管制刀具、②在街上销售管制刀具等行为，③均不待其形成具体、现实、高度、紧迫的危险，即认定成立该罪的既遂。刑法实务普遍认为，只要破坏了刹车等关键零部件，盗毁枯水期备用的变电器设备，在输油管道上打孔盗油，盗窃具有毒害性、放射性的危险物质，在街上摆摊销售管制刀具，生产了准备用于销售的不符合安全标准的食品，生产了准备用于销售的不符合标准的医用器材，非法采集、制作了准备用于供应的不符合标准的血液、血液制品，违规排放、倾倒、处置了毒害性物质等，不待其对相关法益形成具体、紧迫、现实的危险，就已经成立破坏交通工具罪、破坏电力设备罪、破坏易燃易爆设备罪、盗窃危险物质罪、非法携带管制刀具危及公共安全罪、生产不符合安全标准的食品罪、生产不符合标准的医用器材罪、非法采集血液与制作血液制品罪、污染环境罪等。④

上述赞同危害公共安全罪属于具体危险犯的学者，既认为危害公共安全罪必须是在具体个案中达到现实、紧迫的危险才能成立，又仅仅根据相关《刑法》分则条文中存在"危害公共安全""足以……""危及飞行安全""危及公共安全"等表述方式，就直接得出相关危害公共安全犯罪属于具体危险犯的结论，这就等同于放弃了具体个案中具体危险的判断。这本来就是自相矛盾的理论。而在司法实践中，又普遍存在将具体危险犯"抽象"司法化的做法，明显与具体危险犯的理论相悖。因此，我们必须打破传统的危险犯二分法，探讨是否还存在独立的第三种危险犯类型，以期得出更加合理的危险犯理论，与司法实践相适应。

笔者在此提倡引入德日刑法中的准抽象危险犯的概念。日本学者山口厚认为，在具体危险犯和抽象危险犯之间，存在着要求某种程度的实质危险性判断的中间形态——准抽象危险犯，例如日本刑法第 217 条规定的遗弃罪。⑤大谷实也指出，抽象危险犯包括不以抽象危险的发生为要件的犯罪，也包括从一般经验看，尽管可能性极低，但也以发生某种法益侵害危

---

① 参见蚌埠铁路运输法院（2009）蚌铁刑初字第 27 号刑事判决书。
② 参见北京市房山区人民法院（2014）房刑初字第 505 号刑事判决书。
③ 参见广东省广州市白云区人民法院（2014）穗云法刑初字第 2242 号刑事判决书。
④ 参见 2013 年《最高人民法院、最高人民检察院关于办理危害食品安全刑事案件适用法律若干问题的解释》第一条，2013 年《最高人民法院、最高人民检察院关于办理环境污染刑事案件适用法律若干问题的解释》第一条。
⑤ 参见［日］山口厚《刑法总论》，有斐阁 2007 年版，第 46 页。

险为必要的犯罪，后者可谓准抽象危险犯；但是，无论哪种抽象危险犯，都不能仅从构成要件的形式规定上进行判断，而必须根据具体构成要件的解释来确定，遗弃罪和毁损名誉罪即为准抽象危险犯。① 在德国的刑法理论中同样有类似准抽象危险犯的概念。例如，有德国学者认为，抽象危险犯和具体危险犯的传统二分说是过时的、简单的且易引起歧义，提出应当以所谓"具体危险性犯"作为传统危险犯二分说的补充，以避免在行为没有任何危险性的情况下，仅仅因为不服从而受到刑事制裁。② 施罗德指出，德国刑法中"足以"造成某种危险条款所规定的危险犯，属于无法归入抽象危险犯和具体危险犯的混合类型；判断这种危险犯的危险，在特定情形下需依赖抽象危险因素与具体危险因素的结合，即进行"抽象－具体危险犯"的判断。③ 霍耶尔在施罗德研究的基础上，将具有"足以"条款规定的犯罪以及暗含以"足以"发生危险作为客观不法内涵的犯罪统称为"适格犯"，并主张适格犯应当作为介于具体危险犯和抽象危险犯之间的独立危险犯类型而存在，其危险性仍是需要结合具体案情来判断的行为危险。例如，对于达到醉驾标准的酒量超常者，若判断其醉驾行为并未达到不能安全驾驶的危险程度，则根据适格犯理论可排除危险驾驶罪的成立。④

　　"准抽象危险犯"的概念，描述了这类除了实施法律规定的行为外，还需在个案中进行一定程度的具体、实质性危险判断，从而介于抽象危险犯和具体危险犯之间的独立的危险犯类型。一方面，这类犯罪更接近于抽象危险犯，只要行为具有某种危险属性即成立犯罪；另一方面，相对于盗窃枪支罪等典型的抽象危险犯，其行为是否具有危险，尚需在个案中结合对象的性质、行为属性等进行一定程度的具体判断，但这种危险又无须达到现实化、紧迫性的程度，从而也区别于放火罪等典型的具体危险犯。⑤ 以上文中的暴力危及飞行安全罪和非法携带枪支、弹药、管制刀具、危险物品罪为例，对正在飞行的航空器上的机组人员实行暴力，影响飞机的正常飞行和造成机内人员恐慌混乱，就已经对飞机的飞行安全造成巨大威

---

① 参见［日］大谷实《刑法讲义总论》，成文堂 2012 年版，第 113 页。

② 转引自徐凯《抽象危险犯正当性问题研究——以德国法为视角》，中国政法大学出版社 2014 年版，第 152 页。

③ 转引自［日］山口厚《危险犯的研究》，东京大学出版会 1982 年版，第 249 页。

④ 转引自李川《适格犯的特征与机能初探：兼论危险犯第三类型的发展谱系》，载《政法论坛》2014 年第 5 期，第 67 页。

⑤ 参见陈洪兵《准抽象危险犯概念之提倡》，载《法学研究》2015 年第 5 期。

胁，自然需要受到处罚。"危及飞行安全"的表述是用以描述对机组人员实施暴力的行为的，这个表述是用以限定罪名的适用范围，把一些比如航空器内的人员之间互相推搡的口角行为、危害性极小的轻微暴力行为，排除在处罚之外。并非表明要达到使飞机随时发生危险的现实、紧迫的危险状态才能成立此罪。非法携带枪支和危险物品进入公共场所，"危及公共安全"并非具体危险犯的标志，而是对携带的对象、行为人进入的场所性质本身的限制。并不是说必须向公共场所的群众显示枪支、准备点燃危险物等现实、紧迫的具体危险出现才成立危险，而是要结合个案中的具体情况加以判断，比如之前已经参加过恐怖活动的武装分子携带枪支进入火车站，这种行为主体，不需要做出行为达到对公共安全现实、紧迫的危险状态，我们也能够判断其巨大的危险性了。再比如破坏电力设备罪，破坏易燃易爆设备罪，破坏广播电视设施、公用电信设施罪，这些罪名也属于准抽象危险犯，为了与盗窃罪、故意毁坏财物罪等财产犯罪相区分，理论和实务都一致地将破坏对象限定为正在使用中或者处于备用状态中的设备；这恰好是对破坏行为本身的公共危险性的体现，而并非要求行为必须达到现实、紧迫的危险。成立这些犯罪，对于危险性的要求，正好介于抽象危险犯和具体危险犯之间。准抽象危险犯的概念，有利于将具有危害性但尚未造成现实化、紧迫程度危险的行为也纳入刑罚范围之内，填补抽象危险犯和具体危险犯之间的缝隙，能够更加合理划定处罚范围，实现社会正义。

2. 危险状态的界定

（1）危险状态。

危险业务中被评价为危害公共安全的危险状态，并不是一种静止不动的客观结果，而是行为顺其自然地发展下去可能会造成法律所规定的某种特定危害结果，它是危险行为中所包含的引发特定危害公共安全结果的现实性威胁。是在判断某种状态发生的概率。分析这种概率不仅影响到危险业务行为是否成立以危险方法危害公共安全罪，而且影响到对该行为的量刑。因此，危险业务中足以成立以危险方法危害公共安全罪的危险状态，是对行为人所采用的具体行为方式造成发生危害结果的概率的一种盖然性判断。由于危险是建立在可能性基础上的，所以，此处不能仅仅考虑到危险的有无，而应当考虑到从单纯可能性到高度盖然性的各种不同程度的危险状态，所以在此处，作为对犯罪实施处罚的根据，要求危险的盖然率达到何种程度，是需要解决的主要问题。[①]

对于该危险概率的具体界定，笔者认为，在判断危险业务的具体行为所产生的危险概率时，一定要结合主客观方面的综合事实，综合考虑行为人在着手时的多种条件做出判断。同放火行为性质类似，在判断其所导致的危险状态时要分析对象的物理属性，燃烧物的干燥度，燃烧时的周边环境、风力、天气，等等。这就对司法实务者提出了更严格的要求，需要其在认定具体行为的危险性时，不能仅仅从法条和理论入手，更要结合客观现实中的各种细节要素并做出综合评价。

因此，危险业务行为为危害公共安全的危险状态，需要用一种可能性理论来解释。也就是说行为本身要具有一种属性，足以危害公共安全，这种危害公共安全的可能性要针对广泛的对象，而且所造成的危害结果具有无法控制的随时扩大的可能性。

（2）行为危险性的界定。

判断危险业务行为有没有具体的危险性，能否足以导致危害不特定或者多数人的危险状态，应该从涉及危险业务行为的各个条件综合判断。

第一，结合当时的环境。认定行为是否具有该危险方法的具体危险性，判断行为有没有足以造成公共危害的具体危险性，结合当时的环境是必要的。道理如同上文中所列举的投掷砖头的行为，同样的投掷行为发生在不同的地点其所造成的具体危害性也有着质的区别。对于发生在人群密集的街道、广场、夜市或者其他公共场所的行为，因为其场合的特殊性，在实施危险行为时很容易导致大众人群的公共安全处于被行为侵害的危险状态中，例如，行为人在熙熙攘攘的夜市中点燃小型爆竹，出于好玩的心态数次将小型爆竹扔到来来往往的人流中，企图惊吓路人，此时由于小型爆竹仍然具有致使不特定多数人失明、毁容等重伤情形，所以应当认定为其导致了危害公共安全的危险状态。但倘若行为人只是向无人的荒野投掷小型爆竹或者燃放大型烟花，那么应当认定其不会引起不属于本罪中规定的危险状态。[②]

第二，我们可以把一些经过验证的科学原理和民众的生活经验结合起

---

① 参见高艳东《谨慎判定"以危险方法危害公共安全罪的危险相当性"——兼析具体危险犯的可罚性标准》，载《中国刑事法杂志》2006年第5期。

② 参见熊选国、任卫华《刑法罪名适用指南——危害公共安全罪》，中国人民公安大学出版社2007年版，第27页。

来，以行为发生时现有的科学技术和民众的经验判断来分析该行为的具体危险性。这是从技术层面来分析行为的具体危险性。考虑一个行为具体的危险程度时，要以一般的国民经验和行为人当时所能预见到的危险为基础，考虑该行为在正常的科学规律下的发展，而不能以行为所能导致的危险最大化来考虑行为的危险性质。①

第三，认定某种行为的具体危险性，同行为本身的行为属性是无法分离的。原因之中蕴含着未曾显露的结果的实质，结果则是原因内涵实质的展开和外化。如果一个行为本质上便具有严重的危害公共安全的危险性，在侵害的对象上具有广泛性和不特定性，那么应当初步断定该行为属于具体危险行为。例如，在高度危险物附近燃烧垃圾的行为，然后结合该行为时的具体环境，判断其是否具有发展为实质损害的现实可能性。只有具有足以危害公共安全的行为，才能被认定属于危害公共安全的危险行为。②

① 参见王志祥《论危险犯的危险状态的判断》，载《山东警察学院学报》2015 年第 15 期。
② 参见赵炳寿《刑法若干理论问题研究》，四川大学出版社 2002 年版，第 173 页。

第二章 危险业务犯罪中的监督过失

危险业务具有促进公共福祉和危及公共安全的两面性，而且致害过程复杂，故需确立专门的归责原理。在德国法中，基于危险业务产生的法律责任统称"危险责任"，包括民事、行政、刑事责任。国内对民事危险责任早有深入的讨论，但对刑事危险责任的研究尚付阙如。监督过失是刑法危险责任中的重要环节，因而本章将集中讨论危险业务中监督过失的法理。

德国社会学家乌尔里希·贝克曾言，"风险社会是进步的负面因素制造了越来越多社会冲突的时代"①。危险业务有着不可忽视的潜在社会负面效应，尤其是近年来高新工程建设、医药卫生等危险业务事故频发，其安全运营影响到了公众的人身安全及行业的健康发展，产生了危险业务发展与社会稳定和谐之间的冲突。由于危险业务之技术复杂性、前沿性，往往非一人之力能够成就，现代组织体下的企业共同体应运而生。在此背景下所形成的复杂、多层次的监管分工，一个人疏忽或懈怠的行为往往会发生连锁性的反应，通过引发其他人的行为，特别是被监督者的行为，共同导致严重后果的发生。这种疏忽、懈怠行为与危害结果的发生是间接联系的。按照传统过失犯罪理论，往往只能追究直接引起危害结果发生的行为人的刑事责任，而无法追溯到直接行为人背后的监督管理者的责任。起源于日本的监督过失理论为我们解决这类问题提供了理论的依据，值得借鉴。这一理论的意义在于明确了间接导致危害结果发生的监督者的行为作为刑法上的过失犯罪行为的内涵及构造，避免出现事故发生后上层监管者"地位越高，责任越小"的不合理现象，并且能强化监督者的规范意识，以保障生产的安全、产品的安全，乃至社会大众的安全。监督过失理论在风险社会下的延伸、拓展与应用，是对迅猛发展的危险业务的有力呼应与证成。然而，监督过失理论在我国仍是一个尚未成熟，甚至可以说是尚未

① ［德］埃里克·希尔根多夫：《德国刑法学：从传统到现代》，江溯、黄笑岩等译，北京大学出版社 2015 年版，第 239～240 页。

刑法上的危险责任

成形的理论。而且，这一根植于国外刑法领域的理论，若要在我国理论的土壤中生根发芽，还需要在我国刑法体系中为其找到一个合适的落脚点，使其与整个理论体系相融合，才能在今后的发展中开花结果，造福于我们的社会。因此，如何借鉴这一理论、寻找其与我国刑法体系的契合点，并在实践中加以贯彻，还有许多问题值得我们深入研究。

第一节　危险责任认定之问题、现状与思路

一、问题的提出

（一）我国传统过失理论的缺陷

随着社会生产力的迅速发展，社会分工的日益细化，过失犯罪已然以一种有别于传统的样态出现在我们的面前。危险业务事故风险不同于传统过失犯罪的认定，其涉及多主体之过失行为，所造成的广泛、不特定的危害结果需要特殊规则的调整。有学者认为，"针对高科技所带来的风险，法律规范必须斟酌各种社会活动所具有的各不相同的危险方式与危险程度，借以避免风险产生过度的损害，就有良知与理智而小心谨慎之人应注意的客观注意标准，而制定不同的注意规则"[①]。对于风险社会生活事实的变化，传统过失犯罪的理论遇到了无法妥善解决的难题。

其一，传统的过失理论对于注意义务的研究较为粗疏，通常将结果预见义务作为注意义务的主要内容。只有在具有结果预见可能性的情形下，才相应地承担结果预见义务，并且结果预见的可能性体现在对危害结果有具体预见的可能。当行为人的行为间接地引发危害结果时，其对结果的预见往往并不具体明确，依据传统过失理论，行为人的预见可能性被否定，从而结果预见义务也被否定，行为人将不成立过失的罪过形式。而危险业务事故的发生极可能涉及当前认识的空白领域，行为人的预见可能超越了认识范围，更谈不上义务的存在。

其二，传统过失理论否认共同过失犯罪、间接正犯等概念。当二人以

---

① 林山田：《刑法通论》（下），北京大学出版社 2012 年版，第 175 页。

上共同过失犯罪时，不以共同犯罪论处，而是按照各行为人所犯的罪分别加以处罚。当行为人的行为通过他人行为间接地引起危害结果发生时，由于该行为人的行为无法单独成立犯罪，所以通常的结果是只处罚直接实行犯，从而导致实行犯背后的责任者处罚的缺位。

其三，传统因果关系理论认为因果关系可因他人的犯罪行为而中断。行为人的过失实行行为导致了刑法上危害结果的产生，是成立过失犯罪的条件之一，但是当行为人的过失行为与危害结果之间介入了他人故意、过失甚至无罪过的行为时，行为人与危害结果的因果关系链往往被切断，致使危害结果最终无法归责到上一层级的行为人。危险业务一旦发生事故，因果判断过程漫长而复杂，其中介入因素存在多样性与不特定性，难以实现行为人的结果归责。

然而，我国近几年的食品药品安全事故、安全生产事故、消防事故层出不穷，有学者曾对近 10 年全国 63 个重大责任事故罪案例进行分析后得出：单个行为人案件只占 31.8%，多个行为人过失相竞合案件则占到近70% 的比例。当危害结果是由数个行为人的过失行为共同造成的时候，一般只是从现场直接生产作业的人员中查明违反注意义务的行为人，而免除了管理者、监督者的过失刑事责任。① 可以看出，这种处罚的结果，无论是从罪刑相适应的报应角度来讲还是从保护社会安全的预防角度来讲，都是不合理的。传统的过失理论需要顺应风险社会而加以发展的必要性不言而喻。

（二）监督过失的背景及内涵

监督过失理论的出现反映了现代社会中人们对过失犯罪认识的进一步深化。这一理论起源于日本。从 20 世纪六七十年代开始，科学技术发展迅猛，食品药品、工程建筑、消防等领域的重大事故层出不穷，事故的处理办法通常是从现场直接作业的人员中找出实施了违反规章制度或有不适当行为而直接导致事故发生的人，对之科以过失的刑事责任；而对这类人员上层的监督者、管理者、指挥者，则只科以行政责任。这种处理方法导致了"地位越高，离现场越远，越没有责任"的情况，刑罚的处罚无法体

① 参见朱兴祥、张峰《监督过失与重大责任事故犯罪》，载《人民检察》2009 年第 22 期，第 40～41 页。

刑法上的危险责任

现公正的原则，同时也不利于对此类事故的预防。针对这些问题，监督过失理论应运而生，著名的判例有"森永奶粉砒霜中毒案""北煤气事件""白石中央医院事件"等。

对于"监督过失"的含义，有狭义与广义之分。广义的"监督过失"除了狭义的"监督过失"之外，实际上还包括了"管理过失"。所谓"管理过失"，是指"管理者自身对物力、人力设备、机械、人员体制等管理不善而构成过失的情况"①，其为与危害结果发生有直接联系的直接过失。管理过失行为对危害结果联系的直接性，即没有第三人的行为作为中间项介入，是其与狭义监督过失行为的最大区别，这也使得在犯罪的认定上，狭义的监督过失犯罪的复杂性远大于管理过失犯罪，其在注意义务的内容和因果关系等方面都需要对传统的过失理论进行修正。在这里，本文只研究狭义的监督过失及其在危险业务中的运用。

日本学者对狭义监督过失的含义有不同的表述。前田雅英教授将之归纳为对过失直接导致法益侵害结果的人（直接行为者）负有监督义务的人的过失。② 大塚仁教授是在"过失的竞合"中论及监督过失的，他认为监督过失是过失竞合的一种形式，是上位监督者对下位被监督者没有尽到其监督义务而导致了被监督者的过失行为，从而导致了法益的侵害结果。③ 大谷实教授认为指直接行为人违反使别人不要犯过失的监督注意义务的过失。④ 可见，日本学者虽然表述的方法有所不同，但都围绕"违反监督义务"这一核心，而且对于被监督者的行为性质，大多数学者都将之限定在过失行为的范畴中。

我国学者在借鉴日本学者对监督过失定义的基础上，将这一概念的含义进行了较为具体的表述。有学者指出"监督过失，是指两个以上有从属关系的行为人，即监督者与被监督者之间，由于被监督者在监督者的懈怠监督下而故意或过失地实施了犯罪，而相应地追究监督者的过失责任"⑤。

---

① 谭淦：《监督过失的一般形态研究》，载《政法论坛》2012 年第 1 期，第 176 页。
② 转引自刘丁炳《监督管理过失犯罪研究》，中国人民公安大学出版社 2009 年版，第 18 页。
③ 参见 ［日］ 大塚仁《刑法概说（总论）》（第三版），冯军译，中国人民大学出版社 2003 年版，第 211 页。
④ 参见 ［日］ 大谷实《刑法总论》（第二版），黎宏译，中国人民大学出版社 2008 年版，第 188 页。
⑤ 赵瑞罡、杨庆玖：《监督过失论》，载《政治与法律》2001 年第 4 期，第 41 页。

也有学者认为监督过失是指"与使危害结果发生的直接行为人相对应，处于监督、指挥直接行为人立场的人即监督人怠于防止该过失行为的情况"①。我国学者对于监督过失含义的界定可以说是比较到位的，明确了监督者的过失责任与被监督者有关，强调被监督者行为作为中间项的地位。但是，理论界对被监督者行为的责任性质有不同的意见。多数学者认为被监督者的责任也是过失，也有学者认为被监督者所实施之行为既可以包括过失行为与故意行为，也可以包括意外事件等无罪过的行为。

本文认为，被监督者的过失行为固然是监督过失最主要的形式，即监督者与被监督者行为之间是过失竞合的关系。但是由于危险业务事故的形式并不确定，将被监督者的行为限定为过失未免过于僵化，在适用时会带来不必要的麻烦。只要在监督者实行行为的判断中，恰当适用信赖原则和客观归责原理，便能有效地中断那些不应该追溯至监督者的事由，所以对于被监督者的行为是过失还是故意，甚至是无罪过的行为，我们不妨以更为开放的眼光来看待。

二、国外的监督过失理论研究

（一）日本的监督过失理论研究

日本关于监督过失的研究是从 20 世纪 70 年代开始的。日本法官在 1973 年日本德岛地方法院对"森永奶粉中毒事件"的判决中第一次认定了监督者的"监督过失责任"，并由此引发了学界对监督过失理论研究的热忱，对此展开了深入的探讨。研究主要围绕监督过失的类型、监督过失的注意义务、监督过失行为的特征及与危害结果间的因果关系、信赖原则在监督过失中的适用、监督过失主体的认定等方面的内容。

首先，关于监督过失的类型，大多数学者着眼于监督过失与管理过失类型的区分，而佐藤文哉法官在监督过失内部，以是否存在直接过失为前提划分出"间接防止型"和"直接介入型"两种监督过失的类型。前者是指存在被监督者直接的过失，监督者违反了监督直接行为者不犯过失的注意义务，这种场合中，监督者的过失以直接过失为中介与结果发生关

① 刘丁炳：《监督管理过失理论研究》，载《求索》2008 年第 2 期，第 158 页。

联；而后者是指违反了对被监督者采取一定措施的注意义务，在这种场合中，监督者的过失与结果的发生直接关联。① 可见佐藤文哉立足于监督者行为与结果不同形式的关联，区分不同注意义务的内容；而且可以看出，对于被监督者的行为，佐藤文哉并不拘泥于过失的心理态度。这种分类的思路为我们之后分析监督过失注意义务内容带来不少启发。

其次，对于监督过失注意义务的内容，学者大多认同其与一般过失存在差异。如大塚仁教授指出，监督过失注意义务的特色在于，不是有义务给预见、避免自己的行为直接发生犯罪结果提供动机，而是有义务给预见由自己行为引起被监督者的过失行为，从而发生危害结果并为避免该结果而采取行动提供动机。② 川端博教授的观点与此相近，他指出，监督过失中的注意义务，不是预见由自己的行为直接发生犯罪的结果，应当采取避免该结果的措施的义务；而是预见由自己的行为能引起被监督人的过失行为，至于产生犯罪的结果，应当采取避免该情况的措施的义务。③ 从上述对监督过失注意义务的界定中可以看出，两位学者对于注意义务中的预见对象看法接近，但是大塚仁教授对于注意义务的界定主要集中在主观方面，而川端博教授对注意义务的界定还包括了客观方面采取结果回避措施的义务。

再次，关于监督过失实行行为的形式，学者有不同的见解。第一种观点是不作为说，持这种观点的学者有前田雅英、大塚裕史等。此说认为监督者没有履行或者没有正确履行监督义务，即作为义务，从而没有防止危害结果发生，是当为能为而不为的不行为形式。第二种观点是作为说，代表的学者为山中敬一。此说认为监督者的过失行为制造或增加了结果发生的危险，是具有刑法重要意义的作为。第三种观点是作为与不作为并存说，支持该观点的学者有松宫孝明。此说主张监督过失行为本身既包括作为的要素，也包括不作为的要素。例如，监督者的不当指示、命令等属于作为，而监督者应当提示、命令而没有做出指示、命令时则属于不作为。

---

① 参见［日］佐藤文哉《监督过失——以火灾事故为素材》，见［日］芝原邦尔《刑法的基本判例》，有斐阁1988年版，第48页；转引自刘丁炳《监督管理过失犯罪研究》，中国人民公安大学出版社2009年版，第21页。

② 参见［日］大塚仁《刑法概说（总论）》（第三版），冯军译，中国人民大学出版社2003年版，第212页。

③ 参见［日］川端博《刑法总论讲义》，成文堂1997年版，第214～215页；转引自马克昌《比较刑法原理——外国刑法总论》，武汉大学出版社2002年版，第270页。

除了这三种观点之外，还有一种观点认为没有必要在监督过失中区分作为与不作为的实行行为。井上祐司、日高义博等学者持此观点。[①] 诚然，监督过失中的实行行为实际上是过失行为的一种，其行为形式的问题也是传统过失论本身的问题。只要发生危害结果，而且行为人对结果的发生存在过失的心理态度就足够了，刻意区分其行为是作为还是不作为的形式其意义不是十分重大。前两种观点将监督过失行为单纯限定在作为或不作为其中一种形式中，未免过于狭隘。过失行为既有作为的形式也有不作为的形式，那么就不应该排除这两种形式同时存在于监督过失实行行为中的可能性。

最后，还有关于监督过失理论的适用范围。在日本，监督过失理论在过去很长的一段时间内都主要用于认定企业重大事故的刑事责任，如火灾、食品药品安全事故、环境污染、医疗事故等。但是近些年来，其适用的范围有所扩张，即及至公务员职务上的监督过失责任。这是由于2002年日本东京地方法院对厚生省生物制剂科科长松村明仁做出其应对"药害艾滋病事件"负业务过失致死罪的刑事责任的判决，学界即对公务员职务上的监督过失责任展开了研究。

从日本学者对监督过失理论的研究现状及动态来看，这一理论经过几十年的发展，已相对成熟，虽然还有许多地方需要完善，但不可否认，其仍有许多可取之处，值得我们借鉴。

（二）德国的监督过失理论研究

德国对监督过失理论也有一定的研究。与日本有所不同的是，德国对监督过失理论的研究并不是以过失犯罪为基础，其基础是不作为犯罪理论，强调不作为对于产生构成要件结果具有原因性且对一定的法益有保护义务，是承担不作为责任的重要条件。[②]

监督过失犯罪的类型在德国刑法理论中被分为两种形态，一种是企业组织体中的监督责任，另一种是公务员职务上的监督责任。企业组织体中的监督责任又可以分为两种情形：第一种是纵向的监督责任，即企业内部

① 参见刘丁炳《监督管理过失犯罪研究》，中国人民公安大学出版社2009年版，第116～118页。

② 参见［德］约翰内斯·韦塞尔斯《德国刑法总论》，李昌珂译，法律出版社2008年版，第430～434页。

上级对下级的监督责任；第二种是横向的监督责任，即企业组织体之间基于承包、分包、联合等关系而负有共同的监督义务。其中第一种情形是监督过失的典型，作为上级的企业所有人或主管人即使没有积极教唆或者帮助在企业内部实施的犯罪，但由于其对危险源负有控制和监督的义务，因此，在他本来可以通过下达指令而阻止犯罪的情况下负有义务，应该承担刑事责任。[①] 公务员职务上的监督责任指的是公务员违反了对下属的监督控制义务。该义务的内容是，公务员在知道或已经预见由自己监督的下属将要实施故意或过失犯罪，应当采取措施阻止其犯罪。

从上面的分类可以看出，两种形态的监督过失责任，虽然在主体和发生的领域上有所不同，但是在违反作为义务这一点上是相同的。作为义务在德国刑法理论中也称为"保证人义务"。处于保证人地位的行为人，在某种危险发生时负有排除危险的义务，如果没有履行这一作为义务，就可能构成不作为犯罪。在监督过失中，对他人的行为的监督责任使行为人处在保证人的地位，其基础在于监督者对被监督者的权威关系和指挥关系。因而不难理解，德国刑法理论把监督过失行为都视为不作为犯罪，将之作为"过失不作为犯"的一种类型来研究，称为"因与特别的义务范围连接之公务员或法人机构"的不作为犯罪。[②]

过失不作为犯的适用从职务行为到日常生活行为，范围相当广泛；但是监督过失作为其中的一种类型，适用的范围主要集中在医疗事故与对危险品的管理责任这些领域内。

三、国内的监督过失理论研究

（一）我国理论研究的现状

我国的刑法教科书中没有"监督过失"的概念。但学者们普遍认为从我国的现行刑法规定看，监督过失责任确实存在，如危险物品肇事罪、污染环境罪、食品监管渎职罪以及交通肇事罪等事故犯罪，这些犯罪的发生

---

① 参见［德］冈特·施特拉腾韦特《刑法总论 I ——犯罪论》（第五版），杨萌译，法律出版社 2004 年版，第 373 页。

② 参见［德］约翰内斯·韦塞尔斯《德国刑法总论》，李昌珂译，法律出版社 2008 年版，第 437 页。

往往与监督者具有很大关系。学者郝守才、任颜君认为刑法条文中蕴含着监督过失理论，只是在我国刑法理论上及实务中均重视不够，因此有必要在理论上做深入探讨，在实务上给予较高的重视，给"监督过失"理论以应有的名分。监督过失责任，实质上就是领导责任问题。① 林亚刚教授指出，原则上只要是涉及业务过失犯罪的，都应当考虑"监督过失"是否存在的问题。② 易益典教授也承认我国刑法中存在监督过失责任的内容，他指出，我国现行刑事立法中包含监督过失责任内容的规定体现出以下几个特点：第一，监督者承担监督过失责任的情况很多发生在单位犯罪中；第二，刑法对犯罪主体的规定比较模糊；第三，对监督过失责任规定不平衡。③

成文法中监督责任的现实存在，加之近年来我国火灾事故、矿难事故、交通事故频频发生，为学界对监督过失理论进行深入研究提供了动力。而危险业务的进一步发展，对监督过失理论运用的现实需求不断加强。我国学者在介绍、借鉴国外理论的基础上，在许多问题上形成了自己的见解，如在监督过失的类型、监督过失的行为形态、监督过失中的注意义务、监督过失的义务来源、监督过失与过失共犯、不作为犯之间的关系以及监督过失责任的认定及适用范围等多个方面都展开了研究。

首先，在对监督过失类型的归纳上，除了借鉴日本、德国将其分为业务上的监督过失与国家公务上的监督过失之外，还有学者做出新的分类，即按过失行为对危害结果发生所起作用的不同，分为危险制造型的、危险促进型的、危险未防止型的监督过失。④ 这一分类着眼于监督者的行为，明确了其实行行为与危害结果不同形态的因果联系，强调了监督者对于危害结果的原因力。根据这一分类，我们也可以较清楚地归纳出不同情形下监督者所应履行的注意义务的内容。

其次，我国学者在监督过失行为形态这个问题上没有太大的争议，都承认监督过失的基本形态是在监督者与危害结果之间介入了被监督者的行

---

① 参见郝守才、任颜君《论监管过失理论及其在我国刑法中的运用》，载《中国刑事法杂志》2002 年第 2 期，第 38 页。

② 参见林亚刚《犯罪过失研究》，武汉大学出版社 2000 年版，第 250 页。

③ 参见易益典《论监督过失理论的刑法适用》，载《华东政法大学学报》2010 年第 1 期，第 80 页。

④ 参见刘丁炳《监督管理过失犯罪研究》，中国人民公安大学出版社 2009 年版，第 35 页。

刑法上的危险责任

为，只有通过被监督者的行为，监督者的行为才间接地对危害结果的发生产生作用。从心理特征看，监督过失并非独立于疏忽大意和过于自信的第三种过失，监督过失本身同样包含疏忽大意和过于自信两种情况。①

再次，注意义务是过失犯罪中的重要内容，我国学者在监督过失理论的研究中，也对注意义务给予了一定的重视，认为违反注意义务是犯罪过失的本质属性。② 但对于该注意义务的具体内容则有不同见解：有学者指出监督过失的注意义务是结果预见义务，须以预见可能性为前提，即应预见自己不履行或不正确履行监督义务的行为可能引起被监督者的过失行为，从而发生危害社会的结果，因为疏忽大意而没有预见。③ 另有观点认为，监督过失的注意义务是结果避免义务，主观内容是监督者对危害结果有危惧感，行为人对结果发生虽没有具体的预见可能性，但对其活动足以给人的生命和身体健康造成某种危害，则应怀有一般的危惧感，并积极地探求未知的危险从而采取防止危险结果的发生的措施。④ 还有观点认为，监督过失是监督者预见由自己的行为可能引起被监督人的过失行为，以致产生危害结果，应当采取避免该情况发生的措施的义务。⑤

最后，在监督过失责任的认定中适用的罪名，学者认为相关犯罪主要集中在危害公共安全罪和渎职犯罪两章中，如铁路运营安全事故罪、重大责任事故罪、消防责任事故罪、环境监管失职罪、传染病防治失职罪等。还有学者认为，我国刑法中的监督过失主要体现为《刑法》分则第二章的各种责任事故犯罪，但职务关系中的监督过失则被第九章的玩忽职守犯罪所替代。在司法实践中，许多原本属于职务关系中的监督过失的犯罪，或者被认定为"领导责任"而不追究刑事责任，或者以玩忽职守论罪。为了矫正这一缺陷，我国刑法应当在职务关系领域专设"监督过失罪"。⑥

① 参见谭淦《监督过失的理论与实态》，见冯军《比较刑法研究》，中国人民大学出版社2007年版，第196页；张明楷《刑法格言的展开》，法律出版社2003年版，第158页。

② 参见林亚刚《犯罪过失研究》，武汉大学出版社2000年版，第40～43页。

③ 参见张明楷《刑法学》（第三版），法律出版社2007年版，第245页。

④ 参见赵瑞罡、杨庆玖《监督过失论》，载《政治与法律》2001年第4期，第42页。

⑤ 参见王安异《浅谈监督过失的注意义务》，载《华中科技大学学报（社会科学版）》2005年第6期，第38页。

⑥ 参见冯殿美、曹廷生《论监督过失罪在我国的设立》，载《山东大学学报（哲学社会科学版）》2009年第6期，第93页。

（二）我国理论研究上的不足

监督过失理论自从 20 世纪 90 年代进入我国学界的视野以来，应该说取得了较快的发展，并在我国逐渐形成了自身的框架。但是也应该看到研究中的不足之处：其一，浮于表面的理论制度介绍，没有深入探究监督过失犯罪的本质及构造；其二，缺乏与我国刑法理论的衔接，没能为在我国适用监督过失理论做好充分的理论准备；其三，缺乏与我国实务的联系，未能在实务中发挥相应的指导作用，危险业务事故中监督者过失责任的认定困难重重。国外的理论虽然更为完善，但不可忽略的是，任何一个法律概念、任何一种法律制度，都是根植于本土的历史文化社会生活，不存在百分之百的法律移植。介绍国外先进的理论制度固然好，但是如果不能为我所用便会失去意义。而要做到为我所用，则首先要寻找其在我国现行理论框架中的契合点。

可见，我们要做的并不是从表面上照搬国外的理论，而是要从内部去了解剖析监督过失犯罪的本质与构造，探求其与我国传统过失犯罪的内在联系，以将其统摄于过失犯罪的范畴中，运用我国的犯罪构成理论去解释监督过失犯罪，并用过失犯罪的理论去解决监督过失适用中出现的问题。只有这样，从国外引入的监督过失理论才能够融入我国的刑法体系中，并得到一以贯之的适用。因此有些学者的观点是不甚妥当的：比如，认为应另外专设"监督过失罪"这一罪名来解决职务领域的监督过失责任问题。在某种程度上，立法或许是解决问题的根本途径，但在更多的情况下，我们更应立足于刑法学，尽可能地解释法律，使之适用于千变万化的生活事实，而不能为了要适用某个新兴的理论或为了弥补所谓的"法律漏洞"而一味地设立新罪名。

（三）研究的思路

危险业务中的监督过失犯罪是过失犯罪的一种类型，因此要明确其本质及构造还须从过失犯罪入手去寻找理论基础。本文的理论准备部分即由过失犯罪的构造开始，从过失理论不同的发展阶段中把握过失犯罪的本质，即注意义务的内容。在此我们要特别区分犯罪过失与过失犯罪。犯罪过失是一种主观心态，而过失犯罪是一种犯罪行为，而且是具备了犯罪过失的行为。两者的联系在于，犯罪过失是过失犯罪的主观要件，过失犯罪除了主观要件之外，还须具有一定的客观要件。本文对过失犯罪注意义务内容的分析以主客两分的思路进行：首先，对作为客观要件的外部注意义务和作为主观要件的内部注意义务分别进行讨论，并将此思路延续到监督过失犯罪的研究中，同样从客观要素和主观要素两方面确定监督者注意义务的内容，由监督者对其注意义务违反的行为来认定监督过失犯罪的成立。其次，对客观归责理论、信赖原则、过失竞合理论等相关内容进行论述，详细阐述这些理论与监督过失犯罪的关系，并探讨在认定监督过失犯罪中应如何适用。最后，确立监督过失犯罪整体的框架及其中的具体内容之后，本文将结合我国刑法与实务中的具体案例，分析如何在我国贯彻监督过失犯罪的相关理论，以期这一理论能在我国的司法实践中得到自觉而广泛的适用。

第二节　危险业务中监督过失犯罪的构造

一、过失犯罪的构造

（一）过失理论的发展

过失理论发展至今大致可分为旧过失论、新过失论与新新过失论三个阶段。虽然每个阶段对过失犯的认识有所不同，但在过失犯本质这一点上却达成了共识，即认为过失犯的本质在于违反注意义务。只是对于注意义务的内容，即过失犯罪的构造，有着不同的见解。了解各个阶段对过失犯的不同认识，有助于我们更好地把握过失犯罪的本质与构造，从而运用到监督过失犯罪的研究中去。

1. 第一阶段：旧过失论

旧过失论在第二次世界大战（以下简称"二战"）前长期占据支配地位，也被称为传统的过失论。该说认为，行为人在行为时欠缺意识集中的心理状态，由于这种心理状态以至于没有预见到结果会发生而导致危害结果，由此应负过失责任并受处罚。①

---

① 参见刘期湘《过失犯中的违反注意义务研究》，经济科学出版社 2009 年版，第 2～3 页。

在犯罪构成上，这一时期的理论主张违法是客观的，责任是主观的，也就是说犯罪过失属于责任的范畴。如果行为人本来可以认识、预见危害结果的发生，也应当认识、预见，但由于欠缺意识的紧张而没有注意，导致了结果的发生，则应当追究其责任。可见，对具有预见可能性的违法结果的不注意，对法秩序的不关心，是过失犯罪负刑事责任的实质根据。[①]因此，这一时期注意义务的内容集中在结果的预见义务上，而行为人的预见义务主要是通过预见可能性来体现，如果有预见可能性而行为人没有尽到意识紧张的义务，则违反了注意义务。预见可能性也就成了注意义务的前提。

随着工业的兴盛以及科技的发展，社会生活的风险成本大大提高，工业、交通、医疗的发展造成了大量过失犯罪的出现。对于这些行业中出现的危险，不得不承认是具有预见可能性的，按照旧过失论则应当以过失犯罪来处罚。那么所有具有危险的活动，哪怕是对社会有益的活动都无法进行，从长远来看必将阻碍社会的发展。于是，新过失论应运而生。

2. 第二阶段：新过失论

新过失论发展的基础是"被允许的危险"理论。如果行为人在实施某种被允许的危险行为时，以足够谨慎的态度遵守了必要的行为规则，即使引发了侵害法益的结果，也应认为是合法的。[②]

新过失论将过失视为构成要件要素与违法要素，开始重视过失的实行行为的种类与方式。随着新过失论的立场从结果无价值到行为无价值的转化，注意义务的内容也发生了相应的变化：主观上的预见义务已不再是注意义务的核心内容，客观上的结果避免义务进入了理论研究的视野。结果回避义务是指应该回避特定的结果，而且应该采取社会生活上必要措施的客观外部义务。[③] 行为人如果不具有结果回避义务，即使在可能或已经有结果预见可能性的情形下仍不成立过失犯。可见新过失论注意义务的内容不再仅限于单纯的内心意识紧张，而是外化到行为阶段的客观义务，这是新旧过失论最大的区别。但新过失论并没有将主观上的预见义务排除在注意义务的内容之外，因为新过失论中的注意义务同样以预见可能性为前

---

① 参见林亚刚《犯罪过失研究》，武汉大学出版社 2000 年版，第 23 页。
② 参见张明楷《外国刑法纲要》（第二版），清华大学出版社 2007 年版，第 236～237 页。
③ 参见［日］西田典之《刑法总论》，刘明祥、王昭武译，中国人民大学出版社 2007 年版，第 243 页。

提——如果没有预见可能性，就不可能对行为人科以结果回避义务。

新过失论在限定过失犯处罚范围上具有积极意义，"被允许的危险"理论为监督过失犯罪的刑事立法和司法提供了新的思路。然而从 20 世纪 60 年代后期开始，公害犯罪大量产生，依照新过失论则很多公害案件的责任人将无法得到应有的处罚。在这种情形下需要的是提高行为人的注意义务，并适当扩大过失的处罚范围。因此，学者提出了所谓的新新过失论。

3. 第三阶段：新新过失论

新新过失论在注意义务方面，与新过失论一样均承认结果预见义务与结果回避义务都是注意义务的内容，并以结果回避义务为中心；其与新过失论最大的区别在于对预见可能性的程度要求不同。新过失论认为预见可能性须是具体的，才能产生采取回避措施避免所预见结果发生的义务。但随着公害犯罪日渐增多，具体的结果预见可能性容易给公害企业找到逃避责任的理由，使刑法对生命等重要法益保护不足。针对这一不足，新新过失论者提出了"危惧感说"。也就是说所谓的预见可能性——并不需要具体的预见，只要可能对结果抱有漠然的恐惧感即抽象的预见可能性就足够了。[1] 危惧感说的代表学者藤木英雄主张，"可能预见"这种场合的预见对象，并不需要预见具体发生的危害本身。只要在存有不安感时，要求行为人积极地探知不能具体预见未知危险或者像无意识地回避遭遇未知的危险那样尽可能避免冒险的行动，保持完全节制的行为。所以，即使在行为当时不可能预见危害结果的具体内容，但是只要足以认定行为人存在失误，追究其过失的责任也是合理的。[2]

新新过失论招致了许多的批评，大塚仁教授认为，作为注意义务内容的结果预见可能性如果只需要危惧感的程度就足够，将会过度扩大过失犯的处罚范围。[3] 我国亦有学者认为，该理论违背了责任主义，成为个人自由的限制与社会发展的阻碍。[4] 但是不可否认，新新过失论为处罚企业公

---

① 参见［日］大谷实《刑法总论》（第二版），黎宏译，中国人民大学出版社 2008 年版，第 181 页。

② 参见高铭暄、赵秉志《过失犯罪的基础理论》，法律出版社 2002 年版，第 2～3 页。

③ 参见［日］大塚仁《刑法概说（总论）》（第三版），冯军译，中国人民大学出版社 2003 年版，第 245 页。

④ 参见钱叶六《监督过失理论及其适用》，载《法学论坛》2010 年第 3 期，第 26～27 页。

害事件中的监督者、领导者提供了有力的理论依据，是具有积极意义的。应当明确的是，其适用并非针对过失犯的一切场合，而只是集中在药害、食品公害、医疗事故、企业灾害等危险业务，因新科技的应用而产生的新过失事故中适用。这是因为刑法要保护的公众法益高于个人法益。采用新新过失论，能够防止个人对他人法益及公众法益的漠视。

（二）过失犯罪构造之学说

从过失理论发展的不同阶段可以看出，每一阶段对于过失本质的界定都离不开注意义务，并且注意义务的性质影响着过失犯罪的构造。注意义务究竟是一种单纯的主观心理义务，还是单纯的客观行为义务，还是主客观兼有的综合性义务？这几种观点在德日各国皆有学者主张，对该问题不同的回答决定着过失犯罪不同的构造。

第一，内部注意义务说。

德国古典学派的理论认为过失是主观上对构成要件的不知。因此，作为过失核心要素的注意义务自然也是一种主观上的心理义务。德国学者李斯特对过失犯罪做了如下界定：行为人实施违法行为而没有"预见"符合构成要件的结果或社会危害性，但根据客观情况他应当预见，并以合法行为代替非法行为，即成立过失犯罪。简言之，违背义务，未预见其行为的事实或法律意义的，属于过失犯罪。[①]"二战"前日本的主流观点也跟德国相差无几，均认为过失的本质是欠缺对犯罪的认识、容认，注意义务也集中在主观的范畴，并不涉及客观上的行为。

旧过失论中注意义务的内容也体现出这种内部注意义务说的观点。持旧过失论的学者认为，过失是缺乏心理上必要的精神紧张和集中，其注意义务的核心在于对结果的预见义务，即为了对可能发生的结果做出预见而使精神紧张。而在后来修正的旧过失论中，对于预见义务的界定则向客观行为有所贴近。如平野龙一教授指出，精神紧张在于对自己行为可能产生危害结果的事实做出正确判断；山中敬一教授则又进了一步，他主张行为人不仅应当预见结果的发生，而且还应当基于这种预见进而在思想上形成采取回避措施的主观意思。

① 参见［德］李斯特《德国刑法教科书》，［德］施密特修订，徐久生译，法律出版社2006年版，第301～302页。

刑法上的危险责任

第二，外部注意义务说。

外部注意义务说主张注意义务的核心内容是结果回避义务，是指行为人有采取避免结果发生的适当措施的义务，因此过失的本质不是没有预见结果的发生，而是没有采取结果回避措施。这种对注意义务的认识是"二战"后部分新过失论者的观点。在日本，持这种观点的学者有藤木英雄、日高义博等。

藤木英雄教授认为，过失就是在法益侵害的关系中欠缺社会生活上必要注意的有过错的行为。所以作为过失犯核心要素的注意义务的内容，就是在具体情况下，为防止结果发生而为法所要求的适当的作为或者不作为，因而是一种外部的、客观上的义务。[①] 这种观点与新过失论对过失在构成要件上的不同见解有着密切的联系。新过失论将过失由有责性阶段移至该当性与违法性阶段，认为过失本身也是客观行为上的特征。日高义博教授主张注意义务是客观的违法要素，结果回避义务也是外部的行为义务，但是与作为主观构成要素的过失的内容应该区别开来。

结果回避义务作为注意义务的核心要素而被提出，较之旧过失论确实有所进步，但是将作为主观心理要素的过失完全客观化，是对犯罪过失与过失犯罪的混淆。日高义博教授虽然指出了客观的结果回避义务与主观构成要件上的过失的不同，但是并未将两者联系起来，并未明确两者之间的关系。

第三，内部·外部的注意义务说。

在德国，过失在犯罪论体系上从有责性阶段到不法构成要件阶段的转变，同样使注意义务的内容发生变化。但是在此注意义务是由过去的内部预见义务发展成为内部注意与外部注意的双重义务形式。首先，内部的注意义务是指集中精神、保持谨慎的义务，是一种主观上的心理活动，与预见义务相似。其次，外部的注意义务，是指为了避免违法构成要件的实现而必须采取适当的外部行动的义务。德国学者恩吉施将其归纳为三个方面的内容，即不实施危险行为的义务、在危险状态中谨慎行为的义务以及收集信息的义务。前两者不难理解，后者"收集信息的义务"具体是指在对行为是否会引起危害后果没有明确的认知时，行为主体应当通过询问、查

[①] 参见程皓《注意义务比较研究——以德日刑法理论和刑事判例为中心》，武汉大学出版社 2009 年版，第 43 页。

询、验证等各种方法，去判断自己计划实施的行为是否有可能违法地实现构成要件。①

在日本也存在类似的结果预见义务·结果回避义务说，认为过失犯的核心要素——注意义务包括结果预见义务与结果回避义务两个方面。行为人既负有在主观上预见危害结果发生可能性并有据此形成回避结果动机的义务，又有在客观上采取适当措施避免危害结果发生的义务。这一学说为大多数新过失论者所支持，如井上正治、木村龟二、大塚仁等。

井上正治教授将结果回避义务与结果预见义务分别归属到构成要件该当性和有责性两阶层中去。前者是客观上身体活动的作为或不作为义务；后者是主观上的预见与认识义务，违反了前者即充足了构成要件的该当性，同时违反了后者则又充足了有责性，成立过失犯罪。② 大塚仁教授也认为外部性的结果回避义务与内部性的结果预见义务结合而形成过失犯的注意义务。他指出，本来的注意义务应是以行为人内心态度为对象的内部性注意义务，才能一贯地在构成要件论中把过失理解为主观性构成要件要素，因此注意义务必须被理解为应该保持一定内心态度的义务。但是仅此是不充分的，应该考虑过失的实行行为，即违反结果回避义务。只有同时履行了这两种义务，才是尽到了注意义务。③

二、监督过失犯罪的二元结构

分析上述几种观点的优劣，对于明确过失犯罪的构造，进而得出监督过失犯罪的构造具有重要意义。

首先，将内部的预见义务等同于注意义务是不全面的。在我国，传统过失犯罪可分为疏忽大意与过于自信两种类型，在危险业务中亦然。对于前者，行为人没有预见到应当预见的危害结果，违反注意义务主要是对预见义务的违反，此时将注意义务解释为内部的预见义务显得并无不妥。但

---

① 参见程皓《注意义务比较研究——以德日刑法理论和刑事判例为中心》，武汉大学出版社 2009 年版，第 32～35 页。

② 参见程皓《注意义务比较研究——以德日刑法理论和刑事判例为中心》，武汉大学出版社 2009 年版，第 46～47 页。

③ 参见［日］大塚仁《刑法概说（总论）》（第三版），冯军译，中国人民大学出版社 2003 年版，第 205 页。

是对于过于自信过失犯罪，行为人已经预见到危害结果可能发生，只是轻信能够避免而未采取回避结果的措施。在这种情况下，可以说行为人已履行了预见义务，但最终仍成立过失犯罪。如果把外部的回避义务排除在外，则无法解释过失犯罪的本质是对注意义务的违反。

其次，将外部的回避义务等同于注意义务也是不妥当的。刑法中对于故意犯罪与过失犯罪的区分本来就是以行为人的主观心态为切入点的，因而作为过失犯罪核心内容的注意义务也不能脱离其原有的主观性。如果只强调客观结果的回避，而忽略了行为人的主观意志，即对危害结果的预见，实质上就是忽视了结果回避义务的前提和基础，甚至会模糊了故意与过失两种犯罪形态的界限。① 尤其在危险业务监督过失犯罪的认定中，出于价值平衡的需要，行为人的主观意志更应受到重视。

最后，内部预见义务与外部回避义务并重的观点具有显著的合理性。前述的内部注意义务说忽略了客观方面，外部注意义务说则忽略了主观方面，都不是全面的。将作为客观实行行为的结果回避义务与作为主观构成要件要素的结果预见义务明确区分开来，既还原了犯罪过失应有的主观性，又体现了过失犯罪的客观行为性，弥补了前两种观点的不足之处。综上所述，注意义务应该是主客观相统一的一种义务，同时在客观上及主观上违反了注意义务，才得以成立过失犯罪。

外国刑法理论对注意义务性质的认识为我们分析危险业务过失犯罪的构造提供了很好的启发。分析危险业务中过失犯罪的构造，是为了在实践中检验过失犯罪的成立与否，所以应当立足于我国的犯罪论体系。虽然我国不是采用三阶层的犯罪论体系，但是上述各种对注意义务的理解，特别是内部·外部的注意义务说，仍然具有借鉴的价值。

无论是传统过失犯罪还是新兴的危险业务监督过失犯罪，其本质是违反注意义务，其构造表示为在客观上违反结果回避义务与在主观上违反结果预见义务。有学者认为，从主客观两方面界定注意义务的违反符合我国犯罪构成的特点，② 对结果回避义务或结果预见义务的违反都能在我国犯罪构成"四要件说"中找到相应的位置：结果回避义务与客观构成要件对应，对该义务的违反表现为客观的实行行为；而结果预见义务则与主观构

---

① 参见刘期湘《过失犯中的违反注意义务研究》，经济科学出版社 2009 年版，第 29 页。

② 参见谢雄伟《论监督过失的体系定位、本质与类型》，载《广东社会科学》2015 年第 1 期，第 243 页。

成要件对应，对该义务的违反表现为主观上的罪过。只要再符合具体罪名中的客体要件与主体要件，则成立分则中具体的过失犯罪。这就是过失犯罪的构造在我国四要件犯罪构成中的体现。

结果回避义务与结果预见义务虽然在性质、内容上有所不同，但是这两种义务作为注意义务的两方面内容却是紧密联系的，在实践中有时甚至是难以明确区分开来的。行为人在实施某种行为的同时也在主观层面上集中注意力去认识、预见该行为可能造成的结果，如果预见到可能发生危险随即形成回避的动机，在此动机下又采取了客观的回避措施避免危害结果的发生。而这一系列由外及内再由内到外的活动，现实中可能在一瞬间完成。因此对于是否履行了注意义务，应该将主客观两方面结合起来判断。将注意义务中的结果回避义务与结果预见义务分别归属至犯罪构成要件中的客观及主观要件，既明确了这两种义务的不同性质，同时在我国平行耦合式的犯罪构成中又能互相结合共同确定行为人对注意义务的违反。相比之下，三阶层的犯罪构成理论，将结果回避义务与结果预见义务分别归入不同的阶层，反而使注意义务的构造显得不甚明晰，而且还会在其性质是主观的义务还是客观的义务的问题上产生诸多争议。可见，注意义务等学说虽是舶来的理论，但只要寻找到契合点，仍能很好地为我所用。

厘清了过失犯罪的构造，再考察危险业务中的监督过失犯罪，思路便显得更为清晰。监督过失犯罪作为过失犯罪的一种，其构造自然也与一般的过失犯罪相同。监督过失犯罪的本质是违反监督者应尽的注意义务，按照过失犯罪的构造，就是监督者在客观上没有履行结果回避义务，在主观上没有履行结果预见义务，从而导致了构成要件上危害结果的发生。其二元结构如图 2-1 所示：

监督过失犯罪的结构 { 客观要素：违反结果回避义务
主观要素：违反结果预见义务

图 2-1　监督过失犯罪的二元结构

应当注意的是，不少论者都只是用"监督过失"来表述，混淆了作为主观罪过的"监督过失心态"与作为一种犯罪行为的"监督过失犯罪"。其中有些论者确实仅指主观上的过失心态，将其作为犯罪过失中的一种来讨论。但是在新过失论占据主导地位的今天，结果回避义务在过失犯罪中的重要性是不容忽视的。仅在主观范畴中讨论监督过失，便无法与客观上的结果回避义务联系起来：若只是论述到在主观上形成结果回避的动机，则是不全面的；若在后面强加进客观行为义务的内容，则显得缺乏清晰的逻辑。更遑论有些论者未先明确"监督过失"的性质就展开论述，使主客观的内容混淆在一起。正如罗克辛教授所言，刑法本身的性质，要求刑法学应当是最精确的法律科学。刑法学是研究和构造刑法领域思维方式的，很难想象一个不严谨、不精确的思维方式能够产生和支持一部严谨、精确的刑法。因此，我们在研究"监督过失"时，更要严格地区分"监督过失心态"与"监督过失犯罪"，以一种严谨、精确的思维去分析其客观方面及主观方面的要素，并以此为基础，得出对危险业务中的监督过失犯罪的全面理解。

第三节　危险业务中监督过失犯罪的客观要素

一、结果回避义务

显然，危险业务中的监督过失犯罪的客观要件是行为违反了作为外部注意义务的结果回避义务，所以界定其客观实行行为则需要首先明确监督者结果回避义务的内容。对于监督过失中结果回避义务的具体内容，上文中德国学者恩吉施的归纳值得借鉴。恩吉施将过失犯罪中的外部注意义务分为不实施危险行为的义务、在危险状态中谨慎行为的义务以及收集信息的义务。前两者是行为主体在具体危险发生之前所负担的谨慎行为的义务，而后者是行为主体在对行为是否会引起危害后果没有明确认知时应承担的行为义务。根据事前与事后的时间顺序，本文将结果回避义务的内容重新归纳为事前的信息收集义务、事中预防危险的义务以及危险发生后排除危险的义务。

（一）结果回避义务的类型

1. 信息收集义务

信息收集义务主要是指行为主体对行为是否会引起危害后果没有明确的认知时，应当通过询问、查询、验证等各种方法，去判断自己计划实施的行为是否有可能违法地实现构成要件，罗克辛教授将此称之为"询问义务"。这种义务的设立，无非是要求行为人除了谨慎行事之外，还应当主动提前去了解自己的行为是否存在危险性、是否易出现某种紧迫危险的状况以及如何处理这些突发状况等。这种要求在当今的风险社会中，特别是对于危险业务来讲并不过分，而且可以说是必要的，这不仅是对自己负责，更是对社会大众的生命安全负责。

这种信息收集义务对于监督者而言意义重大。在实施危险业务时，作为监督指挥者必然不能只关心如何完成计划、促进生产发展的行为，而是应在计划之前就对该行为的危险性质有充分的了解与评估，制订好各种紧急情况处理预案。比如举行大型的公共集会，应该先了解、掌握场地的大小、安全性，到场人员的数量，据此设置足够的安全通道，并为应对拥挤踩踏事件拟定有效的疏散方案。一般而言，危险业务在预防事故发生的事前收集义务，更应该重于传统行业。监督者应尽的信息收集义务包括了解计划实施的行为的性质，特别是其中的危险性；预计可能会出现的与计划实施相关联的行为的情况；收集类似行为以往出现过危险状况的信息；制订应急预案；等等。

2. 预防危险的义务

预防危险的义务主要是行为主体在实施行为且危险尚未发生时的义务，存在不作为与作为两种形式。不作为形式的危险防止义务主要是不实施危险行为的义务，这里的"危险"是狭义的危险，指发生刑法上构成要件结果的危险，不同于"允许的危险"中的"危险"——后者是一种广义上的危险。"不实施危险行为"，并非禁止人们涉足一切有危险的行业，而是指在从事生产或其他活动时，不得实施行业规则、技术操作规范所禁止的行为。而作为形式的危险防止义务则是指谨慎行为的义务。在从事危险业务时，虽然危险是被"允许"的，但其注意义务的标准也要比其他情况下的要求更高，这是因为如果行为人稍有不慎，所造成后果的严重性要远甚于其他行为。所以，为了防止发生构成要件上的结果的危险，行为主体在从事高度危险的行业或者带有危险性的行为时，如制药研发领域应经过多次试验再考虑推向市场的可能性，应十分地小心谨慎，提高警惕，以求把所谓"允许的危险"降至最低限度。

作为监督者，不实施危险行为的义务主要体现在不得强令被监督者从事违反安全管理规定的生产、作业行为，同时应该预防被监督者实施违反

刑法上的危险责任

安全管理规定、技术操作规程的行为，一旦发现应当马上予以制止和纠正。谨慎行为的义务则体现在监督者应该给予被监督者正确的命令、指示，督促被监督者谨慎行事，预先排除各种可能出现危险的情况。比如，在公共场所从事修理电路的作业，可能给周围行人带来危险，监督者除了应当指示监督直接作业者按照操作规程从事维修工作，还须在设备周围设置一定的警示标志，防止发生触电的危险。这即是在危险状态中谨慎行为的表现。

3. 排除危险的义务

排除危险的义务是在出现可能发生危害结果的危险时行为主体的外部义务。此时危害结果虽非已然发生，但在这种较为紧迫的危险状态下，如不采取妥善的措施，危害结果就很可能发生。食品、药品、家电、汽车等制造行业中的"产品召回制度"，便体现了生产者排除危险的义务。将可能存在质量隐患的产品进行召回，防止其对消费者的生命健康等法益造成侵害。

就监督者而言，对于直接作业人员违反安全管理规定的作为，或者是某些意外事件导致的危险，监督者有义务指挥工作人员进行排除，以防止危险进一步扩大乃至将危险完全消除。监督者应当制止、纠正被监督者违规操作并引起危险的行为，并须针对当下的危险采取有效的措施补救，控制危险源，防止情势继续向危险方向发展，从而避免危害结果的最终发生。如果危险已经十分紧迫，构成要件上的危害结果发生的可能性很大，监督者也应该充分发挥协调指挥的职能，通过各种应急机制，将危害结果造成的损失降至最低。

（二）监督过失犯罪的客观类型

上文已明确了结果回避义务的类型与监督者所应履行的结果回避义务的内容，如果监督者违反了该回避义务，则具备了危险业务中监督过失犯罪的客观行为要素。根据所违反结果回避义务的类型不同，监督过失犯罪在客观方面也可相应地分为三种不同的类型，下面即通过实际案例加以分析。

第一种是违反信息收集义务的行为。2010年7月，德国的音乐狂欢节发生了严重的踩踏事件，正是由于主办方的失职，只能容纳30万人的场馆涌入了100多万人，而且仅靠一条地下通道吞吐人流，最终酿成19人死亡、300多人受伤的惨剧。事故的发生虽然与现场负责指挥入场、疏导的人员工作上的失误有直接的关系，但是音乐狂欢节并非首次举办，对于举办规模应当做出科学的规划，并应据此对进场人员进行控制，特别应当设计好安全通道的位置与数量，但是主办方在事前并没有做好这些工作，导致踩踏事件发生。① 作为这次活动的监督管理者，因没有适当履行信息收集义务，导致事前已经提升了该活动的危险性。

　　第二种是违反预防危险义务的行为。其中，监督者违反不实施危险行为义务的行为经常表现为强令工人违章冒险作业。负责管理生产、施工、作业等工作的管理监督人员，明知决定是违反规章制度的，却怀有侥幸心理，自认为能够避免危险的发生，因而指挥，甚至强令工人违章冒险作业。比如福建省某县的林业投资公司与被告人黄某签订了造林工程的合同，由黄某负责在当年完成清山造林的任务。黄某为了争取按期完成造林的林地准备工作，无视《福建省森林防火规定》，在没有当地林业站派人到山场验收防火路、发放用火许可证的情况下，违反规章制度，强令工人冒险作业，点火炼山。次日清晨，炼山山场因刮风引起跑火导致山林火灾，给国家和集体造成了重大经济损失。② 在这个案例中，黄某的行为即是对不实施危险行为义务的违反。而监督者违反谨慎义务的行为，在日常的生产生活中也并不少见。如北京市某建筑公司承建的卫生局宿舍建筑工地触电事故，该建筑队队长刘某不知道施工现场有地下电缆线，贸然开工，挖掘机在作业时将地下的电缆线挖断。刘某武断地认为现场只有一个施工队在施工，没有在断电处安放警示标志并安排专人在电闸处，就安排电工邢某去接电线。此时在现场施工的另一个建筑队发现停电，遂安排一工人查看原因，该工人发现是电闸掉下来了，而且附近没有人看守，就把电闸合上，将正在接线的邢某当场电死。作为工地负责人的刘某不仅对施工现场了解不清，而且在指挥施工、修理电路时均没有尽到谨慎行事的义务，从而导致了危害结果的发生。③

　　第三种是违反排除危险义务的行为。相关的案例有2003年的安徽阜阳劣质奶粉事件。2003年，阜阳市场上出现了质量不达标的劣质奶粉，

---

　　① 参见颜颖颛《德国音乐狂欢节预计10万人参加 实际到场140万》，见搜狐新闻网：http://news.sohu.com/20100726/n273752590.shtml，访问日期：2017年8月4日。

　　② 参见孟庆华《重大责任事故犯罪的认定与处理》，人民法院出版社2003年版，第68页。

　　③ 参见孟庆华《重大责任事故犯罪的认定与处理》，人民法院出版社2003年版，第39页。

经群众多次投诉举报和媒体多次曝光后，当地的工商部门仍未对劣质奶粉采取有效措施，及时整顿当地的奶粉市场，最终造成了 13 名婴儿夭折，近 200 名婴儿患上严重营养不良症。劣质奶粉的出现是婴幼儿健康的威胁，危险已然发生。工商局作为食品安全的监督部门没有及时采取措施防止危险的扩大的不作为属于违反排除危险义务的行为，作为该部门的负责人须承担监督过失的责任。阜阳工商局公平交易局局长杨某最终被追究了玩忽职守罪的刑事责任。

这三种违反监督者结果避免义务的行为是监督过失犯罪客观上的实行行为，而危险业务事故犯罪在客观类型上的分类具备监督过失犯罪的共性。下一步则要将其放在构成要件中研究其与危害结果之间的关系，通过考察"行为人—行为—结果"之间的逻辑与规范联系来确证构成要件客观方面的成立。

二、结果回避义务的来源

在犯罪构成的客观方面中，监督过失犯罪的主体也就是结果回避义务的主体。所以，结果回避义务的来源主要讨论的就是监督过失犯罪主体的界定。严格来说，犯罪主体也属于客观方面的因素，本文采取主客两分的思路，因而将监督过失犯罪主体方面的内容置于客观方面的要素中论述。虽然监督者通常都具有某种法定的身份，但是监督过失犯罪的主体主要是以特定的注意义务来决定的。作为结果回避义务来源的主体需要具备形式与实质上的条件。

虽然具有法定身份，却不负有特定的注意义务，则不是监督过失犯罪的主体。确定主体的范围应从形式和实质两个方面进行考察。

首先，形式上的来源主要是确认行为人的监督地位，即以法律、行业规则及劳动分工和具体工作内容为标准来界定监督过失犯罪的主体范围。刑法上大量的注意义务均是由刑法之外的法律法规所规定，在适用时由法官进行补充解释。特别是对于过失犯罪，其构成要件中没有明确提示注意义务的具体内容，必须通过援引其他法律法规来认定。这些非刑法规范中的注意义务经过刑法评价后也成为刑法中的注意义务，并由刑法予以保障。以法律成文形式明确规定哪些人员对于安全事故负有监督检查职能并负有结果避免义务的，理所当然地就是应当承担监督责任的主体。例如，

《中华人民共和国食品安全法》（以下简称《食品安全法》）第六条第二款规定："县级以上地方人民政府依照本法和国务院的规定，确定本级食品药品监督管理、卫生行政部门和其他有关部门的职责。有关部门在各自职责范围内负责本行政区域的食品安全监督管理工作。"又如《中华人民共和国消防法》（以下简称《消防法》）第四条第一款规定："国务院公安部门对全国的消防工作实施监督管理。县级以上地方人民政府公安机关对本行政区域内的消防工作实施监督管理，并由本级人民政府公安机关消防机构负责实施。军事设施的消防工作，由其主管单位监督管理，公安机关消防机构协助；矿井地下部分、核电厂、海上石油天然气设施的消防工作，由其主管单位监督管理。"然而法律规定不可能涵盖适用监督过失的所有领域，所以还应当结合特定领域内的行业规则和具体分工。行业内的具体分工是行为人工作内容的直接反映，同时也是其职责权限的现实依据，这样不仅提高了判断的合理性，更增强了可操作性。① 危险业务对比传统行业，有着更为严格的法定生产管理义务，违反相关义务造成责任事故，监督者同样需要承担监督过失责任。如按照《危险化学品经营企业开业条件和技术要求》，大中型危险化学品仓库应与周围公共建筑物、交通干线（公路、铁路、水路）、工矿企业等至少保持 1000 米的距离。2015 年 8 月 12 日，天津港瑞海公司危险品仓库发生火灾爆炸事故，瑞海公司占地面积 46226 平方米，属于"大型仓库"，爆炸事故核心地带的分布范围涉及逾 11 处住宅小区，明显违反了相关规定，瑞海公司相关责任人员应当被追究刑事责任，同时，天津交通、港口、海关、安监、规划和国土、市场和质检、海事、公安以及滨海新区环保、行政审批等部门单位，未认真贯彻落实有关法律法规、未认真履行职责，违法违规进行行政许可和项目审查，日常监管严重缺失，相关部门负责人属于监督过失犯罪的主体范围。

其次，实质上的来源需认定行为人是否有监督权限。监督责任实际就是监督权力与监督义务的结合，权力是义务的来源，又是履行义务所必要的条件。因此，监督者不仅在形式上应处于一种监管领导的地位，而且在实质上还须掌握一定得以履行监督义务的权限。这种监督权限是在实际的业务活动中，能够对可能出现的危险进行支配控制的权限，或是通过被监

---

① 参见李兰英、马文《监督过失的提倡及其司法认定》，载《中国刑事法杂志》2005 年第 5 期，第 24 页。

督者的行为对危险进行支配与控制。要以监督过失来追究监督者的刑事责任的话，监督者应当是能够享有实际监督权限的人。① 正是基于这种监督权限，我们才能说监督者对危险的结果有回避的义务。实际生活中存在这种情况：虽然监督者对某一事项有监督指挥的职责，但是却没有最终的处理决定权，他必须听从更上一级监督者的指令。也就是说，他只能通过向上级反映情况和提出建议来防止危害结果的发生。这时，只要他适当地履行了如实反映情况的义务，即使没能有效避免事故发生，也不能追究其监督过失责任，同时如果这一监管者提出了适当的建议却没有被他的上级采纳，那么很可能由离危害结果更远的上级监督者承担监督过失的责任，理由就是上级监督者才是真正具有实质监管权限的责任人。②

三、监督过失犯罪中的客观归责

（一）客观归责与因果关系

在传统的刑法理论体系中，行为后面紧接着的往往是对因果关系的论述。因果关系反映了客观现象之间的自然联系。在刑事责任确立的过程中，因果关系通常是我们思维上的起点，由此去检验行为人的行为是否充足犯罪构成要件。但因果关系却不是一个简单的问题，哲学上的、疫学上的判断掺杂其中。复杂的因果关系使得对行为人的归责也显得纷繁杂乱，特别是在监督过失犯罪中，复数的因果链条更增加了判断的难度。

应该看到，因果关系只是一种经验上、事实上的判断，反映着实然的存在；而法律责任的追究，则应是一种应然的规范上的评价，是用法律的价值去衡量具体客观的行为与结果的关系。这种价值性的评价规则是无法从经验的事实判断中得出的。有学者主张，刑法上广义的因果关系概念应当包括事实的因果关系与规范判断。③ 为了在刑事归责方面建立客观不法

---

① 参见易益典《监督过失犯罪中主体范围的合理界定》，载《法学》2013 年第 3 期，第156 页。
② 参见董芳《监督过失的刑事责任及主体的确定》（硕士学位论文），中国政法大学 2009年版，第 18 页。
③ 参见张明楷《也谈客观归责理论 兼与周光权、刘艳红教授商榷》，载《中外法学》2013年第 2 期，第 322 页。

性的判断体系，德国的刑法学中出现的"客观归责理论"，已渐渐发展成为一种富有启示性的、科学严谨的判断方法。[1]

在当今德国刑法理论中，通说已将客观归责作为评价结果犯客观构成要件的必要因素。在刑法中用因果关系对犯罪的检验首先是从结果出发而后探求其原因行为。我们思维的逻辑并非对什么原因会造成什么结果的正向思考，而是结果已经发生，我们才回头去探求导致结果发生的原因。所以，因果关系重在对"结果原因"的发现。而客观归责则是从行为人的行为出发，检验与行为人行为具有自然关联的结果，是否要归责于行为人的行为，是一种以法律的价值为视角从行为到结果的正向思考。[2] 可见，客观归责与因果关系在思维上的逻辑顺序有所不同。但是客观归责仍要以"结果原因"为起点，也就是说，因果关系为客观归责确定了最外部的边界。结果原因与结果归责概念的分离不仅使因果关系简化并回归到其原有的自然的事实性关联的含义，而且也使"行为人—行为—结果"之间规范联系的判断更加准确精当，符合法律责任成立的逻辑基础。

（二）客观归责在监督过失犯罪中的适用

1. 因果关系判断在监督过失犯罪中的不足

监督过失犯罪不同于一般过失犯罪之处表现在其因果流程中，存在复数的因果关系链：一是监督者的行为与被监督者的行为之间的因果关系，二是被监督者的行为与危害结果之间的因果关系。传统因果关系的考察是从第二个因果链条开始的，首先确认刑法上危害结果的发生，再找出导致结果发生的直接实行行为；当找出实现危害结果的直接实行行为之后，再以之为第一个因果链条的结果，继续向前追溯这一结果的原因。如果被监督者与危害结果之间介入了更多的层级，其判断的次数便随之增加，比较烦琐。另外存在的问题是，按照这种因果关系判断流程进行归责在法律责任成立的逻辑上存在不妥。比如直接行为的实施者，在监督过失犯罪中指被监督者，若是在主观上不存在罪过，则该行为并非刑法上所要非难的行为，但这一行为作为第一个因果链条中的结果，又必须通过它回溯到作为原因的监督者的行为。如果纯粹从客观现象之间变化联系的哲学意义上来

---

[1] 参见吴玉梅《德国刑法中的客观归责研究》，中国人民公安大学出版社2007年版，第1页。

[2] 参见吴玉梅《德国刑法中的客观归责研究》，中国人民公安大学出版社2007年版，第131～133页。

刑法上的危险责任

讲，这种判断没有问题；但若以此作为刑法上归责的根据，在逻辑上则显得不够充分妥当。又比如被监督者的行为是有罪过的过失行为，乃至故意行为，监督者的行为在因果关系的流程中则会被切断，因果关系无法显示出监督者的行为与危害结果在法律评价中的逻辑关联。

本文认为，在判断监督者的过失行为应否受刑法归责须从该行为本身而非结果出发，以法律的价值标准而非哲学上的价值去考察其与结果的联系，最终确定刑事责任成立与否。而因果关系的判断在此并非没有意义，上文已提到客观归责仍要以"结果原因"为起点，其为"结果归责"奠定了事实基础，即基于经验认识确定了客观归责的外部框架，只不过它还不是客观归责本身，不能提供价值性的判断，因而也不能提供结论性的答案。

2. 监督过失犯罪中的客观归责流程

客观归责的流程属于犯罪客观判断体系中的内容，实际上，它与过失犯罪中客观注意义务的功能是一致的，即为了在客观上确立实行行为的成立与否。如果在归责判断的流程中出现了排除归责的情形，我们可以直接否定该过失实行行为的存在。其检验的流程分为三个步骤：一是行为是否形成了不被允许的危险，二是行为是否实现了不被允许的危险，三是实现了的危险是否在构成要件保护的范围内。对于监督过失犯罪中的客观方面，同样须按此顺序检验。

首先，行为是否形成了不被允许的危险。这里的"形成危险"不仅体现在行为人的作用下，危险从无到有，同时也体现在危险的从小到大，即危险的提升。这些不被允许的风险形成于对行为规范的违反，即是对客观上必需的注意义务的违反。为监督者所设置的结果避免义务目的在于防止危害结果的出现，违反了这些义务则可以推定其在客观上形成了不被允许的危险。正是监督者没有履行信息收集的义务、预防危险的义务以及排除危险的义务等行为，体现了对于谨慎注意的行为规范的违反，制造了推进危害结果发生的危险，客观归责理论将这些行为称作"危险创设行为"。对于危险创设行为的判断采取客观和事后的预测，即取决于一个理智的观察者在行为前是否会认为相应的举止行为是有风险的或者是提高了风险的。①

---

① 参见［德］克劳斯·罗克辛《德国刑法学（总论）》（第 1 卷，第三版），王世洲译，法律出版社 2005 年版，第 249 页。

其次，监督者的行为是否最终实现了不被允许的危险——在结果中正好实现了行为人创设的不允许风险是归责于客观行为构成的第二个条件。[①]"实现危险"既可以是直接地实现，也可以是间接地实现。在监督过失犯罪中因介入了被监督者的行为，监督者本身的行为往往是间接地实现了危险。但正是由于监督者违反结果回避义务的风险行为，整个行为的流程已经指向了风险实现的方向。无论被监督者的行为是有罪过的行为还是无罪过的行为，无论是单纯地延续了风险还是继续提高了风险，只要不被允许的危险现实地转化为具体的危害结果，监督者的行为就无法排除客观归责。

最后，已被实现的危险是否在构成要件的保护范围之内。单纯以行为规范为根据评价不被允许的风险，还不足以在规范评价的意义上建立起具体结果与风险行为的归责关系。只有具体的危害结果体现了不允许的风险所具有的法律意义时，也即是构成要件上描述的类型化结果时，才可归责于行为。比如德国的"山羊毛案"。[②] 在这个案件中，画笔厂的负责人对于工人们违反生产规定的行为没有予以制止或纠正，违反了客观注意义务，并且造成了工人感染病菌而死亡的危害结果，但据事后调查得知，当时欧洲对于炭疽病菌还没有任何有效的消毒预防措施，画笔厂所规定的消毒措施也起不到任何效果，即使事前按规定进行消毒仍然无法避免结果的发生。从构成要件保护的范围来看，经消毒措施能被消灭预防的病毒所带来的危险才属于保护范围内所要防范的危险，而炭疽病毒带来的危险并非在构成要件保护范围内实现，所以排除对画笔厂的负责人的归责。

构成要件的保护范围内的风险创设与实现的判断顺序同样适用于危险业务事故的监督过失犯罪的判断。2008 年 4 月 28 日凌晨，北京至青岛的T195（SS9G 0182）次列车与烟台至徐州的 5034（DF11 0400）次列车相撞，造成重大人员伤亡。专案调查组从济南铁路局的指令传递行为入手，经调查发现，事故原因主要有二：一是用文件代替限速调度指令；二是漏

---

① 参见［德］克劳斯·罗克辛《德国刑法学（总论）》（第 1 卷，第三版），王世洲译，法律出版社 2005 年版，第 253 页。

② 参见《帝国法院刑事判例集》第 63 卷：某画笔厂的工人没有按照规定对一批来自中国的山羊毛进行消毒，而该厂的负责人明知这批山羊毛没有经过规定的消毒程序，仍将其分发给其他工人加工生产画笔，结果有 4 个工人因感染炭疽病菌而死亡。转引自［德］克劳斯·罗克辛《德国刑法学（总论）》（第 1 卷，第三版），王世洲译，法律出版社 2005 年版，第 254 页。

发临时限速指令，从而造成事发列车在时速限速 80 千米的路段上实际时速居然达到 131 千米。该行为直接创设并实现了列车相撞的重大危险。铁路运营企业责任人员应就职工安全认识不到位、领导不到位、责任不到位、隐患排查治理不到位和监督管理不到位等监督过失行为承担刑事责任。

第四节　危险业务中监督过失犯罪的主观要素

一、结果预见义务

（一）结果预见义务的地位与内涵

监督过失犯罪客观方面的要素主要是体现在监督者对外部的客观注意义务的违反，即对结果回避义务的违反；而监督过失犯罪主观方面的要素则主要体现在对内部的主观注意义务的违反，即对结果预见义务的违反。在注意义务的构造中，结果回避义务与结果预见义务表面上处于平行的地位，二者缺一不可。但实际上，结果回避义务应是结果预见义务的前提。这是因为，结果预见义务虽然包括了对结果发生的认识和预见，但仅预见到结果并不能表明注意义务的完成，重点在于是否采取了结果回避措施，最终避免危害结果的发生。在现代社会，人们对于一些危险业务的认识受当前科技水平的限制，不可能在任何时候都能有效地预见危险是否发生。在这种情况下，没有履行预见义务并不能成为追究其过失责任的理由，重点要看在发生危险的可能性出现后，负有结果回避义务的行为人是否采取有效的结果回避措施，竭尽所能地防止危害结果的发生。也就是说，过失犯罪的责任根据在于行为人违反了结果回避义务，如果是不承担结果回避义务的行为主体，即使没有去预见结果是否发生，也不能追究其过失犯罪的责任，这也是当前通说"新过失论"的观点。因此，结果预见义务以结果回避义务为前提，只有承担结果回避义务的主体才能对其科以预见危害结果的义务。

结果预见义务虽然在整体的注意义务中处于次要的地位，但是其作为内部的注意义务仍是犯罪构成要件中主观方面的核心问题。结果预见义务是指行为人所负有的、预见其行为是否会导致危害结果发生的义务。具体而言，行为人在实施外部行为的同时，内心必须保持谨慎紧张的精神状态，使自己去预见、认识构成要件上的危害结果是否可能实现，从而做出正确的判断，乃至形成结果回避的动机。

（二）监督者的结果预见义务

结果预见义务对于监督者意义之重大是不言而喻的。是否充分履行预见义务关系到结果回避义务能否有效地履行。监督者如果没能对危害结果做出正确的预见，很难想象其如何能指挥实施结果回避措施。监督者在多大的范围及程度上被科以结果回避义务，那么在这个范围与程度之内就有相应的结果预见义务。认识监督者的结果预见义务离不开对预见对象、预见程度以及形成结果回避动机这几方面的内容。

1. 预见对象

在普通的过失犯罪中，仅有一层因果关系，行为人的预见对象比较容易确定。而在监督过失犯罪中，最终的危害结果并非由监督者的行为直接引起的，中间介入了被监督者的行为，那么对于监督者，其预见的对象应该是被监督者的行为与最终引起危害结果之间的因果关系还是自己行为与被监督者造成危害结果行为之间的因果关系，学界存在不同的观点。

日本学者野村稔认为，监督过失犯罪中注意义务的内容是对引起结果发生的担当者的过失行为负有防止义务。其预见的对象是被监督者的过失行为引起的危害结果。[①] 大塚仁教授持有不同观点，他指出监督过失中的注意义务，其特色在于，不是有义务给预见、避免自己的行为直接发生犯罪结果提供动机，而是有义务给预见由自己的行为引起被监督者的过失行为，从而发生犯罪结果并为避免该结果而采取行动提供动机。[②] 这一观点反映出了监督过失犯罪最重要的特点，就是监督者的行为与危害结果之间联系的间接性，正因为这种间接性，大塚仁教授认为监督者预见的对象应当是自己的行为引起被监督者不当行为的危险，而不是最终的危害结果。我国也有学者赞同这一观点，比如马克昌教授认为，监督过失中的注意义务，不是预见由自己的行为直接发生犯罪的结果并应当采取避免该结果的

① 参见［日］野村稔《刑法总论》，全理其、何力译，法律出版社 2001 年版，第 185 页。
② 参见［日］大塚仁《刑法概说（总论）》（第三版），冯军译，中国人民大学出版社 2003 年版，第 212 页。

刑法上的危险责任

措施的义务，而是预见由自己的行为能引起被监督人的过失行为。① 对于这个问题，张明楷教授则提出了其"中间项理论"。他将被监督者的行为视为中间项，把监督者应当预见的内容表现为：自己的行为—中间项—危害结果，认为只要监督者应当预见到自己不履行或者不正确履行监督义务的行为可能引起的直接行为人的过失行为，那么通过这个中间项，就应当预见到最终的危害结果。②

本文认为，危险业务甚至是一般行业的监督过失犯罪虽然与传统过失犯罪在表现形式上有所不同，但是作为过失犯罪的一种，其实质应该是一致的。《刑法》第十五条规定："应当预见自己的行为可能发生危害社会的结果，因为疏忽大意而没有预见，或者已经预见而轻信能够避免，以致发生这种结果的，是过失犯罪。"根据这一规定，过失犯罪中行为人应当预见的对象是自己的行为与危害结果之间的因果关系。那么监督过失犯罪的行为人，即监督者预见对象的内容同样应当是其行为与危害结果之间的因果关系。具体而言，既包括监督者自己的行为与被监督者行为之间因果关系的预见，又包括监督者自己行为与最终危害结果之间间接的因果关系的预见。如果仅要求预见被监督者的行为与危害结果之间的因果关系，而无视监督者自身的行为，则违背了过失犯罪的主观方面应是对自己行为的预见这一原则；如果仅要求预见监督者的行为与被监督者行为之间的因果关系，而对最终的危害结果不做预见的要求，则忽视了监督者的特殊地位——监督者处于监督指挥的地位，往往对整个因果流程是否向危险方向发展起着关键的控制支配作用，只有对危害结果有充分的预见，才能充分履行结果回避义务。因此，这两方面缺一不可。

2. 预见程度

结果预见义务的预见对象包括监督者自己的行为与被监督者行为之间的因果关系以及监督者自己的行为与最终危害结果之间的因果关系，然而这两者在预见程度的要求上并不相同。

过失犯罪中危害结果所应当预见的程度，随着过失犯罪理论发展的不同阶段而改变。在旧过失论的阶段，社会仍处于田园牧歌的时代，在那种简单的社会关系中可能出现的危险并不难预见，所以要求行为人对危害结

---

① 参见马克昌《比较刑法原理——外国刑法总论》，武汉大学出版社 2002 年版，第 246 页。
② 参见张明楷《监督过失探讨》，载《中南政法学院学报》1992 年第 3 期，第 4 页。

果的预见必须是具体、明确的。"二战"之后，交通、采矿、建筑等行业的发展使社会风险提高，但由于许多侵害法益的危险行为对社会发展的必要性，此时居于主流地位的新过失论对过失犯的处罚还是趋于限制的态势，对于过失犯罪中行为人对危害结果预见程度的要求，仍是以现实的、具体明确的标准为必要。20世纪60年代中期以后，危险业务的发展，企业灾害、公害事故大量出现，如果仍坚持具体明确的预见程度，那么很多危险便无法从源头上予以遏制，无法在有效的时机防止危害结果的发生而做到防微杜渐。因此新新过失论，也就是危惧感说主张预见义务并不要求对构成要件结果有具体的预见，而只要对某种危险的发生具有不可忽视的危惧感或不安感的程度就可以了。行为人一旦具有这种不安感，便有义务采取结果回避措施，以消除此不安感。最有名的判例就是1973年日本德岛地方法院对"森永奶粉中毒案"的判决，该判决第一次采纳了新新过失论关于预见程度的观点。森永乳业公司德岛工厂将通常用于工业上的磷酸氢二钠掺入奶粉，以提高奶粉的溶解度。而负责向德岛工厂提供此添加剂的协和产业公司在1955年4至5月供应的却是含有超量砒霜的类似磷酸氢二钠的粗劣产品。德岛工厂未经检验便将之用于奶粉生产，使80万罐含有此劣质添加剂的奶粉流入市面，引起大量食用该批奶粉的婴儿中毒。判决认为：在采购时，当被交付的货品与原预订的货品不同且是用于生产食品时，就必须存在一种可能混入不纯物质或有毒物质的不安感。[①] 可见，法院并非要求行为人要对现实存在的具体的危险有所预见，而是在现实的危险发生之前，就要存在一种不安感。这是由于食品行业与健康息息相关，生产者应该有更高的谨慎义务，特别是对于食品中的化学添加剂，即使长期使用未发生危险，也应该时时防范危险的产生，时时保持一种不安的紧张状态。如果等到现实的危险出现，则对于危害结果往往已经难以补救了。

危惧感说受到的批判主要有：第一，不当扩大了过失处罚的范围，会导致客观归罪；第二，危惧感、不安感的概念极为含糊，难以正确认定。然而本文认为危惧感说主张根据行为人在企业中处于监督、领导地位，对之科以更高的预见义务，在日益严重的危险业务监督过失犯罪面前，其出发点是具有积极意义的。首先，在处罚范围方面，危惧感说的适用主要集

① 参见刘丁炳《监督管理过失犯罪研究》，中国人民公安大学出版社2009年版，第48页。

刑法上的危险责任

中在危险业务中的公害性监督过失犯罪的范畴中，特别是食品、药品等直接关系公众生命健康的行业，目的是为了防止个人对他人及公众法益的漠视，防止重大灾害事故的发生；而且由于这些行业的技术性、不确定性、较长周期性等特点，仅要求对具体的危险进行预见，明显不利于事故的防范。其次，从监督过失犯罪的特点来看，监督者行为与最终危害结果的联系具有间接性，对间接因果关系要求抽象的预见，并不违背监督过失犯罪的结构特点。而监督者行为直接引起的被监督者的行为，对于这两者间的因果关系，仍须是明确的。因此，对于结果预见义务两方面预见对象预见程度的不同要求则体现在：监督者的行为与被监督者的行为是直接联系的，因而监督者对自身行为可能引起被监督者过失或其他不当行为的危险须是具体明确地预见，而对于监督者自己的行为与最终危害结果之间的间接因果关系，则要求是抽象地预见。

3. 形成结果回避的动机

行为人保持精神的紧张、态度的谨慎，并预见到了危害结果可能发生，这可以说是履行了结果预见义务的大部分内容。但是对于避免危害结果的最终发生，仅仅预见是不够的，如果不能在主观上形成结果回避的动机，就无法进一步促使行为人在客观上采取结果回避措施，从而最终防止危害结果的发生。因而在主观上形成结果回避动机也应当成为结果预见义务中的重要内容。对于这个问题，大塚仁教授认为：结果的预见只以行为人心理认知的一面为内容，是不充分的。应当考虑的是，预见了结果发生的人具有为实施避免发生结果所必要的一定作为或者不作为提供动机的义务。他还指出，没有预见结果的发生同时也没有形成结果回避动机的过失是没有认识的过失，而预见了结果的发生但没有形成结果回避动机的过失是有认识的过失。①

不难得出这样的结论，结果预见义务不仅仅是预见结果发生这一项内容，还应当包括在此基础上形成采取回避措施动机的义务。具体来讲，在主观上行为人须判断自己将要实施的行为是否可能引起危害结果的发生，从而做出是否实施该行为的意思决定；在实施该行为的同时，应时刻保持谨慎的态度，注意是否可能发生危害结果；如果预见到了危害结果可能发

---

① 参见［日］大塚仁《刑法概说（总论）》（第三版），冯军译，中国人民大学出版社2003年版，第205页。

生，应立即形成结果回避的动机，决定采取有效措施防止危害结果的最终发生。如果仅仅预见了结果的发生，而没有形成结果回避动机，从而没能在客观上履行结果回避义务，并最终导致了危害结果的发生，按照我国刑法理论的分类就构成了过于轻信的过失。

形成结果回避动机的义务可以说是联结主客观方面的重要因素。人的行为本来就是主观客观、内部外部不断交替而产生的一系列举动，在监督者履行监督义务的过程中表现为：监督者首先存在对某些危害结果的回避义务，这一义务决定了监督者在此范围内有义务保持主观上的谨慎去预见危险的发生，即结果预见义务。当监督者履行了结果预见义务，预见到了危害结果可能发生，同时便形成了结果回避的动机，而这一动机促使监督者在客观上去采取回避措施，防止危险的发生或者进一步扩大。

在此，将监督过失犯罪中的结果预见义务做一小结，用传统过失构造理论中的认识因素和意志因素来表述就是：行为人应当预见自己违背注意义务的行为可能引起被监督者的不当行为从而产生刑法上的危害结果，但因为疏忽大意而没有预见，或者已经预见到而轻信能够避免，从而使行为人并不希望其发生的危害结果最终发生。这也是危险业务中监督过失犯罪中主观方面的内容。

二、监督过失与过失的竞合

监督过失犯罪中，监督者的主观罪过形式必然是过失，而被监督者，也就是直接引起危害结果的人，过失虽不是唯一的主观心态，但却存在于大部分监督过失犯罪的场合中。即监督者过失的行为引起了被监督者过失的行为，一同导致了危害结果的发生。因此，有学者称监督过失犯罪是共同过失犯罪。但本文认为，监督过失犯罪在过失的形成上属于过失的竞合。

过失的竞合是指某种犯罪结果的发生，由两个以上的过失行为所造成。比如生产中的重大事故，其危害结果的发生往往是现场人员因违反规章或不适行为的直接过失与负有监督责任的人员的监督过失共同导致的。这两种过失是相互依存、共同发生作用的。如果缺少其中一个过失，危害结果往往不会发生。有学者归纳出竞合过失的以下特点：第一，竞合过失是复数行为人的过失的竞合，而且各行为人都必须具备相应的刑事责任能力；第二，复数行为人有其各自的注意义务而非共同的注意义务。① 过失的竞合与共同过失的区别在于是否具有共同的注意义务，若有则属于共同过失，若无则属于过失的竞合。当共同行为人具有共同的注意义务并共同违反了该注意义务时，成立共同过失犯罪。这种情况下，行为人必须处于同一的法律地位。也只有行为人处于相同的法律地位时才有可能具有共同的注意义务，而在监督过失的场合中，行为人之间是上下级的关系，其注意义务的内容是有区别的。监督过失属于竞合过失中的纵向竞合过失，处于监督地位的监督者和直接行为人负有不同的注意义务，并且对结果的发生都有过失。由于两者的地位不同，注意义务不同，所以不构成共同犯罪，应该分别追究刑事责任。

明确监督过失犯罪是过失的竞合而非共同过失犯罪的意义体现在对监督者罪名的确定上。首先，在我国刑法中只存在共同故意犯罪，而不承认共同过失犯罪。如果将监督过失犯罪视为共同过失犯罪，则在我国目前的刑法体系中找不到立足之地。其次，如果退一步假设我国刑法体系中存在共同过失犯罪，承认监督过失犯罪即是共同过失犯罪的一种，那么在具体罪名的确立上也会存在困难。按照我国关于共同犯罪的通说"犯罪共同说"，参与者在共同的构成要件内成立共犯，其罪名是同一的。如果监督过失犯罪属于共同过失犯罪，那么监督者与被监督者的罪名也应是一致的。但是由于监督者与被监督者负有不同的注意义务，其违反注意义务的行为在性质上也有所不同，若适用相同的罪名来定性，则不能准确反映罪质的不同，将会造成定性上的混乱。

三、依赖原则的适用

在监督过失犯罪中通常会遇到这样的情况：由于风险社会专业的细致化，在一个单位中等级繁复，位于监督者地位的可能不止一个层级。因此，当事故发生以后，应该追溯至哪一个层级的监督者，需要一个标准加以限定，否则很容易动辄追溯到最高的负责人。监督过失理论在日本提出以后，就有学者主张原来适用于交通领域的"信赖原则"也可以适用于监

---

① 参见张亚平《竞合过失下刑事责任的分配》，载《刑事法杂志》2006 年第 4 期，第 25 页。

督过失犯罪的领域，用以限定处罚范围。

　　信赖原则指行为人在实施某种行为时，有相当的理由信赖被害人或者第三人可以实施适当的行为，但由于受害人或者第三人的不恰当行为而发生结果的场合，行为人对此不负责任的原理。[①] 信赖原则产生的基础是"危险分配"的法理，作用是弥补传统过失论的不足，调和公众生命、健康、财产安全与发挥现代化工业作用之间的矛盾，缩小过失刑事责任的成立范围。信赖原则之实质意义不在于消除危险本身，而是过失责任在行为人之间的合理分配、合理分担。[②] 生物制药、高速运输等危险业务本身是被法秩序所允许的，但这些危险须在行为的参与者之间进行合理的分配，从而使参与者合理地承担注意义务。信赖原则的意义在于，众参与者在各自承担的风险范围内，得以基于相互的责任心和社会连带感而信赖其他参与者也会遵守相应的注意义务，进而免除自己承担全部危险的责任。从表面上看，信赖原则似乎与监督过失理论是相悖的，后者认为在具有监督过失的场合，监督者就应对被监督者的行为与结果承担责任。"如果都适用信赖原则，监督过失就没有存在的余地了。"[③]

　　现在大多数学者都赞同在监督过失犯罪中适用信赖原则。认为信赖原则对注意义务设置了很有意义的界限，否则就无法进行有效的社会分工。[④] 罗克辛教授指出，法律规范和交往规范为一种不允许的危险创设提供了或多或少的重要标志的同时，那种今天在交通刑法中被承认的信赖原则，是为了拒绝不允许地提高风险的原则。[⑤] 也就是说，如果行为在客观上似乎创设或增加了危险，但是只要行为主体在行为时存在一种正当合理的信赖，就可以排除其责任。

　　虽然，我们经常通过行为主体是否违反结果回避义务来判断其是否现实地形成了不被允许的危险。但在监督过失犯罪中，很多情况下客观实行行为是以不作为的形式出现的，一个没有履行注意义务的行为往往被视为

　　① 参见童德华《外国刑法原论》，北京大学出版社 2005 年版，第 130 页。
　　② 参见孙运梁《刑法中信赖原则基本问题研究——新过失论语境下过失犯的限缩》，载《刑事法评论》2011 年第 1 期，第 129 页。
　　③ 张明楷：《外国刑法纲要》（第二版），清华大学出版社 2007 年版，第 243 页。
　　④ 参见［德］约翰内斯·韦塞尔斯《德国刑法总论》，李昌河译，法律出版社 2008 年版，第 395 页。
　　⑤ 参见［德］克劳斯·罗克辛《德国刑法学（总论）》（第 1 卷，第三版），王世洲译，法律出版社 2005 年版，第 717 页。

违反了作为义务而予以归责。然而，当今社会的分工越来越专业化、精细化，尤其是随着公司制等现代企业制度的完善，具有一定规模的企事业单位均采取了分工负责制，上层监督管理者不可能事无巨细都一一过问，而是会将精力集中在决策、组织协调和监督管理等宏观性的事务上来，具体事务则逐层分派给下层人员完成。如果因下层被监督人员的行为而发生了危害结果，从客观上看，最上层的监督者的确没有在该事故中履行具体结果回避义务，并且最终实现了构成要件保护范围内的危害结果。但是，若据此对最上层的负责人也予以归责则显得不妥。有学者认为，在基于职务关系而形成的监督责任无限制地向上追究，无异于"领导责任"。[①] 因此，信赖原则可以在主观的层面发挥作用：直接从事具体事务的工作人员，其专业性、技术性可能比监督者更高，监督者对于这些具有专业技能和谨慎、敬业态度的从业人员，信任其能够在确保安全的前提下履行职责、完成工作，应当认为是合理的信赖。有学者主张合理信赖应以具备社会相当性为前提要件。[②] 所以，此合理的正当的信赖得以排除监督者的结果预见义务，进而阻却了监督过失犯罪的成立。

然而，信赖原则作为限定危险业务中的监督过失犯罪处罚范围的原则，应当防止其被滥用为逃避监督责任的挡箭牌。特别是对于直接行为人的上一级监督者，其应该承担的风险中就包含了由被监督者直接引起的危险，因而其注意义务的内容也理所应当地包含了防止被监督者的行为引起不允许的危险。在这种情况下，不能适用信赖原则，除非监督者能证明其确实谨慎尽职地履行了所有的注意义务。

第五节　监督过失理论在危险责任中的贯彻

明确监督过失犯罪的构造以及其主客观方面的要素，目的是要在实践中适用监督过失理论界定各种监督过失犯罪。对于我国而言，这一舶来理论的价值很大程度上体现在它是否能在实践中加以贯彻。要在我国的刑法体系中适用监督过失理论，首先要了解我国的司法现状及其适用的可

---

① 参见谷筝《论监督过失的性质及适用范围》，载《学术交流》2014年第8期，第101页。

② 参见谢雄伟《论监督过失中信赖原则的运用——以风险社会下事故型犯罪为实证分析》，载《学术研究》2015年第10期，第51～52页。

能性。

一、现状及适用的可能性

（一）我国司法实践中的不足

在危险业务犯罪审判的司法实践中，对监督者责任的追究主要集中在公共安全领域，这涉及重大劳动安全事故中"直接负责的主管人员和其他直接责任人员"，大型群众性活动中安全责任事故中"直接负责的主管人员和其他直接责任人员"，消防事故中"负有报告职责的人员"，生产、销售伪劣商品罪中生产、销售假药、劣药、有毒有害食品、不符合卫生标准食品罪中"单位犯罪的，其直接负责的主管人员和其他直接责任人员"，妨害传染病防治罪中"单位犯罪的，其直接负责的主管人员和其他直接责任人员"，妨害国境卫生检疫罪中"单位犯罪的，其直接负责的主管人员和其他直接责任人员"，逃避动植物检疫罪中"单位犯罪的，其直接负责的主管人员和其他直接责任人员"，等等。

从以上的规定可以看出，《刑法》分则的条文中这种"领导责任"实际上与监督过失的理论是契合的，但仍存在不少问题，主要体现在以下两个方面：第一，对监督管理者追究刑事责任的范围较狭窄，分布不规律，虽在交通安全事故、劳动生产与作业、消防事故、食品、药品安全生产、传染病传播、动植物检疫等领域规定了监督管理者的责任，但是还有许多危险业务中的环境污染等威胁公共安全的领域都没有规定监督管理者的责任。可见刑法中体现监督过失的罪名并非立法者自觉运用这一理论的结果，所以还存在很多缺漏。第二，监督者、管理者责任绝大多数在单位犯罪中，也就是说在追究监督者、管理者责任时，必须事先认定单位犯罪的存在。如果单位犯罪不成立，则无从追究监督者、管理者的刑事责任。[①]本文认为，借鉴监督过失理论来解决这种疏漏是可行的。

（二）我国刑法中监督过失犯罪的范围

监督过失的产生源于生产、交通、消防、环保、医疗等公害事件的频

---

① 参见韩玉胜、沈玉忠《监督过失论略》，载《法学论坛》2007 年第 1 期，第 50 页。

繁发生，在《刑法》分则中，监督过失覆盖的范围也集中在这些领域，主要有以下章节的条文：

第二章危害公共安全罪，主要的罪名有：第一百一十四条、第一百一十五条的放火罪、决水罪、爆炸罪、投放危险物质罪等以危险方法危害公共安全罪及失火罪、过失决水罪等过失以危险方法危害公共安全罪，第一百三十一条重大飞行事故罪，第一百三十二条铁路运营安全事故罪，第一百三十三条交通肇事罪，第一百三十四条重大责任事故罪、强令违章冒险作业罪，第一百三十五条重大劳动安全事故罪、大型群众性活动重大安全事故罪，第一百三十六条危险物品肇事罪，第一百三十七条工程重大安全事故罪，第一百三十八条教育设施重大安全事故罪，第一百三十九条消防责任事故罪，等等。有学者主张，如果认为危险驾驶罪为过失犯罪，《中华人民共和国刑法修正案（九）》［以下简称《刑法修正案（九）》］中对该罪所规定的机动车所有人、管理人的刑法责任，是监督过失犯罪的典型反映。[①]

第三章破坏社会主义市场经济秩序罪中第一节生产、销售伪劣商品罪，即第一百四十条到第一百五十条，主要罪名有：第一百四十条生产、销售伪劣产品罪，第一百四十一条生产、销售假药罪，第一百四十四条生产、销售有毒、有害食品罪，第一百四十五条生产、销售不符合标准的卫生器材罪，第一百四十六条生产、销售不符合安全标准的产品罪，等等。

第六章妨害社会管理秩序罪，主要罪名有：第五节危害公共卫生罪中第三百三十四条采集、供应血液、制作、供应血液制品事故罪，第三百三十五条医疗事故罪，第三百三十七条妨害动植物防疫、检疫罪；第六节破坏环境资源保护罪中的第三百三十八条污染环境罪等。

第九章渎职罪，主要罪名有：第三百九十七条滥用职权罪、玩忽职守罪，第四百条失职致使在押人员脱逃罪，第四百零八条环境监管失职罪，第四百零九条传染病防治失职罪，第四百一十二条商检失职罪，第四百一十三条动植物检疫失职罪，第四百一十九条失职造成珍贵文物损毁、流失罪等。

在这些条文中，有的明确地将"直接负责的主管人员"作为犯罪主

---

① 参见车浩《刑事立法的法教义学反思——基于〈刑法修正案（九）〉的分析》，载《法学》2015年第10期，第15页。

体，表明该种犯罪在确认过失责任时，应同时考虑追究领导者、管理者的刑事责任；而另外有些条文虽然没有写明"直接负责的主管人员"，但并不意味着在追究责任时可以排除监督、领导、管理人员的过失责任。所以以上列举的部分罪名可以分成两类：第一类罪名在条文中明确规定对直接负责的主管人员追究本罪的刑事责任，这一类罪名的刑事责任既包含了监督者的责任又包含了被监督者的责任，双方应当适用相同的罪名，如重大飞行事故、铁路运营安全事故罪；第二类罪名专门针对监督者责任，弥补了某些条文没有规定"直接负责的主管人员"的漏洞。因此这类罪名只规定监督者的罪状，不涉及被监督者的责任，定性时应当对两者按照不同的罪名分别定罪量刑，如第九章渎职罪中的罪名。因此，在定罪量刑时，监督者与被监督者的罪名可以不一致，特别是在被监督者的罪名是故意犯的情形下。比如在第一百四十四条生产、销售有毒、有害食品罪中，被监督者，也就是直接在食品中掺入有毒、有害物质的行为人，其成立该罪自是没有问题，但是《刑法》第一百五十条关于单位犯罪的规定，要追究监督管理者生产、销售有毒、有害食品罪的责任必须是在成立单位犯罪的条件下才得以实现。所以在不构成单位犯罪的情况下，我们可以根据监督过失的理论，追究监督管理者玩忽职守罪的刑事责任，从而避免负有监督责任的监督管理者逃避刑罚的制裁，使刑法的预防功能得以发挥。

二、实务中的监督过失犯罪

责任事故中的监督过失犯罪主要涉及食品、药品、医疗、消防、矿业、交通、环保等领域，不同领域中的监督过失犯罪具有各自的特点，比如在食品药品领域中，基于与健康直接密切的关系，监督者内部注意义务中对于预见程度的要求要高于其他领域；医疗领域中对监督者责任的追究则经常会适用信赖原则来阻却客观归责；而在矿业等生产安全领域中，由于监管层级繁多，一旦发生事故，如何确定主体的范围则是监督过失犯罪中涉及的主要问题。因此下文将从食品安全、医疗活动、矿业生产这几个方面，结合具体案例来论述实践中如何适用监督过失犯罪的理论，进而总结其在危险业务上的一般规则。

（一）食品安全事故中的监督过失犯罪

民以食为天，食以安为先。食品是人类生存发展最为重要的物质基础，食品安全直接关系到人的健康乃至生命的安全。然而近年来，我国食品安全事故频频发生，造成了广泛而严重的危害。这些事故的发生暴露出了监管环节的薄弱，上至政府相关的监督部门，下至生产企业中的具体监督者，在食品安全事故中都有不可推卸的责任。然而在现实中，往往由于法律规定的不明确，让本应负刑事责任的监督者逃脱了刑法的处罚。因此，监督过失理论的适用就是要在实践中解决这一问题。首先应明确其是否履行注意义务，即是否履行了外部的结果避免义务及内部的结果预见义务。

1. 食品安全监督者的外部注意义务

在我国，食品安全监督主体可分为生产企业负责人和政府监管部门两类，其注意义务主要来自于《中华人民共和国食品安全法》（以下简称《食品安全法》）、《中华人民共和国农产品质量安全法》（以下简称《农产品质量安全法》）、《食品安全风险评估管理规定（试行）》等法律法规，还有各种具体的行政规章及行业标准等。

根据以上相关规定，生产企业监督者的外部义务，即结果回避义务主要体现在以下几个方面：第一是信息收集义务。比如充分了解生产原料成分、性质的详细情况以及来源渠道的安全性；确保本企业生产的食品按规定接受检验，符合食品安全标准。第二是预防危险的义务。比如保持生产场所环境整洁，配备相应的消毒、通风、防腐、防尘、防虫、洗涤以及处理废水、存放垃圾和废弃物的设备或者设施；雇用专业技术人员、管理人员，督促其严格执行相关的规章制度；保证贮存、运输和装卸食品的容器、工具和设备安全、无害等。第三是排除危险的义务。这一义务主要是在生产者发现其经营的食品不符合食品安全标准，存在影响健康的危险时所应当履行的。比如《食品安全法》确立的食品召回制度，要求食品生产者一旦发现其生产的食品不符合食品安全标准，应当立即停止生产，召回已经上市销售的食品，通知相关生产经营者和消费者，并记录召回和通知情况。食品生产者应当对召回的食品采取补救、无害化处理、销毁等措施，并将食品召回和处理情况向县级以上质量监督部门报告。

政府部门的食品安全监督主体主要是工商部门、农业部门、质检部门、卫生部门等。首先，信息收集义务主要体现在监督主体对于食品生产者准入的登记管理，如规范生产者的登记注册行为，严格登记注册事项的监督检查，依法进行年检、验照工作，全面掌握食品生产者的信息。其次，预防危险的义务主要体现在各部门的巡查、抽检制度。比如定期查验生产者资格、检查生产环境、食品贮存条件等；对食品进行抽样检验，引导督促生产者建立自检体系，防止不合格食品流入市场。最后，排除危险的义务主要体现在安全预警和应急处理机制中。各相关职能部门要积极构建食品安全隐患发现制度，健全食品安全事故报告制度，适时开展应急演练和应急系统检查，提高处理应对食品安全突发事件的指挥能力，及时排除危险，有效减轻损害。值得关注的是，此次《中华人民共和国刑法修正案（八）》〔以下简称《刑法修正案（八）》〕第四十九条增设了对"食品安全监督管理事故罪"的规定，即在《刑法》第四百零八条后增加一条，作为第四百零八条之一："负有食品安全监督管理职责的国家机关工作人员，滥用职权或者玩忽职守，导致发生重大食品安全事故或者造成其他严重后果的，处五年以下有期徒刑或者拘役；造成特别严重后果的，处五年以上十年以下有期徒刑。"这一规定对明确政府部门的相关监督义务起到了重要作用，为追究食品安全领域中国家机关工作人员监督过失犯罪刑事责任提供了法律依据。

2. 食品安全监督者的内部注意义务

监督者的内部注意义务，即结果预见义务，一方面是指生产者在生产过程中，应对产品是否安全、是否会产生危害健康的危险做出预见、判断，并在出现危险时形成结果回避的动机；另一方面是指政府监管部门通过掌握分析各种食品安全信息以及市场动态，预见可能引发的食品安全事故的苗头，从而为采取防范应急措施提供动机。

在食品药品安全的领域，监督者内部义务的特点主要反映在预见程度上。由于食品药品行业与公众健康关系紧密，而且行业本身有复杂性、不确定性及较长周期性等特点，所以对于监督者对危害结果的预见程度应采取"危惧感说"的标准。只要监督者具有不安感、危惧感，或者对危害结果有抽象的预见，我们即可认为其存在预见的可能性。若监督者没有据此不安感进一步对危险做出判断预测并形成结果回避的动机，则违反了内部注意义务，符合监督过失犯罪的主观方面要件。

2008 年我国三鹿集团三聚氰胺超标奶粉案即是食品领域中一个典

刑法上的危险责任

型的案例。① 这一案件中有多个主体涉及监督上的过失。首先，三鹿集团的客服部在 2007 年年底收到多宗投诉，此时足以预见到该集团生产的奶粉可能有损害婴幼儿健康的危险，但客服部的负责人直到 2008 年 5 月才向领导班子通报这一情况，显然没有履行及时排除危险的责任。其次，集团的领导班子在技术小组排查后，产生了奶粉含有三聚氰胺的怀疑，也没有立即采取有效的结果回避措施。食品中可能含有超标的添加物已预示了危险的出现，领导班子应该立即做出停止生产销售的决议。然而，三鹿集团的领导人没有及时履行该义务，这一迟延导致产生了更多的受害者，使危险进一步扩大。最后，奶源管理上的疏忽也是导致危害结果发生的重要因素。原奶的收购环节在因果关系链上与危害结果距离较远，奶源出现问题时还较难预见到具体实际危害结果的发生。但是，根据危惧感说的预见标准，监督者应当对食品中可能混入不纯物质或有毒物质时刻存在不安的感觉，并督促直接从业者做好检验工作，才能在源头上避免危险的发生；若等危险发生则为时已晚。

除了生产者的监督过失外，政府相关部门对食品安全领域的监管缺位也是导致发生"三鹿奶粉事件"的重要原因。首先，免检制度存在不合理性。对于奶粉等到食品，免检条件显得过于宽泛，这是监管部门主动放弃监管职责，无法及时掌握当前的市场动态，为食品安全埋下隐患。其次，企业生产监管制度形同虚设。工商、质检各部门多头执法、权责不明，造成监管体系的混乱，无法在第一时间查验出问题奶粉，未能履行好预防危

① 2007 年年底，三鹿集团陆续收到多宗消费者投诉，反映有部分婴幼儿食用该集团生产的婴幼儿系列奶粉后尿液中出现红色沉淀物等症状；2008 年 5 月份，三鹿集团客户服务部书面向田文华、王玉良等集团领导班子成员通报此类投诉的有关情况；集团领导班子随后成立由王玉良负责的技术攻关小组；通过技术小组排查，确认该集团所生产的婴幼儿系列奶粉中的"非乳蛋白态氮"含量是国内外同类产品的 1.5～6 倍，怀疑其奶粉中含有三聚氰胺；7 月 24 日，三鹿集团将其生产的 16 批次婴幼儿系列奶粉，送河北出入境检验检疫局检验检疫技术中心检测；2008 年 8 月 1 日的检测报告显示，送检的 16 批次奶粉样品中 15 个批次检出三聚氰胺；当日三鹿集团领导班子做出决议，暂时封存仓库产品，暂时停止产品出库，以返货形式换回市场上含有三聚氰胺的三鹿牌婴幼儿奶粉等，但没有停止奶粉的生产、销售，甚至做出指示将含"非乳蛋白态氮"超标的原奶调配到本集团下属企业，继续生产含三聚氰胺的液态奶。直到 2008 年 8 月份，全国已有众多婴幼儿因食用三鹿婴幼儿奶粉出现泌尿系统结石等严重疾患，部分患儿住院手术治疗，多人死亡。参见《河北省高级人民法院关于"石家庄三鹿集团股份有限公司及相关责任人员生产、销售伪劣产品案"的判决》，来源：北大法宝，http://vip.chinalawinfo.com，访问日期：2017 年 7 月 30 日。

险的义务。最后，应急制度失灵。虽然行政机关基本建立起应急系统——危机预案体系，但缺乏法律约束力与实操性，导致该体系在突发事件面前失灵，无法及时遏制危险的蔓延。政府相关部门的监督责任可谓十分重大，然而遗憾的是在此次的问题奶粉事件中，并没有行政机关的负责人因监督过失而被追究刑事责任，这也暴露出我国刑法中监督过失犯罪理论仍无法与实务相衔接。

（二）医疗事故中的监督过失犯罪

医疗事故是指医疗机构及其医务人员在医疗活动中，违反医疗卫生管理法律、行政法规、部门规章和诊疗护理规范常规，过失造成患者人身损害的事故。在医疗机构中，监督关系主要存在于医生与护士等其他医务人员之间、主治医生同其他处于协助地位的医生之间。负有监督义务的医生在医疗工作中，对于在诊断、处方、用药、麻醉、手术、输血、护理、化验等医务环节中因过失违反了医疗规章制度的医务人员，不加以制止并予以必要的监督，严重侵害了就诊病人生命和身体健康的，可以考虑以该罪追究医生的监督过失责任。其注意义务的来源主要有《中华人民共和国执业医师法》《中华人民共和国传染病防治法》《突发公共卫生事件应急条例》《消毒管理办法》《医疗事故处理条例》《重大医疗过失行为和医疗事故报告制度的规定》等医疗卫生法规。

2006 年"北大医院学生行医案"中，北京大学女教授熊卓为因腰疼到北京大学第一医院就诊并接受手术；术后第 7 天，医院宣布其因发生术后并发症肺栓塞，抢救无效死亡。死者家属从病历上发现死者的肋骨折断，心脏及肝脏均出现破裂，怀疑与医生抢救时不当按压有关，在该不当行为造成肝脏大出血后放弃抢救。经后来的调查发现，负责观察、诊疗、抢救的主治医生均是没有行医资格的北京大学医学院的在校学生。法院终审判决北京大学第一医院承担民事赔偿责任，但并没有认定医院存在"非法行医"的情况。根据《刑法》第三百三十六条"非法行医罪"的规定，未取得医生执业资格的人非法行医，严重损害就诊人身体健康的，应承担相应的刑事责任。该案中的主治医生是未取得医生执业资格的在校学生，也就是没有行医资格，而且最终因抢救不当造成患者死亡，符合非法行医罪的构成。但本文讨论的重点在于这 3 名主治医生的上级主管人员：作为监督者，应当保证其下属的从业人员具备相应的资质，同时防止其实施违反相关安全规定、执业规范的行为，一旦发现违规现象，应当马上予以制止和纠正。因此，允许没有执业资格的实习生作为主治医生为患者实施抢救手术，违反了监督者应负的注意义务，在实质上已制造了禁止的风险，最终出现的危害结果可以归责至该上级主管人员。因此，上级主管人员须承担其监督过失的刑事责任，虽不构成"非法行医罪"的共犯，但可能构成"医疗事故罪"或"过失致人死亡罪"。

信赖原则是与医疗事故领域中监督过失犯罪密切相关的理论。这一理论经常在认定医疗事故时起到排除客观归责的作用。如在手术等医疗行为中，除了主刀医生之外，往往还需要麻醉师、护士等其他医务人员的协助，主刀医生虽然处于监督地位，但是在分工合作、互相配合的场合中，不可能每个环节都亲自监督执行。在这种场合运用信赖原则来切断无限扩大的预见义务是具有社会相当性的。例如日本的"北大电气手术刀案"，手术时由于协助的护士误接电气手术刀的插头，导致患者的右脚关节被严重灼伤，执刀医生因此被起诉"业务上的过失伤害罪"。但判决运用了信赖原则阻却了执刀医生的监督责任，认为医生对于一位富有经验的护士，完全可以信赖其能妥当完成电气手术刀的连接这一简单的辅助作业，而不应承担监督过失的责任。因此，只要监督者对于被监督者的行为存在正当合理的信赖，就可以阻却其监督责任的成立。

（三）矿业事故中的监督过失犯罪

中国煤炭产量占世界的 31%，但煤矿死亡人数却占到世界的 79%。从被称为"矿难之年"的 2004 年以来，每年大大小小的矿难有增无减，死亡人数连年攀升，平均一年百万吨的死亡率为美国的一百倍。矿主在利益的驱动下罔顾矿工安全，监管部门监督不力、管理缺位，甚至官煤勾结是导致悲剧不断上演的主要原因。根据《中华人民共和国煤炭法》（以下简称《煤炭法》）的规定，开办煤矿企业，必须依法向煤炭管理部门提出申请，依照法定条件和国务院规定的分级管理的权限审查批准，并由煤炭管理部门对其实际生产条件和安全条件进行审查，发给煤炭生产许可证。一个煤矿企业从开办到经营须经层层审批，并接受各部门的监管。煤炭管理部门和有关部门依法对煤矿企业和煤炭经营企业执行煤炭法律、法规的情况进行监督检查。一旦发生事故，涉及主体众多，因此，确定应负监督责任的主体的范围是我们要讨论的主要问题。

2005 年广东大兴煤矿特大透水事故案是近年来在煤炭行业中由于监督过失而造成重大损失的典型案例。广东省梅州市大兴煤矿未取得工商营业执照和采矿许可证，并在广东省政府严令全省煤矿停产整顿期间，组织120 多名矿工（已超出煤矿允许的设计人数）下井作业。在煤层发生过严重抽冒的情况下，仍大量出煤，超强度开采，致使防水安全煤柱抽冒导通了水淹区，造成积水大量溃入煤矿，最终引发了透水事故，造成井下 123名矿工死亡，直接经济损失 4700 多万元。在这一案件中，除了矿长严重违规作业之外，涉及的主体还有地方安全监管、煤炭、国土资源部门的主管人员，公安局主管民用爆炸物品的人员，主管安全生产的乡镇干部等。①

确定监督过失犯罪的主体首先要从形式上确认其监督地位，即以法律、行业规则及劳动分工和具体工作内容为标准来界定监督过失犯罪的主体范围。根据《煤炭法》、《中华人民共和国安全生产法》（以下简称《安全生产法》）、《国务院关于特大安全事故行政责任追究的规定》等法律法规，煤矿企业的安全生产管理，实行矿长负责制，这一监督地位决定了矿长无可推卸的监督责任；另外，煤炭管理部门主管煤矿企业资质的审批，对符合法定条件的申请单位发放生产许可证；工商部门负责对审批合格的煤矿企业颁发经营许可证；安全生产监督管理、国土等部门则在煤矿企业开办申请审批的各个环节中承担相应职责。这些部门的负责人在形式上均处于监督地位，承担监督职责。其次要从实质上判断这些主体是否在实质上有监督权限。如安全生产监督管理局、煤炭管理局、国土资源局的分管煤炭企业审批的各副局长，对于企业的开办生产或复产都有具体的处理决定权，具备实质的监管职权；而各局局长却没有涉及具体审批事务的职责，不像分管的副局长可以在审批的环节中拥有直接的支配力和控制力。再者，由于职能的划分，局长信任副局长依法审批、秉公办事是合理正当的信赖，可以适用信赖原则阻却局长的监督过失责任。

在大兴煤矿透水事故一案中，地方安全生产监督管理、煤炭、国土资源部门的主管人员无视自身的职责，明知大兴煤矿证照不齐，仍同意报批复产意见，任由大兴煤矿长期非法超强度开采；公安局主管民用爆炸物品的人员没有认真履行监管职责，致使大兴煤矿得以长期获得爆炸物用于非

① 参见《广东省兴宁市人民法院关于广东大兴煤矿特大透水事故案的判决》，来源：北大法宝，http://vip.chinalawinfo.com，访问日期：2017 年 7 月 30 日。

法开采；主管安全生产的乡镇干部也没有认真履行其监管职责和谨慎的注意义务，未及时发现该煤矿在停产期间的偷采行为。经法院审理，广东省兴宁市安全生产监督管理局副局长赖某、煤炭局副局长曾某及陈某、国土资源局副局长李某和其他对矿难的发生负有监督过失责任的 12 名原国家机关工作人员均被判以玩忽职守罪，承担相应的刑事责任。这个案件可以说是在煤炭安全生产事故中追究监督过失责任的典型案例。

监督过失理论仍属于新兴理论，在司法实践中的运用尤其是在危险业务方面的运用也极为有限。而且在我国，理论上趋近成熟的学说无法运用于实践中也是普遍现象，实务界往往会认为学说理论不切实际、繁杂而难以操作。然而实务与理论之间存在差距是必然的，正如台湾学者黄荣坚所说："学说立论带有理想色彩，设定目的本来就是某种程度地要改变实务做法，因此本来就不会，也不应该完全吻合实务。学说对于实务的批评，并非要对于实务态度有所责难，而是在提供讯息。"要使理论上的学说立即变成实务中判决的依据未免太过急于求成，但前者对于后者也不是完全脱节而起不到任何作用的——理论会经过长时间发酵沉淀而慢慢使观念发生迁移，从而影响到实务中的各种具体案件的处理。任何理论学说都不能淡忘本身的理想色彩，否则人类社会也没有任何进步的机会。

本书也是基于同样的立场，从理论上明确监督过失犯罪的本质与构造，分析其客观方面与主观方面的具体内容，并结合我国的刑法体系论述其在我国司法实践中应如何贯彻。希望通过对这一理论的借鉴吸收，在危险业务事故中得到一般性贯彻，使之真正能为我国司法实践所适用，解决目前以行政责任代替领导人刑事责任所产生的纵容姑息等问题，从而提高监督者的责任意识，更有效地防范各类事故的发生。然而因才疏学浅，在论述和观点中可能会存在诸多缺陷与不完善之处，然而愿本书能抛砖引玉，引起更多对监督过失犯罪的关注，不断地充实这一理论，从而为司法实践提供信息、提供启示。

第三章 危险业务犯罪中的疫学因果关系

刑法上的因果关系是指原因行为与结果事件之间"引起与被引起"的关系。所有以侵害结果或具体危险的结果之发生的实现作为前提的构成要件，都要求这个结果可以追溯其原因（因果地）到行为人的举止上面去。① 危险业务依托于前沿高端技术，其事故的发生具有因果类型多样、因果过程复杂的特点。传统因果关系理论以人类已知之科学法则为依据，于危险业务事故之因果解释难以有所作为。本文旨在从疫学因果关系理论于公害犯罪领域应用的现状出发，探究危险业务事故之因果解释引入该理论的可行性。

第一节 传统因果关系理论的困境

一、危险业务事故的含义

论及危险业务事故，"危险业务"之含义及其特征便成为无法回避的话题，诚如瞿同祖先生言及："研究任何制度或者任何法律，都不可忽略其结构背后的概念，否则是无法了解那制度或者法律的，至多只知其然不知其所以然。从这些概念当中，我们才能体会法律的精神，明白为什么会有这样的法律。"②

危险业务，民法领域又称为"高度危险作业"，是指将复杂工业技术应用于生产、生活而对公共安全有较高危险的作业，《中华人民共和国民法通则》（以下简称《民法通则》）第一百二十三条采用了不完全列举的方式对危险业务的范围做出了规定——"高空、高压、易燃、易爆、剧

---

① 参见［德］乌尔斯·金德霍伊泽尔《刑法总论教科书》，蔡桂生译，北京大学出版社2015年版，第76页。

② 瞿同祖：《中国法律与中国社会》，中华书局2003年版，第1页。

毒、放射性、高速运输工具等对周围环境有高度危险的作业"。据此可知，"危险业务"主要包括民用核设施经营，高速轨道交通运输，民用航空，高度危险物占有与使用，高空、高压、地下挖掘，医药研发与推广，以及其他应用尖端技术可能致公害事故的活动。

自 19 世纪诞生之初，随着社会化大生产的不断发展以及科学技术的飞跃进步，危险业务不断地深入公共生活领域，并逐渐成为其不可或缺的一部分。危险业务活动的发展过程中，面临着公共福祉与公共安全的权衡，而历史义无反顾地选择了推动危险业务的进步。改革开放以来，我国的现代化进程对危险业务活动的态度在某种程度上更是历史的延续与发展。一方面，危险业务背后牵涉巨大的经济利益，对国家经济发展和人们物质生活水平起着无可比拟的促进作用；另一方面，危险业务涉及对高端前沿科技的掌握及控制，对社会公众人身和财产利益存在不可估量的潜在的危险，一旦事故发生，其影响之广度及深度往往超乎科学的想象。

出于危险业务事故之特殊性的考虑，"危险责任"的研究应运而生。危险责任的概念源自德国法，包括民事责任、行政责任、刑事责任。沿着危险业务—灾害事故—责任承担的路径，危险业务事故的民事侵权赔偿责任已有所确立，但除了民事救济之外，刑事制裁同样是危险业务事故之责任承担不可忽视的问题。危险业务活动所引发的灾害事故在可以预见的未来必将成为经济发展的痼疾，如何追究行为人刑事责任的问题已迫在眉睫。

二、危险业务事故因果关系的特点

危险业务事故导致的法益侵害的实害结果发生，在姑且不论其他构成要件要素的前提下，一旦涉及刑事责任，只有证明所导致的实害结果是危险业务行为造成的，才能成立危险业务行为人的刑事责任。也就是说，因果关系作为行为主体对实害后果负责的必要条件，危险业务的作业行为与实害后果之间必须存在因果关系。然而由于危险业务事故的高度专业性，因果关系问题的克服，成为危险责任根本难题之所在。

（一）危险业务事故的因果关系认定具有高科技性

以核能利用为例，核事故是指大型核设施如核电厂等发生的意外事故，可能造成厂内人员的放射损伤和放射性污染。严重时，放射性物质一旦发生泄漏，会污染周围环境，对公众健康造成危害。著名的福岛事故发生至今已有 5 年，但是笼罩在福岛县居民头上的"阴霾"并没有散去。据日本冈山大学研究生院教授津田敏秀等人指出，福岛县儿童甲状腺癌发病率是日本全国平均水平的 20～50 倍。但迄今为止，由于仅有核辐射测试的统计数据而缺乏确切的科学论断，日本政府拒不承认甲状腺癌多发与核辐射之间的因果关系，疾病蔓延、人身财产损失等结果无法归责于核泄漏事故，福岛悲剧求助无门。核事故的"消失的责任"的背后，是危险业务事故的因果关系之高科技性的体现。传统工业领域因果关系进程的认定依赖于专业的医学、环境学知识，属于人类智识之所及的范围。但危险业务领域则不同，涉及高端前沿科技的应用，高科技、高效益的背后伴随着高风险，新型化学物质的排放造成何种程度的环境污染或者人身财产损害尚未能为科学法则知晓，成了人类当前科技无法解释的难题，超越了传统技术的认知范围，难以证明其确定的因果关系。

（二）危险业务事故的因果类型具有多重性

一方面，危险业务活动的适用范围涉及日常生活的方方面面，人们的生产、生活都离不开其成果之助益；另一方面，正因为危险业务活动已经成为生活中不可或缺的部分，一旦发生灾害事故，将会波及社会各领域、各阶层的日常活动。不同地区、不同行业、不同体质受到灾害事故的影响不能一概而论，有其影响程度的差异。更为重要的是，灾害事故的危害因素往往不是单一的，多重的危害因素造成的结果是多重的，甚至是无法预知的后果。所以，在确定危险业务事故的因果关系时，个例情况千差万别，某种程度上加剧了因果关系认定的难度。

（三）危险业务事故的因果方式具有不确定性

医药研发的成果建立在有限的试验样本的基础之上，当相关药物研发成功推向市场时，其对人体的差异性作用是人类智识的空白领域。药害事故的发生，牵涉制药方与医疗方等各方主体及其行为，需要满足一系列特定的环境或是生物因素条件，其因果关系的复杂性往往是医学所无法阐明的难题。2008 年，江西南昌大学第二附属医院在使用标示为江西博雅生物制药有限公司生产的静脉注射用人免疫球蛋白（pH4）后出现严重不良事件，致6人死亡。食品药品监督管理局介入后经过紧急检测，初步结果显示部分样品存在异常，与死亡结果有直接关系。后交由公安机关处理，但是却不了了之，没有追究任何涉案主体的刑事责任。静脉注射用人免疫球蛋白致死事件多方因素共同参与、共同作用，尽管初步调查结果证实是由部分样品异常现象导致的，但究竟是制药方的风险生产行为还是医疗方的过失诊疗行为，抑或是危重病人自身体质的作用？至今没有定论。医药研发与推广牵涉众多主体的生命健康，由于个体的独特性与差异性，导致危害结果发生的因素具有复杂性与模糊性，当前的药害事故虽然多为涉案生产企业违规作业导致的伤亡后果，但其中也存在着不少技术依赖性项目，危险业务事故造成危害结果的过程之复杂及模糊，增加了相关主体刑事责任因果归责的难度。

（四）危险业务事故的因果过程具有长期性和模糊性

一般的人身或财产类型犯罪，多数情况下犯罪行为与实害结果之间的因果关系简单明了：从时间上看，实害结果即时显现；从影响结果看，存在具体的被害群体，行为与结果之间的时空联系极为紧密。而危险业务事故的因果过程则不然。危险业务事故的因果链条存在特殊性，从危险业务领域事故发生—毒害物质与环境要素结合从而富集、扩散—毒害物质作用于人体与环境—人身伤亡、财产损失、环境污染等负面效果显现的整个经过，各方因素相互作用。如果需要进行全面的判断与证明，从实害结果溯源而上往往是一部因果关系的年代史。长期性和潜伏性是危险业务事故因果关系研究中无法回避的问题。正如邱聪智先生所言："现代之科技活动，由于机器设备之构造极为精密复杂，动辄涉及高深科技，平时检验已极不易，加以事故造成后，或因历时甚久，或因距离甚远，或设备本身已完全毁损，甚而杳无踪迹，致原因无从追查。"① 同时，由于多重危害因素随着时间的推移处于不断地变动的过程，不同于杀人放火等类型的犯罪结果是既定且明确的，长期的因果进程无疑加剧了行为与结果之间的模糊性，环境的记忆经历岁月冲刷，等到实害结果显现之际，早已淡忘了最初的伤害。

综上所述，从因果归属的共性上看，因果关系本身是事实判断问题，

---

① 邱聪智：《民法研究（一）增订版》，中国人民大学出版社2002年版，第221页。

或者至少是以事实为基础的，其成立与否涉及利用科学法则对自然事实的探索与发现。因果关系以事实为前提，事实的发现依赖于科学技术，其中，危险业务事故的因果关系也不例外。但是，科学的确切性在进行危险业务事故的因果解释时面临着重大的技术问题，由于时空上的延展性、作用类型多样性等种种难题，倾尽现今科技之成果，往往也难以得到一个准确的因果缘由。在刑事责任领域，因果关系的认定是承担刑责不可或缺的构成要件，为了实现控制风险与促进效益的双重考量，适当的因果归责理论对于确定危险业务事故刑事责任至关重要，传统的因果关系理论能否胜任这一挑战不得而知。

三、传统因果关系理论的局限性

刑法领域传统的因果关系理论都是建立在科学法则的基础之上的，利用人类已知的经验法则判断危害行为与实害结果之间引起与被引起的关系。无论是大陆法系国家的条件说、原因说、相当因果关系说等，还是英美法系国家的双层次因果关系理论，在因果关系的判定上都是需要确切的由因至果的证明进程，都离不开科学规律的支持，我国的必然因果关系和偶然因果关系说也是如此。

条件因果关系的理论主张是，造成结果发生的不可或缺的条件就是这个结果的原因。[①] 质言之，就是"非 P 则非 Q"的关系，其因果归属的确立，依赖于事实归纳所形成的自然规律。在以传统理论条件说的公式认定事实层面的因果关系时，需要达到的证明标准极高，这一点从条件关系的公式本来是确定自然科学的、物理的因果关系标准就可以看出。[②] 而原因说和相当因果关系理论则是条件说过于广泛的归责范围的不同程度的限缩，是在条件说基础上发展起来的概念群。英美法系的双层次因果关系理论是从事实原因和法律原因两方面出发，同样是要求首先进行事实层面的判断，然后通过价值衡量进行法律选择。必然因果关系说和偶然因果关系说，都强调危害行为或者介入因素能够"合乎规律"地引起危害结果，而

[①] 参见黄荣坚《基础刑法学（上）》，中国人民大学出版社 2009 年版，第 172 页。
[②] 参见大塚仁《刑法概说（总论）》（第三版），冯军译，中国人民大学出版社 2003 年版，第 160 页。

所谓的"合乎规律",实际上就是要科学证明。① 综上所述,传统因果关系理论均是建立在科学证明基础上的因果关系确切的论证模式。

而危险业务事故的刑事责任的认定,难题恰恰在于其因果关系难以通过科学证明进行阐释。正如上文所分析之危险业务的事故特点,多重的因果关系、不确定的因果方式、久远的因果过程等种种情况表明,高科技所造成的危险业务事故,超越了人类已认知的科学规律的范围,现有的经验法则在危险业务范围中根本无从下手,危险业务事故因果关系是对传统因果关系的有力挑战。如果在刑事责任的认定上,拘泥于现有的科学法则、经验事实的确定,无形中便关闭了被害群体寻求刑法救济的大门,相关行为主体则借助传统因果关系在危险业务事故领域的漏洞,逍遥于刑法之外。以核安全生产事故为例,在核生产环节和核安全生产事故应急处理环节中对于责任主体的追究,一般是以生产、作业安全事故罪,不报、谎报事故情况罪以及玩忽职守罪等进行处理,但因为核能源的利用属于高新技术领域,既有的经验法则解释核污染归责时只能通过个别表面的细节事实证明简单的因果关系,而无法确定全部的因果进程,从而行为主体危害行为与实害结果之间无法建立因果联系,刑事责任也无从追责。

危险业务事故之因果关系的认定存在着科学未知的发展规律,建立在科学法则之上的传统因果关系理论,在科学无法确定的领域内难以有效地证明因果关系。诚如邱聪智先生所言:"公害现象严重到对公众生命、身体或者健康产生具体危险时,常经长久期间及广大空间之积聚,且有毒物质之检验及其危害程度之确定,常涉及极高深之科学技术,因此,在因果关系的追踪上,即相当复杂,且极端困难。如欲严守传统之相当因果关系,则公害犯罪之适用,必绝无仅有。"② 因此,要想因果归责理论在危险业务事故领域有所作为,必须突破以科学规律为基础的传统因果关系理论的限制,另觅新径。

① 参见庄劲《论传染病犯罪因果关系的认定——疫学因果关系理论的倡导》,载《政法论丛》2003 年第 6 期。

② 邱聪智:《公害与刑事责任》,载《台湾刑事法杂志》1972 年第 5 期。

第二节　流行病学当中的因果关系

　　流行病学针对的研究对象是传染病防治，Stallybrass 将其定义为"流行病学是关于传染病的科学——它们的原因、传播蔓延以及预防的学科"。而苏联出版的《流行病学总论教程》则以"流行病学是关于流行的科学，它研究流行发生的原因、规律及扑灭的条件，并研究与流行做斗争的措施"来界定流行病学。总的来看，流行病学理论发源于传染病研究，是关于传染病防治之科学。

　　流行病学以人群为基础描述疾病与健康状况的分布，重要的用途之一在于探讨疾病的病因及其因果推断。

一、流行病学的因果研究方法

　　流行病学是相对于临床医学、毒理学、病理学的一门医学学科，其最大的突破在于当作用因子与特定疾病之间的因果关系存在不确定性时，即无法通过临床医学等方法直接诊断的情况下，通过人群观察的流行病学方法判别特定人群的风险因子，从总体或者类型的层面上证明某因子引发、造成某种疾病的可能性。与临床医学或毒理学不同，流行病学并不直接研究某种化学物质与个体患病之间的特定因果关系，而是研究"疾病在人群中的分布和影响或决定这种分布的因素"[1]。

　　因果性研究方法根据研究的层次（从微观到宏观）分为实验室研究、临床病例观察以及流行病学研究。

（一）实验室研究

　　实验室研究，顾名思义，是建立在少量的人或者动物个体的实验之上，主要的实验材料涉及器官、组织、细胞或者更微观的材料，用以阐明致病机制或防治效应的机制。实验室研究属于参数可控的方法，是研究特定因子与特定疾病之间关系的含金量最高的标准。但是实验室研究有其局

　　① Leon Gordis. Epidemiology, 5th ed. Elsevier Saunders, Philadelphia, 2014: 2.

刑法上的危险责任

限性，一方面，实验室得出的结果外推向人或者人群能否达到实验效果是无法预知的；另一方面，如果将实验室研究用于传染病研究进行个体实验，很有可能会造成对实验对象的二次伤害，有违基本的医学伦理，甚至是侵权甚至是犯罪行为。

流行病学所涉及的个案数量较大，而且涉及对生命权或者健康权的损害研究，直接作用于人体机理，显然在界定因果关系时不适宜适用实验室研究的方法。

（二）临床病例观察

临床病例观察是与上述实验室研究相对应的一种研究方式，主要是指对个案或者系列病例进行分析报告的传统方法，对象为已暴露于特定因子的人群，可以作为病因或者疗效研究的起点或者线索。传统的临床观察方法，因可供选择的病例数量较少且针对性强，缺乏明显的随机性及必要的对照组，所以控制干扰的能力较弱，无法应用于数量分析，因此在病因或疗效研究上存在局限性，在流行病学的研究中难以有所作为。

（三）流行病学研究

流行病学研究是"在人群或者群组中，使用疾病或健康的统计指标进行的系统医学研究"①。其研究方法包括横断面研究、病例对照研究、队列研究、临床治疗试验和干预试验。鉴于本文的主题为疫学因果关系的法律应用，以上研究方法中与之相关的有横断面研究、病例对照研究以及队列研究。

（1）横断面研究。

横断面研究是在同一时间点调查特定人群中个体的暴露与疾病状态，是同一个时间点上暴露与疾病状态的"快照"②。就关注点而言，不同于病例对照研究和队列研究，横断面研究是从时间函数中截取一个静态的时间点，以此为轴心，通过同一时间点上的个体以及与疾病有关的各种因素寻找疾病发生的可能原因，并不涉及时间推演而导致的个体变异之阶段性研究。由于疫学的研究是针对传染病尤其是以慢性传染病为焦点的，因果

---

① 段广才：《流行病学与医学统计学》，人民卫生出版社 2012 年版，第 172 页。
② 参见 Leon Gordis. Epidemiology, 5th ed. Elsevier Saunders, Philadelphia, 2014：210.

关系历史较长，单一静态的时间点研究无法满足从因至果的历时性研究需要。因此，在疫学因果关系理论中，横断面研究的贡献主要是在于发现病因，而不是证明因果关系的存在。

（2）病例对照研究。

病例对照研究是指"按照疾病状态将研究对象分为病例和对照，分别追溯其既往（发病前）所研究因素的暴露情况，并进行比较，以推测疾病与暴露之间有无关联及关联强度大小"[1]。其中，病例是指患有欲研究疾病、发生欲研究事件、具备欲研究特征的人群，相应地，对照就是未患有欲研究疾病、未发生欲研究事件、不具备欲研究特征的人群。两者必须具备可对比性，从而可以根据病例与对照中过去暴露于各因素的比例的测量和比较，从差别中判断暴露因素与疾病、事件以及特征的关系。病例对照研究属于观察性、回顾性研究，主要用以探索疾病的危险因素、建立或者初步检验病因假设，适用于发病率很低的罕见病例。在进行疫学因果分析时，采用优势比（odds radio）来表示暴露与疾病之间的联系强度，因为缺乏暴露组与非暴露组的对比论证，无法直接用相对危险度 RR（relative risk）衡量关联强度，因此病例对照研究往往无法独立作证，需要队列研究加以验证。

（3）队列研究。

队列研究又称前瞻性研究（prospective study）或随访研究（follow-up study），是分析流行病学中一种重要的研究方法，主要用于检验病因假设、确定疾病的危险因素。[2] 其研究路径为"将特定的人群按是否暴露于某因素或按不同暴露水平分为 n 个群组或队列，追踪观察一定时间，比较两组或各组发病率或死亡率的差异，以检验该因素与某疾病有无因果联系及联系强度大小"[3]。如表 3 - 1 所示，队列研究是通过相对危险度来界定危险因素与结局事件的因果联系，而相对危险度是以预期的暴露组的结局事件发生率与非暴露组的结局事件发生率之间的比值来衡量暴露与结局事件之间的因果关联强度。由于队列研究存在暴露组与非暴露组的对比观察，在研究流行疾病时可以弥补病例对照研究的不足，具备一定的前瞻性特点。

---

① 王建民：《流行病学》，人民卫生出版社 2008 年版，第 59 页。
② 参见段广才《流行病学与医学统计学》，人民卫生出版社 2012 年版，第 204 页。
③ 参见段广才《流行病学与医学统计学》，人民卫生出版社 2012 年版，第 204 页。

表 3 - 1　队列研究

研究人群	发生结局事件	未发生结局事件	结局事件发生率
暴露组	A	B	A/A + B
非暴露组	C	D	C/C + D
相对危险度 RR	—	［A/A + B］ ／ ［C/C + D］	—

二、流行病学因果推断的判定标准

流行病学的因果研究方法以观察和统计为基础，整个因果关联的判断进程如下：

暴露因素与结局事件→统计学关联？→偏倚？→时间的先后顺序？

（提出假设）　　　（排除偶然）（排除虚假）（前因后果）

因为缺乏必要的临床医学证据的支持，主观性与不确定性的迷雾仍然困扰着研究中对标准的参数选择，从相关关系到因果关系的推断十分困难，例如，队列研究中的相对危险度系数达到多少时可以作为推断因果关系的基础，并没有客观的论断。在流行病学领域，已经形成了一套比较完善的方法，即希尔标准（Hill Criteria）。[①] 希尔标准为流行病学研究提供了一套有效的参考标准，在已有的流行病学的因果推断诸多理论当中，采用希尔标准是优势选择的结果。

1. 关联强度（strength）

通常情况下，关联强度越大，该关联为因果关联的可能性越大。关联强度的测定指标，如前文所述，主要有优势比 OR（病例对照研究）和相对危险度 RR（队列研究）等反映分类资料关联的指标。一般而言，以相对危险度 RR 为例，相对危险度越高，越能排除混杂因素与偏倚的影响，越能确定该因素与结局事件之间的因果关联。

2. 关联的可重复性（consistency）

关联的可重复性是指关联可以在不同的人群、不同的地区和不同的时

---

① 参见 Austin Bradford Hill. The Environment and Disease: Association or Causation? Proceedings of the Royal Society of Medicine, 1965, 58 (5): 295 - 300.

间重复观察到，除非有明确的理由来解释不同的结果。[①] 对于任何科学研究而言，研究的可重复性都是判断研究是否有效的基本标准。[②] 不同于实验性研究的可控选择，流行病学的观察性研究的可重复性存在着必然的缺陷，背景资料的细微差异可能会导致观察性研究结果之间的差异。所以，多数研究的可重复性会使因果关联的可能性增加，为了增强流行病学的观察性研究因果关联的可信度，需要强化量的说服力。

3. 关联的特定性（specificity）

关联的特定性是指危险因素只会引起特定的某种或某类疾病，而不会与多种疾病之间存在关联。在进行观察性研究时，区分混杂因素与偏倚的影响后，一旦发现暴露中的危险因素与多种疾病之间存在关联，关联呈现出非特定性，应注意该危险因素与疾病之间的因果关联的采信。

4. 关联的时间序列性（temporality）

在确定因果关联时，危险因素必须发生于结局事件之前，即通常所说的前因后果的时间次序，这是因果关系成立的前提要求。即使不能明确断定危险因素与结局事件的时间顺序，前者也必须存在先于后者发生的可能性。不同的因果性研究方法对因果关联的时序性判断的准确程度有所差异。在研究前因后果的时间顺序的效果比较上，实验和队列研究最好，病例对照（用新病例）和生态学时间序列研究次之，横断面研究较差。[③] 在进行流行病学研究时，时序性可以发挥排除弱相关甚至是不相关因素的关键效用。

5. 剂量－反应关系（biological gradient）

剂量－反应关系表示的是化学物质的剂量与某一群体中反应强度之间的关系。如果危险因子与疾病之间存在疫学上的因果关系，则暴露量与疾病的发病率呈现正相关的趋向。但是，剂量－反应关系并不适用于所有的危险因子与疾病的因果推断，不同的反应之间存在量的差异。因此，剂量－反应关系并不是确定流行病学因果关系的必要指标，而是可以作为其关联确立的重要参考之一。

6. 关联的合理性（plausibility）

流行病学因果关联推断的合理性包括以下两个方面：

---

① 参见段广才《流行病学与医学统计学》，人民卫生出版社 2012 年版，第 174 页。
② 参见陈伟《疫学因果关系及其证明》，载《法学研究》2015 年第 4 期。
③ 参见段广才《流行病学与医学统计学》，人民卫生出版社 2012 年版，第 173 页。

刑法上的危险责任

第一，关联的解释符合客观评价，即与现有的理论知识并不矛盾且符合疾病的自然史和生物学规律。流行病学的因果关联可以得到必要的临床医学、病理学及毒理学等的科学解释，其合理性可以获得科学支持，而不是孤立得证。同时，在对流行病学因果关系进行科学解说时，要考虑到科学发展的阶段性与解释的局限性，当存在现有科学无法提供生物的合理性支持的领域，不要一概地否认其因果关联的存在，而是从其他角度给予补正解释。

第二，关联的解释符合主观评价。主观评价主要是包括研究的结果通过同行评议等程序。因为流行病学因果论断缺乏客观统一的标准，研究者往往是从自身的知识背景出发，确定因果假设的标准系数，其因果把握往往取决于研究者自身确立的把握度，主观性较大。通过科学团体的必要的主观评价，能够增强因果推断的合理性。

7. 关联的一致性（coherence）

关联的一致性不仅仅是在科学领域的合理一致，由于流行病学领域涉及日常生活混杂信息的交流沟通，所以因果关联的推断也需要符合相关信息的表现。如果出现观察得出的因果推断应用于现实生活的不适应的情况，要及时反省该危险因素与结局事件是否确实存在因果关联，尤其是涉及民众的自由选择的领域时，要慎重处理因果关联与常识的一致性。

8. 关联的可验证性（experiment）

关联的可验证性与关联的科学合理性存在某种程度上的吻合。可验证性是指当危险因素与结局事件存在因果关联时，可以通过合理的实验证实，一旦停止暴露，结局事件的发生率会出现下滑趋势。如果在医学伦理和科学道德允许的情况下，进行可验证性的对比实验，便可以印证先前确定的因果关联的存在。

9. 关联的替代解释（analogy）

如果在流行病学研究的观察过程中，通过合理的解释表明，由于实验设计或者试验过程中存在混杂因素或者偏倚，因果关联存在替代性的根据，就不能从中得出危险因素与结局事件存在因果关联的论断。

以上研究方法与研究标准主要用于流行病学领域判断传染病的病因及防治措施，疫学因果关系理论的作用不仅局限于传染病的治疗，在法律领域运用其理论体系及研究方法，也产生了丰硕的实践成果。

第三节　疫学因果关系在学理和判例中的发展

一、疫学因果关系在学理中的发展

疫学因果关系，顾名思义是与"疫学"一词有着密切的关联。疫学是从与汉语最为相近的日文中直接搬过来的外来语，通过对研究内容的比对，所谓疫学就是汉语中的流行学或称流行病学。[①] 既然疫学与流行病学只存在叫法上的差异，研究内容具有一致性，而流行病学作为区别于临床医学、病理学等传统学科的医学研究方法之一，在因果研究方法与因果推断标准方面有其独特的应用。同理，渊源于日本的疫学，也是缘起于群体性疾病的防治与检验，是"关于决定人的群体的疾病的频度和分布的诸因素的研究"[②]。在日本学界，不同学者之间对于"疫学"的定义存在着细微的差别，其中吉田克己认为，疫学应当定义为"研究集团现象之疾病的发生、分布、消长等，及对此所影响之自然性、社会性诸因素，或疾病之蔓延，对社会之影响，基于此种知识而研究抑制，防治疾病蔓延，以除去疾病对社会生活的威胁"[③] 的学问。

尽管不同学者对于"疫学"的定义并没有达成共识，但是对运用疫学研究传染性疾病的原因及因果推断则是普遍认可的。而疫学因果关系，是指"疫学上采用的因果的认识方法，某因子与疾病之间的关系，即使不能够从医学、药理学等科学进行详细的法则性的证明，但根据大量的统计观察，认为其间具有高度的盖然性时，就可以肯定因果关系"[④]。围绕疫学因果关系的应用与实践，形成了一套刑法上因果关系领域归责理论，即疫学因果关系理论。以疫学研究方法为基础的疫学因果关系理论，最初的运

[①] 参见郭建安、张桂荣《环境犯罪与环境刑法》，群众出版社 2006 年版，第 254 页。

[②] [日] 大塚仁：《犯罪论的基本问题》，冯军译，中国政法大学出版社 1993 年版，第 105 页。

[③] [日] 吉田克己：《疫学的因果关系和法的因果关系论》，载《法学家》1969 年第 440 期。

[④] [日] 大塚仁：《犯罪论的基本问题》，冯军译，中国政法大学出版社 1993 年版，第 104～ 106 页。

用是在科学未知领域的"集团式"的公害犯罪的因果归责方面，用以推断危险行为与实害结果之间的因果关系。

　　疫学因果关系由于研究方法上的特定性，弥补了传统因果关系理论在证明公害犯罪的因果归属的缺陷，引起了日本刑法实务界与理论界的广泛关注，板仓宏、大塚仁、原田尚彦等一批刑法学者纷纷开展理论研究、著书立说，使疫学因果关系理论不断发展与完善，众多学者的研究成果在日本和德国的学界都得到了权威认可。从学界兴起的对疫学因果关系理论的关注的热潮延续到了立法、司法领域，日本立法者也表现出对疫学因果关系理论应用于公害犯罪的希冀，于1970年颁布了专门针对公害刑事犯罪的特别立法——《关于危害人体健康的公害犯罪制裁法》（通称《公害罪法》），其中第5条明确规定"推定：如果某人由于工厂或企业的业务活动排放了有害于人体的有害物质，致使公众的生命和健康受到严重危害，并且认为在发生严重危害的地域内正在发生由于该种物质的排放所造成的对公众生命和健康的严重危害，此时便可推定此种危害纯系该排放者所排放的那种有害物质所致"①。由此可见，疫学因果关系理论在刑事领域得到了立法的认可。而日本律师协会于1981年出版的《刑事裁判与疫学的证明》体现了律师界对疫学因果关系理论研究的关注与肯定。

　　综上所述，疫学因果关系理论以统计学观察为手段，通过概率的可能性推断，构建事实因果关系的初步基础，借此将实害结果的发生归属于危险行为，从而实现刑事归责。对于运用疫学因果研究方法判断刑法上的因果关系，在学界同样存在着异见，如罗克辛认为，在人们存在怀疑时，因果关系永远仅仅只能通过准确的自然科学方法（主要是实验）来加以证明。在因果关系缺乏客观的自然科学证明之处，不允许将这个因果关系通过自由证据评价的途径，由法官的主观确信来加以代替。② 而德国学者阿·考夫曼（A. Kaufmann）等就认为，既然没有自然科学的因果法则，就不能肯定有刑法上的因果关系。③

　　与疫学因果关系理论不一致的声音并没有影响其理论的进步与发展。

---

　　① ［日］藤木英雄：《公害犯罪》，丛选功等译，中国政法大学出版社1992年版，第33～39页。

　　② 参见［德］克劳斯·罗克辛《德国刑法学总论（第1卷）：犯罪原理的基础构造》，王世洲译，法律出版社2005年版，第235页。

　　③ 参见张明楷《外国刑法纲要》，清华大学出版社1999年版，第128页。

由于疫学因果研究方法植根于医学的研究，而流行病学因果推断的标准带有一定的模糊性与选择性，当作为医学研究方法的流行病学因果推断运用于疫学归责的司法实践时，其本身必须进行一定程度上的改进与发展。作为重要参考基础的希尔标准的九项判断指标在疫学因果关系理论的建构过程中尚需对其实际可操作性进行必要的完善。针对疫学因果关系理论的因果判断标准的问题，1969年日本学者吉田克己在《法学家》杂志上所发表的《疫学的因果关系论与法的因果关系论》中提出了著名的"疫学因果关系四原则"，为刑事领域中的疫学因果关系判断提供了辅助标准。

（1）因果关系的时间序列性：该因子在发病前的一定期间已发生作用。

（2）因果关联的强度：该因子的作用越明显则疾病的发生率越高。

（3）因果关系的生物合理性：与现有生物学原理相符，不违反现有的科学解释原理。

（4）因果关系的一致性：该因子的发生、分布与消长的疫学观察记录与疾病的流行特征吻合。

如果危险行为实害结果之间的因果关联可以满足上述四项原则，根据疫学因果判断标准，就可以对其因果关系进行确认。

综上所述，兴起于日本法学界的疫学因果关系理论的运用，最开始是公害犯罪领域因果归责的需要，公害犯罪涉及的被害对象数量庞大、作用周期较长，致病因子与疾病之间的因果关系无法通过严格的科学法则证明，所以通过疫学研究方法进行研究对象的观察与统计，根据"疫学四原则"进行论证，从而判定致病因子与疾病之间的因果关系。

二、疫学因果关系在判例中的发展

疫学因果关系的司法运用，始于与流行病学研究有着密切关联的公害犯罪领域。公害犯罪的因果归属存在着传统因果关系无法解决的技术难题，疫学因果关系的出现，对公害犯罪的判定弥补了传统之不足，对民事救济、刑事制裁的落实发挥着至关重要的作用。从各国公害犯罪案件中可以分析出疫学因果关系之司法运用的发展路径及应用前景。

（一）日本疫学因果关系理论的司法运用

日本在20世纪工业化、社会化的进程中，公害事件频发。公害事件的责任认定引起了日本理论界与司法实务界的关注，其侧重点多半在于如何解决公害犯罪的因果证明难题。司法实践中借鉴学界创新性理论的发展成果，立场上更多地考虑被害群体的权利保护，同时平衡危险行为主体的责任负担，创造性地运用疫学因果关系理论形成了富山县骨痛病案、四日市哮喘病案及熊本县水俣病案等在公害犯罪中的里程碑式的判决。

1. 富山县骨痛病案

富山县骨痛病诉讼是日本司法界在运用疫学因果关系进行因果归属的"超法规"创造性杰作。

日本的工业化发展伴随着大量的环境污染，世界八大公害事件中日本占据了"半壁江山"，富山县骨痛病事件也是其中典型。20世纪30年代开始，日本富山县神通川流域的农村出现全身大面积骨软化且伴随着剧烈疼痛的病症，患者多为生育适龄期过后的中年妇女。该病症随着时间的推移不断恶化，初期是腰、背、肩、膝的疼痛开始蔓延至全身，针刺般的痛感让患者行动、呼吸困难。患病后期，则会骨骼软化、萎缩，四肢弯曲，脊柱变形，质松脆，"骨痛病""痛痛病"正是得名于此。

富山县骨痛病诉讼之路的开端，源于水俣病事件的启发。当时日本各界对水俣病的成因议论纷纷，这种讨论让当地居民认识到，其所在地区的骨痛病的爆发与当地三井矿业神冈矿业所排放的废水有着密切的关系，为了维护自身的权利，事件进入了诉讼程序。在审判的过程中，矿业所的污染行为与骨痛病的爆发之间的因果关系成为案件的关注重点与争议焦点。原告的辩论团通过患病概率的统计分析，将致病因子初步锁定为该矿业所排放废水造成的镉污染。随后进行的医学统计分析与临床动物试验，进一步强化了统计关联的说服力。但尽管有众多的统计数据表明骨痛病与镉中毒之间存在着关联，却无法最终认定神通川流域的骨痛病的成因就是附近的矿业所排放的废水导致镉中毒的结果，即前者与后者之间是非此即彼的因果关系。

一审法院的态度体现了对原告所采用的概率统计分析方法的接纳和疫学因果关系的司法运用的肯定，一审法院判决中，法院认为"在此事件中，加害行为与损害发生之间，不仅时间上及空间上的间隔既长又大，而且其所引起的生命、身体等损害，又涉及数目甚巨的不特定多数人……因果关系存否之判断，在确定时，单纯根据临床学乃至病理学的观点而作的观察，仍然难以对加害行为与损害自然的（事实的）因果关系加以证明，因此根据疫学的观点加以观察，则属无法避免"①。被告对一审的认定不服提出上诉，二审法院支持了一审判决对疫学因果关系理论的运用，认为"仅依临床医学和病理学来观察，无法证明因果关系时，活用疫学，以疫学的因果关系获得证明，而被告不能以临床医学和病理学将之推翻时，认其存在法律上的因果关系，乃属相当"②。

从两次法院判决中可以看出，在临床医学和病理学无法证明的公害事件领域，疫学因果关系理论开始被司法实践所接受并加以运用，其适用的基本原则是符合基本的医学理论规律。富山骨痛病诉讼的判决可以说是疫学因果关系理论的开山之作。

2. 四日市哮喘病案

从1955年建成第一座炼油厂开始，石油化学工业在四日市迅速崛起，短短几年时间一跃成为"石油联合企业之城"。1961年呼吸系统疾病的爆发与蔓延为石油化工产业的发展敲响了警钟。据报道，患者中患慢性支气管炎的占25%，患哮喘病的占30%，患肺气肿等的占15%。1964年，那里曾经有3天烟雾不散，哮喘病患者中的不少人因此死去。③随着时间的推移，哮喘病的规模不断扩大，病情扩散到千叶、川崎等地区。据日本环境厅统计，到1972年为止，日本全国患四日市哮喘病的患者多达6376人。④其中，不少患者因病或者自杀身亡。根据市政府调查团的调查结果显示，呼吸系统疾病的爆发是"由于重金属微粒与二氧化硫形成烟雾，吸入肺中能够导致癌症和逐步削弱肺部排除污染物的能力，形成支气管炎、支气管哮喘以及肺气肿等许多呼吸道疾病"⑤。由于该公害疾病最早爆发于四日市，故将其命名为"四日市哮喘病"。从此，"四日市哮喘病"在日本家喻户晓。针对疾病的地区性爆发，日本市政府成立了专门小组——"四日市公害对策委员会"开展调查研究活动。

一般情况下，支气管哮喘的成因有二：一为家庭遗传，二为对室内尘埃过敏。根据当时医师会的调查结果否定了遗传因素与室内尘埃因素两者的作用——"从家族史调查和室内尘埃提取液皮内试验的结果都表明，污

---

① 汪劲：《日本环境法概论》，武汉大学出版社1994年版，第264～267页。
② 陈泉生等：《环境法学基本理论》，中国环境科学出版社2004年版，第493～494页。
③ 参见《"四日市哮喘"事件》，载《世界环境》2011年第4期。
④ 参见《日本四日市哮喘事件》，载《绿色视野》2005年第11期。
⑤ 参见《日本四日市哮喘事件》，载《绿色视野》2005年第11期。

染区患者检出的阳性率低于对照区的患者"①。进一步观察显示，患者离开大气污染的环境后，病症改善，疗效显著，而哮喘病的爆发与病症的加重均与大气中的二氧化硫浓度呈正相关关系。从观察结果中可以得出结论，二氧化硫是"四日市哮喘病"的成因。

1967 年 9 月，盐滨地区矶津村落的 9 名哮喘病患者在反公害运动的支持下，将第一石油化学联合工场的企业告上了法庭。四日市公害诉讼由此拉开序幕。1972 年 7 月 24 日地方法院做出判决，法院认为"在此事件中，因其具有特殊性质，依疫学的观点来追究病因，具有十分重要的意义。……根据以上诸多疫学调查的结果，以及人体影响过程的研究，四日市，特别是市矶津地区，自昭和三十六年以来，哮喘病患激增，乃无可否认之事实。谓其原因，为以硫黄氧化物为主形层的空气污染，可以认为符合上述疫学观点。为此，综上所述之事实，以及动物实验的结果和硫黄氧化物管理的现状等观察，可以认定矶津地区上诉疾病的激增，是由硫黄氧化物为主，并与煤尘等参合而产生的空气污染造成的"②。法院的判决结果宣告了原告的全面胜利，疫学因果关系理论再一次活跃于公害诉讼的舞台上。

3. 熊本县水俣病案

在日本诸多的公害事件抗争中，熊本县水俣病抗争是其中的"先行者"，其所引发的一系列诉讼，是"在日本影响最大、牵涉当事人最多、前后延续时间最长的公害诉讼③。因水俣病最早发现于熊本县水俣市，故得名"水俣病"。水俣病是一种"从工厂里排放的甲基汞化合物积蓄在鱼贝类的体内，人食用了这些被污染的鱼贝类而引起中毒性神经疾病"④。

水俣病最早进入当地居民的视野，是从"猫舞病"病症开始的。1953年左右，熊本县水俣湾一带繁衍的猫出现了行走不稳、情绪狂乱，进而跳海或是跳火自杀的怪症。1956 年，事情的发展出乎了当地居民的意料，当地一名 5 岁的幼女及其 2 岁的妹妹均出现了"行走困难、语言障碍、情绪狂躁"等症状，后来越来越多的居民也感染了类似的怪症。经过多年的

---

① 《日本四日市哮喘事件》，载《绿色视野》2005 年第 11 期。

② 日本津地四日市支部昭和四十七年七月二十四日判决。

③ 赵新华：《日本水俣病诉讼概观》，载《当代法学》1993 年第 1 期。

④ 袁倩：《日本水俣病事件与环境抗争——基于政治机会结构理论的考察》，载《日本问题研究》2016 年第 1 期。

追踪探索，背后的元凶终于浮出水面——日本氮素公司水俣工厂连续排放含有水银等重金属的工业废水。然而，面对强势的污染企业，当地居民并没有第一时间走上诉讼抗争的道路，而是通过患者相互之间的联合组成"互助会"，与日本氮素公司签订了"补偿金契约"。①

事情的转折出现在 1968 年 9 月，日本政府正式认定，熊本县水俣病是由氮素公司水俣工厂排放的废水所致，这一政府认定成了熊本县水俣病诉讼的前奏。1969 年 6 月，第一批水俣病患者向当地法院提起损害赔偿诉讼，拉开了诉讼抗争的序幕，包括其后的民事诉讼、行政诉讼以及刑事诉讼等，法律武器成为当地居民抗争污染企业的有力凭据。据统计，熊本县水俣病诉讼，"1969 年提起第一次诉讼，原告受害人为 112 人；1973 年提起第二次诉讼，原告受害人为 60 人；1974 年提起确认不作为违法诉讼，原告受害人为 106 人；1980 年开始提起第三次诉讼，分为若干批，至今先后已有 9 批，原告受害人总计为 1047 人"②。从系列的诉讼进程看，熊本县水俣病所涉及的规模之大、人数之多，从侧面反映出其认定因果关系上的复杂与困难。

第一次诉讼历时 3 年零 9 个月，与其他公害事件诉讼相同的是，熊本县水俣病诉讼面临着同样的因果关系认定上的困难。熊本县地方法院经过系列的法庭调查与法庭辩论，于 1973 年 3 月做出了判决，法院认为"根据熊本大学的动物实验和现场调查取证，周边环境的恶化和水俣病的发生都与日本氮化肥股东有限公司水俣市氮化肥厂排出的废水中有很大的关系。而且被告亦无法提出证据证明自己的行为与污染源无关"③。法院采用了间接反证理论认定了因果关系的存在，当被告没有相反证据否定原告所提出的间接证明因果关系的证据时，因果关系视为存在。

富山县骨痛病案、四日市哮喘病案以及熊本县水俣病案均是日本从"公害大国"到"公害治理强国"历程的见证。从上述案件的概述可以看出，由环境污染所引发的公害事件诉讼具有以下共通之处：

第一，原告与被告之间力量对比悬殊，被告拥有大量的社会资源及资

---

① 该契约明确约定，日本氮素公司向因病死亡者一次性支付 30 万日元补偿金，向尚在世患者每年支付 10 万日元（未成年患者为每年 3 万日元）补偿金，而患者方在领取补偿金后不能再提起新的补偿义务诉讼。

② 赵新华：《日本水俣病诉讼概观》，载《当代法学》1993 年第 1 期。

③ 冷罗生：《日本公害诉讼理论与案例评析》，商务印书馆 2005 年版，第 286～300 页。

金优势调查、收集证据，原告在举证能力、谈判地位上处于"天然的弱势"。

第二，诉讼涉及面之广、被害群体之众超越传统诉讼的理论架构，涉案主体的庞大数量加剧了因果认定的困难，案件焦点集中于因果关系的法律认定。

第三，在第一点与第二点特征的背景下，传统因果关系在致病因子与实害疾病之间的科学法则因果认定上黯然失色，疫学因果关系理论登上公害诉讼的历史舞台。

对比上述三起案件，可以看出疫学因果关系在司法运用过程的差异与完善。首先，疫学因果关系理论既可以应用于单一原因造成的特异性疾病，如富山县骨痛病、熊本县水俣病均为单一致病因子所造成的规模性爆发的疾病，也可以适用于多种致病因子作用下的综合性疾病，如四日市哮喘病。但是在进行因果认定时，后者显然更为复杂，前者通过医学研究和动物实验的验证，可以进一步增强疫学因果关系理论所推导出来的致病因子与实害疾病之间的关联。其次，法官在运用疫学因果关系理论进行认定时，对"疫学四原则"的贯彻因疾病本身特性的差异而有所不同。"疫学四原则"作为疫学因果关系理论的基础参考指标，在实际运用中需要其他医学研究方法的辅助验证。最后，疫学因果关系理论在司法实践中受制于双方举证实力的限制，法院灵活运用"间接反证"的手段，通过诉讼上的举证责任分配以均衡双方的实力差异，熊本县水俣病诉讼就是如此。

富山县骨痛病案、四日市哮喘病案和熊本县水俣病案只是日本众多公害诉讼的开端与借鉴，疫学因果关系理论的司法运用在理论界引起了强烈的反响。疫学因果关系理论在因果认定上采用与传统因果关系理论截然不同的论证手段，其范围与规则的明确性引起了多方辩论。疫学因果关系理论在学界的反思中不断得到完善：[①]

第一，尽管"集团性"致病因子与疾病之间的因果关系无法通过科学法则直接推断，但是运用疫学方法所认定的因果关联符合科学规律。

第二，在个人损害与致病因子关系的证明中，疫学因果性研究方法需要社会合理性、经济妥当性的补充说明。

---

① 参见冷罗生《日本公害诉讼理论与案例评析》，商务印书馆 2005 年版，第 51 页。

第三，通过千叶制铁大气污染诉讼和西淀川大气污染第二至第四诉讼①的法院论证可以得出结论——致病因子与损害结果的证明程度直接影响原告请求的认定。

（二）美国疫学因果关系理论的司法运用

美国自第二次工业革命后，工业化进程加速了美国经济的腾飞的同时，也迎来了美国环境污染的"井喷年代"。环境污染不仅直接作用于大气、水体或者其他介质，而且通过食物链、呼吸系统等渠道影响着民众的生命、身体健康。由于因果关系链条复杂多样，因果关系证明责任的承担成为被害群体求助的障碍。以判例规则为主导的美国司法体系，出于公平正义的宪法理念的考量，对疫学因果关系理论的运用，主要体现在专家证据的采纳标准之上。由此形成了不同于以往传统证据采纳规则的新标准，疫学因果关系成为美国因果关系推定理论的重要一环。

1. 道伯特诉麦若·大沃医药品公司案②

美国联邦最高法院于 1993 年受理了一起关于药物致残的上诉案件。原告是两名未成年人——道詹森·道伯特和埃里克·斯库勒，被告为麦若·大沃医药品公司。原告诉称其先天肢体残疾的直接诱因是其母亲怀孕期间所服用的由被告生产的治疗怀孕妇女晨吐的处方药苯丹克汀（Bendectin）。由于涉及药物研发与推广科技的前沿领域，药物作用的致害过程复杂，该案的争议焦点自然而然地集中在苯丹克汀是否与胎儿先天性残疾存在因果关系。在当时的科研水平看来，困扰原被告以及法官三方的医学上的难题有二：一为先天残疾的形成原因，二为药物导致畸形的病变机理。因为两者都是科学的未知领域，无法通过传统因果关系理论判定因果关联。为此，原被告双方都聘请了专家证人。原告律师基于"运用统计数据证明苯丹克汀造成先天性残疾"的证明逻辑，通过 3 组专家证明来验证其主张的成立：③

第一组证明怀孕期间服用该药物与先天肢体残疾之间存在统计学上的关联。

---

① 参见大阪地方法院 1986 年 7 月 5 日一审判决。

② 参见 Daubert v. Merrell Dow Pharmaceuticals, Inc., 509 U. S. 579, 587（1993）。

③ 参见［美］罗伯特·爱泼斯坦《揭开指纹科学之谜——指纹鉴定与道伯特标准》，胡卫平译，载《中国刑事法杂志》2003 年第 2 期。

第二组通过动物实验说明该药物可能致残。

第三组通过将该药物与被怀疑为致先天肢体残疾物质的化学结构相似性的比照，证明该药物的致害相关性。

针对原告所提出的专家证据，被告通过文献资料及专家证据进行反证，将一份以 13 万人为对象的研究报告作为证据，进一步说明苯丹克汀与先天肢体残疾无因果关联。经过对原被告所提出的专家证据的考量，依据《联邦证据规则》，最高法院以"缺乏科学性、未得到科学协会的普遍接受"为由，拒绝采纳原告的专家证言，并提出了判断专家证据可采性的标准——道伯特标准（Daubert Test）：①争论的理论或技术是否存在可验证性并已经通过检验；②该理论或技术是否通过同行评论并公开出版；③在使用该科学技术的案件中，已知或潜在的错误概率及控制该技术操作的标准是否存在；④该理论或技术是否存在普遍可接受性。

围绕道伯特标准的采纳在美国司法界掀起了对"科学知识何以有效"的激烈争论。道伯特标准的提出，为今后美国司法实践认定疫学因果关联提供了初步的标准。在道伯特诉麦若·大沃医药品公司一案中，最高法院明确提出由法官担任科学证据的"守门人"。道伯特标准的提出，显然对于原告的举证能力要求极高，不仅需要经过同行审查并公开出版，而且要求统计学结果中的相对危险度 RR 的系数大于或者等于 2。此后，在众多药物致害的诉讼中，被告公司均运用道伯特标准的证明门槛以求自保。

2. 通用电气公司诉焦依诺案[①]

焦依诺是一名具有家庭癌症史与吸烟史的 37 岁男子，其向佐治亚法院提起诉讼，将其患癌的原因归责于通用电气公司工作车间的致害物质。焦依诺作为通用电气公司的一名员工，长期暴露在含有多氯化联二苯或由其散发的呋喃和二氧杂芑的工作环境中，直接诱发了其癌症的发生。焦依诺为证明其主张提供了专家证据——经动物实验证明多氯化联二苯、呋喃及二氧杂芑可以引起机体癌变，由此可以断定焦依诺的癌症是由通用电气公司的工作环境中化学物质所致。而联邦地方法院并没有采纳焦依诺所提供的专家证据，其理由为"原告的专家证据无法说明该化学物质与小细胞肺癌之间切实存在因果关联"。焦依诺对此不服上诉，第十一巡回上诉法院经审理认定，地方法院排除专家证据的做法是错误的。1997 年，案件

---

① 参见 General Electric Co. v. Joiner, 22 U. S. 136（1997）.

到了联邦最高法院的审判席上，法院认为，为了保证专家证言在证明致病因子与疾病之间的因果关系的相关性及可靠性，需要遵守道伯特诉麦若·大沃医药品公司中确立的原则——地方法院在认定科学证据时应为"看门人"的角色，此前上诉法院径行推翻地方法院裁决的做法是对地方法院裁判权的不尊重，并认为焦依诺所提供的动物实验专家证据推断因果关系与《联邦证据规则》及道伯特标准不匹配，其认定具有武断性。为了明确疫学因果关系理论的适用，联邦最高法院提出了以下七项标准：① ①研究必须相关且可靠；②研究主题必须与案件具有相似性；③研究者能够根据统计数据得出结论；④研究需表明，疾病发生的概率与暴露于某一产品之间存在联系；⑤研究需涉及所争议的产品；⑥研究结论不能是"发病的原因是暴露于一种以上的潜在有毒产品中"；⑦该研究不能在数据和专家结论之间，存在较大的论证空隙。

以上七项标准是衡量致病因子与疾病之间是否存在疫学上因果关系的证明标准，联邦最高法院运用疫学因果关系理论判断公害事件的因果关系时，将其适用范围进行了一定程度的限缩——将致病因子规制为单一原因的案件类型中。无论是道伯特标准还是疫学因果关系适用的七项标准，相较于日本理论界所提出的"疫学四原则"，美国的疫学因果关系理论中显得更为模糊和谨慎。

由于美国在司法实践中奉行遵循先例原则，其在疫学因果关系理论中并没有进行统一化标准的立法实践，法官在适用疫学因果关系理论审理环境侵权等公害事件时自由裁量权具有操作空间，判决结果未曾出现日本公害诉讼原告"一边倒"的全面胜利的局面。作为专家证据适用于具体案件中推断因果关联，疫学因果关系理论的证明标准有待进一步的完善与补充。

（三）台湾地区疫学因果关系理论的司法运用

与美国、日本相类似，环境侵权的因果归责的困境催生了疫学因果关系的司法运用。不同于日本从司法走向立法的发展路径，台湾地区并没有对疫学因果关系理论应用于公害事件领域进行专门的刑事立法，甚至连台

---

① 参见刘恒《美国有毒物质侵权中的因果关系》（硕士学位论文），对外经济贸易大学2007年。

湾当局"最高法院"也未曾对疫学因果关系理论的适用明确表态。但是台湾当局"最高法院"的模糊态度并没有阻碍疫学因果关系理论的司法运用，台湾当局"高等法院"、台北地方法院在"辐射钢筋案""行动电话基地台案"与"RCA案"中均采用该理论作为因果关系认定的手段，借鉴日本"疫学四原则"形成了具有台湾地区特色的判断模式。

1. 辐射钢筋案

台湾地区"辐射屋"事件发生于1980年至1983年间。20世纪80年代是台湾房地产业蓬勃发展的阶段，台湾钢铁商利用从美国进口的受辐射污染的废铁，未经辐射检验便直接熔铸成钢筋后投放于台湾建材市场，造成台湾多处住宅包括中小学校舍等楼宇的住户及学生长期受到高强度的辐射伤害，仅欣荣钢铁厂就显示存在90多个单位曾经使用其生产的辐射钢筋。

台湾当局"高等法院"1998年第1号民事判决是台湾地区运用疫学因果关系理论的标杆式案例。1985年3月，某别墅住户测试发现其墙壁存在异常辐射，经原子能委员会（以下简称"原委会"）检测证实辐射污染来自建筑物本身。原委会并未及时采取管制及防护措施，导致居民遭受健康损害，受害居民以原委会怠于履职为由诉请国家赔偿，一审法院判决原委会赔偿49名受害者共计3845万元的精神抚慰金。被告原委会不服上诉，台湾当局"高等法院"在裁判书中明确提出疫学因果关系理论及其适用原则，法院认为——"在辐射受害事件中，欲以自然科学方法阐明事实性因果关系甚为困难，对于缺乏科学知识之一般人而言，要求因果关系之举证，殆属不可能，此于一般公害事件亦然"，裁判的阐述中明显是借鉴了日本"医学四原则"的标准，并对其进行了论证分析。

首先是时序性原则，法官根据台湾地区医界联盟基金会调查报告的结论，认为该别墅居民于1985—1992年间居住于"辐射屋"中，符合时序性所要求的前因后果顺序。

其次是一致性原则，辐射因素与健康损害之间的因果关联与已有的科学法则相吻合。根据国际上辐射对健康影响之学术报告，甲状腺肿瘤及血癌已届病例可能增加的时期，而且会呈现依剂量－反应之直线关系。[①]

再次是医学上合理确定性，法院采用美国毒物侵权行为诉讼中"增加

---

① 参见台湾当局"高等法院"1998年第1号民事判决。

罹病危险"的标准，辐射所增加的危险达到"医学上合理确定性"（reasonable medical certainty）即可，无须证明实害结果必须现实存在。

最后是生物的合理性原则。由于该案的受害者尚未出现癌变的情况，实害结果并没有完全显现，法官在论证生物合理性时分别采用了国际人权观察研究的统计经验与动物及细胞实验研究结果证实其疫学因果的合理性。

综合以上四点，法院认为辐射暴露与患癌概率之间具有"极高程度的因果关系"。在对辐射事件运用疫学因果关系理论进行判断外，法院对于疫学因果关系运用于公害赔偿的判断模式进行了归纳，为疫学因果关系理论的普遍适用提供了司法上的论证依据。该判断模式为"某种因素与疾病发生之原因，就疫学上可考虑之若干因素，利用统计的方法，以'合理之盖然性'为基础，即使不能经科学严密之实验，亦不影响该因素之判断"[①]。由此，辐射钢筋案无疑是台湾司法界运用疫学因果关系理论的代表之作。

2. 行动电话基地案

行动电话基地案是指台湾当局"高等法院"2002 年第 932 号民事判决，该案上诉人甲认为其妻脑部病变是由于被上诉人于其房屋屋顶架设的基地台所产生的电磁波导致的，诉请法院判决停止侵害并由被上诉人承担连带责任。该案的争议焦点之一就是上诉人甲的配偶脑部病变与基地台电磁波之间有无因果关系。上诉人甲为证明其所主张因果关系成立，提出了台湾当局"交通部电信总局"委托研究计划的研究报告及文献资料、台湾当局"国防医学院"生理学研究所教授金忠孝于公听会上对电磁波对人体健康的影响评估报告等证据，但被上诉人以符合法定标准值为由否定了上诉人甲之配偶脑部病变与基地台电磁波之间的因果关联。法院判决延续了该院 1998 年第 1 号民事判决的疫学因果关系判断模式的论证思路，并将疫学因果的推定标准再次明确为"医学上合理确定性"，以上诉人未提供足够的相关医学统计数据证明人类脑部病变与行动电话基地台放射之电磁波的因果关联存在"医学上合理确定性"为由，对上诉人的主张不予采信。

虽然行动电话基地案延续了辐射钢筋案之疫学因果关系理论的判断思

① 参见台湾当局"高等法院"1998 年第 1 号民事判决。

路，但是不可否认的是，两案在被害主体上存在着数量上的差异。行动电话基地案的被害对象特定单一，是否影响疫学因果解释标准？是否需要为被害对象单一之科学法则无法阐明之因果进程设置不同于被害群体多元的判断模式？笔者认为是必要的。疫学因果关系理论适用于刑法领域因果判断的重要前提就是因为其概率统计的方法能够满足原因行为与实害结果之间"高度盖然性"的标准，一旦是单一的被害对象，无法进行统计学观察时，必须采用更为严格的判断模式进行因果关系研究。日本公害犯罪研究中针对此种情况，提出了"密室犯罪原理"。所谓"密室犯罪原理"，是指在密室里可能进行犯罪活动的某些人当中，肯定有一个是犯罪人，在这种情况下，只要把跟被害人有可能接触的人都列举出来，然后再从这些人当中把不可能称为人犯的人一个一个地排除，最后就可以断定剩下的那个人是人犯。[①] 行动电话基地案的情况可以适用"密室犯罪原理"，将可能的致病因子进行罗列筛选，从而确定出导致疾病的最有可能的因子作为原因。

3. 台湾美国无线电公司（Radio Corporation of America，RCA）毒物侵权诉讼案

2015 年 4 月 17 日，台北地方法院对历时 10 年之久的台湾美国无线电公司毒物侵权诉讼一案做出了一审判决。台湾媒体的报道把目光投向了"劳工胜利"及"公益律师"等方面，而对该公害诉讼中涉及的科学研究、专家证人等专业性论证缺乏关注。其实，作为公害诉讼的里程碑式的判决，该案中对于疫学因果关系理论的运用也是该判决的亮点之一。在RCA 案的判决中，法官对台湾地区近年来的司法实践中对疫学因果关系理论的运用进行了总结与归纳，援引了辐射钢筋案中有关疫学因果关系的判断模式，即"合理之盖然性"标准，可以称为"台湾司法史的重大突破"。

20 世纪 60 年代左右，台湾地区依靠低廉的劳动力市场、台湾当局的的强势补贴与优惠吸引着外资注入，美国无线电公司也是该背景下的时代产物。不可否认的是，美国无线电公司在台设厂期间缓解了台湾地区的就业压力，对加工出口业的发展贡献巨大。后来几经转手，美国无线电公司

---

① 参见［日］藤木英雄《公害犯罪》，丛选功等译，中国政法大学出版社 1992 年版，第 49 页。

最终于 1992 年关厂停产。事情的转折点出现在 1994 年，RCA 倾倒有机溶剂（三氯乙烯、四氯乙烯）的地下水污染事件被揭发，RCA 的公害问题终于浮上台面。

RCA 公害事件在各方力量的推动下进入了诉讼进程，法院经过衡量原告与被告提出的专家证据，运用疫学因果关系理论对 RCA 公害事件的有机溶剂致害的因果关系进行了认定。在疫学因果关系理论的运用中，法院首先对台湾当局"高等法院"1998 年第 1 号民事判决运用疫学因果关系理论作为判断手段的原因进行了阐述——"因传统侵权行为举证责任理论在面临现代各种新型公害事件时，其举证分配结果将造成不符公平正义之现象，而此亦与侵权行为制度追求衡平原则之理念相悖"①，出于传统因果关系理论处理公害事件的缺陷与公平正义理念的考虑，疫学因果关系的适用有其必要性。

基于流行病学研究在资料收集上的时空限制及人体实验的反伦理性，台北地方法院根据国际癌症研究总署（IARC）及美国环保署（U. S. EPA）经过动物试验等方法所认定的有机溶剂与癌症具有因果关系的结论，判断本案中被告 RCA 公司曾经使用含有三氯乙烯的有机溶剂，即存在危险行为；而且原告会员及其家属罹患癌症，即为实害结果，所以可以认定两者之间具有疫学上的因果关系。

从上述三起判决可以看出，台湾当局的司法界以日本疫学因果关系理论研究的"疫学四原则"为基础，在司法判决中自成一套判断模式体系，在台北地方法院到台湾当局"高等法院"的公害事件的侵权诉讼中均得到一体适用。虽然目前疫学因果关系理论的运用局限于司法实践领域，并没有走进立法者的视野，而且判断模式多年来并没有进一步的创新与发展，但是其敢于运用科学证据进行因果分析判断的创新精神值得肯定。

（三）疫学因果关系理论之内涵

从上述的世界各国和地区理论界与司法实务界对疫学因果关系理论的提出与发展情况来看，疫学因果关系理论应用于刑法领域进行因果判定，有其自身的内涵及特点：

1. 疫学因果关系理论适用范围为特定类型犯罪

疫学因果关系理论自诞生以来，其经历了从民事侵权领域到刑事犯罪

---

① 台湾当局"高等法院"1998 年第 1 号民事判决。

领域的发展。疫学因果关系的适用，主要是针对通过科学法则无法解释因果进程的公害犯罪。一般类型的公害犯罪，如日本四大公害事件等，被害群体具有一定的数量规模，其在判断因果进程时运用概率学统计的方法进行疫学因果解释，通过以"疫学四原则"为基础的判断模式确定最有可能致使实害结果发生的原因行为。但针对行动电话基地案等被害对象单一明确的案件，其适用"疫学四原则"显然并不具备必要的说服力，此时适用"密室犯罪原理"则更为适宜。由此可见，不同于传统因果关系理论的普适性，疫学因果关系理论由于其研究方法的特殊性，目前主要是适用于公害犯罪案件，而在疫学因果关系理论的使用过程中，区分被害对象数量的不同，也有着不同的判断方法。

2. 疫学因果关系理论所达之证明标准为"高度盖然性"

传统因果关系理论运用科学法则进行因果解释，其结论之成立有着经验法则的支撑。而疫学因果关系则不同，其适用于因果进程无法通过科学规律解释之情景，立足于概率学统计方法，辅之以生物合理性的解释，从所有导致结果事件的必要条件中进行筛选，确定最具有流行病学意义的原因行为。通过疫学统计的解释，选择的原因行为对结果事件的发生发挥着"高度盖然性"的作用力，由此确定前者与后者之间存在刑法上的因果联系。

3. 疫学因果关系理论以流行病学和概率统计学为基础

疫学因果关系理论是对因果关系的科学解释，其理论的出发点在于流行病学与概率统计学原理。流行病学是以群体性疾病作为研究对象，通过观察疾病的现状，分析疾病产生的原因、扩散过程，然后提出预防性对策的科学。该理论以流行病学因果性研究方法为基础，通过病例对照研究、队列研究和横断面研究等观察方法，通过反复的试验统计，排除混杂因素与偏倚的作用，根据关联强度、一致性、剂量－反应关系、生物合理性等一系列标准对原因行为进行判定。

4. 疫学因果关系理论与其他理论相结合运用于司法实践

尽管疫学因果关系理论的证明标准较之传统因果关系理论有所降低，但是就证明难度而言仍高于一般的刑事犯罪，由于公害犯罪的结果产生并不是即时显现的，而且结果的波及范围、被害人数通常情况下具有一定的规模，所以需要采取其他理论作用辅助手段，如证明责任方面采取间接反证理论等，以切实保护被害群体的权利。

第四节　疫学因果关系理论的提倡与作用

一、危险业务事故领域引入疫学因果关系理论的合理性分析

危险业务领域作为现代社会生活的重要组成部分，其一方面为经济发展与社会进步提供助力；另一方面由于其高科技性的属性，一旦发生危险事故，其后续的刑法规制便成为国家法律体系建设的一大难题。对相关责任主体定罪量刑的一大前提——危险行为与实害结果的因果关系，在传统因果关系理论束手无策之时，危险业务领域引入疫学因果关系理论具备必要的科学内涵、学说体系价值与现实基础，是应对危险业务事故行使归责的有力对策。

（一）危险业务领域引入疫学因果关系理论的科学内涵

1. 疫学因果性研究方法合乎客观性

因果关系是一种客观的科学规律，而通过疫学因果性研究方法建立归责形态也不例外。正如上文所述，疫学因果关系理论所采用的因果归属方法属于观察的方法，其建立在证据学和统计学的范畴之中。概率统计方法所产生的结论并不是单纯出于人为的主观臆测，疫学因果关系背后的统计规律，是描述随机现象的客观公式。作为一种数学工具，概率统计之数据的产生、描述分析以及推理验证，有其背后的完整的理论基础，有着概率论、普通统计学、经典统计物理学、量子力学等理论支柱。疫学因果关系的统计结论并不是必然性因果关系的否定，两者存在量上的差异，但本质上都是对现象的客观描述，具有科学合理性。由于危险业务事故所涉及的是无法通过传统科学规律进行因果推导的情况，统计学知识的运用有其必然性，而统计规律同样是建立在事件发生的客观属性之上，而不是偶然事件之结果的主观归责。

2. 疫学因果解释之研究对象合乎科学性

不同于传统因果关系理论的个体主义中心，疫学因果关系理论的研究对象是以集群为单位的。整体主义方法论，又称为集体主义方法论，是以

整体作为研究的基点，通过群体现象的分析与论证得出基本立场与基本结论。个体主义方法论恰好与之相反，盛行于19世纪的个体主义研究方法，在自然科学领域取得了突出的成就，但是其适用范围存在局限性。传统因果关系理论所采用的个体主义模式，以单个个体为研究对象，所涉及的是个体行为的因果解释，原因行为与结果时间的单一对应性是个体研究方法适用的前提条件。学界对个体主义的研究方法有着批评的声音，认为其"无视个体与整体存在层次上的差别，盲目地追求对他们作统一的因果解释，并且试图用同一个演绎体系将两类不同层次的对象在逻辑上联通一体，进行跨层次解释"①。

显然，危险业务事故的原因行为与结果事件的因果归属无法通过个体主义方法论实现，其因果过程的复杂性与对象的广泛性超越了个体主义研究方法的范畴。在危险业务事故因果归责领域采用整体主义的研究方法，有利于突破个体主义的牢笼，将危害行为与实害结果之间的因果关联放大到集群的层次加以确定，通过集群的共性与规律，对因果关系进行解释，弥补个体主义因果解释对群体现象关注不足的缺陷。

3. 疫学因果证明标准之合理性

对于疫学因果关系理论应用于刑事领域，危险业务事故并不是首例，环境污染犯罪、传染病犯罪等涉及众多受害者且因果关系难以通过科学法则证明的犯罪类型中早已存在疫学因果关系理论的适用，在日本、美国等国家发展出其独特的证明程度与标准。而将疫学因果关系进一步推广到危险事故领域，是近些年来为危险业务大规模扩张的必然。"依疫学的手法，证明原因与结果之关系具有相当高度的盖然性时，在刑法之范围内应容许有条件关系存在。"②

首先，疫学因果关系的证明如前文所述，并没有违背科学法则的经验性总结，而是经过了生物合理性实验的检验，符合人类的认知规律。同时，"因果关系是信息的一种形态，信息虽和人的认识连在一起，但它有独立于人的意识之外，信息度不是定数，因果关系也不会只有一种"③，作为因果规律类型之一的疫学因果规律，并不是对原因行为与结果事件的"模糊的证明"，其在时序性、一致性以及关联强度上的标准，是对科学证

---

① 谢勇：《宏微之际：犯罪研究的视界》，中国检察出版社2004年版，第18页。
② 郑昆山：《环境刑法之基础理论》，五南图书出版公司1998年版，第258页。
③ 储槐植：《美国刑法》，北京大学出版社2005年版，第52页。

明原则的回应。由于危险业务事故产生实害结果之际，起作用过程经过时间与空间上的积累，客观上存在多因性与延展性，采用疫学因果关系理论的证明标准对其因果流程进行推定是符合科学规律的确定性与客观性要求的。

其次，刑法领域的因果关系的证明，并不如自然科学领域的证明那般要求绝对确定性，根据已有的证据事实与经验法则的判断，所要求的是植根于"客观真实"之上的"法律真实"。所谓"法律真实"，是在还原案件事实的过程中于法律框架之内的价值评价，"法律真实"在不同的案件类型中可能会无限趋同于"客观真实"，但是由于证明主体能力与手段的有限性，无法达到绝对真实的程度，只能通过程序性手段修正再现过程中的偏颇。综观各国立法模式，虽在刑事因果规律领域采用不同的证明标准，但是在对待"客观真实"与"法律真实"之间的误差时，均采取了宽容的态度，并没有绝对化"法律真实"。美国的证据证明程度主要划分为九等，刑事案件定罪量刑的标准是第二等级别"排除合理怀疑"，大陆法系国家无论是民事诉讼还是刑事诉讼均采用"高度盖然性"的标准。因此，无论是大陆法系国家的"高度盖然性"，还是英美法系国家的"排除合理怀疑"，均夹杂着对法官根据现有证据形成内心确信的肯定。"排除合理怀疑"与"高度盖然性"是英美法系和大陆法系同一标准互为表里的两种表述。① 不同的证明方法之间，存在着概率梯度的差异，而疫学因果关系理论所达到的证明高度，其客观性是经过科学法则的再次检验的，证明标准是立法者选择的结果，其证明标准并不是一个固定的、僵硬的数值，从某种程度上疫学因果规律达到了"高度盖然性"与"排除合理怀疑"的目的要求。

（二）危险业务事故领域引入疫学因果关系理论之学说体系价值

因果关系作为刑事犯罪构成要件的必要环节，其在证立犯罪中的重要性不言而喻。如前文所述之传统因果关系理论，按照意识形态为标准进行划分，一为西方资本主义的因果关系理论，包括大陆法系国家的以"条件说"为基础的概念群体系和英美法系国家的双层次因果关系理论。

---

① 参见卞建林《刑事证明理论》，中国人民公安大学出版社 2004 年版，第 237 页。

究其根源，其因果关系原理均是建立在原因行为与结果事件之间的条件关系之上，即西方资本主义背景下的因果关系理论均滥觞于条件说。大陆法系与英美法系因果关系之所以存在差异，皆因其推演路径的不同，大陆法系从成文立法到司法实践的流水作业，对成文立法重视的背后是崇尚逻辑演绎的体现，而英美法系则是判例立法使然。除了西方资本主义的因果关系理论，在因果研究的路径中，存在着社会主义法的因果关系理论，我国的必然因果关系说和偶然因果关系说就是其重要支流。如果说条件说是西方资本主义因果理论的源头，那么必然说则是社会主义国家因果理论的基础。社会主义法国家之因果关系理论虽然名称上截然不同，但是其判断模式与标准其实是一致的，并没有"另立山头"的本质差异。

那么，在传统因果关系理论已经形成其概念群体系的前提下，为了应对环境犯罪、传染病犯罪乃至危险业务事故领域的犯罪等特殊类型犯罪的需要，在已有的因果关系理论体系下是否存在疫学因果关系理论的一席之地？疫学因果关系理论是新形势下对传统因果关系理论的补充与发展还是存在根本性冲突的矛盾理论？疫学因果关系的存在是否具备学说体系的正当价值？

1. 疫学因果关系理论的本质属性

疫学因果关系理论以流行病学的因果研究方法为基础，通过统计概率对原因行为与结果事件之间的因果进程的说明。疫学因果关系理论有着科学规律的支撑，其所采用的统计学方法随着科技进步的潮流已经被视为科学的认知方法，是人类对自然规律认识的新路径。疫学研究路径与传统因果关系理论的不同之处在于，两者在证明程度上存在着"量"上的差异，其本质都是对客观现象之间的普遍联系的证明，其科学本质自不待言。

作为因果责任论阶段的理论，疫学因果关系理论与传统因果关系理论"量"的差异并没有导致"质"的区别，疫学因果规律对原因行为与结果事件的因果选择，并不是凭空臆造的，而是经过一定样本数量的对比观察实验进行筛选，排除了混杂因素与偏差的干扰，从结果发生的所有必要条件之中，确定最具有流行病学意义的条件作为事件发生的原因，而且所选择的条件必须符合已知的科学法则。总而言之，疫学因果理论所确定的原因行为与结果事件，是一种"高概率"的选择结果。而高概率是一种事实，而非社会观念的认识。① 所以，疫学因果关系理论的因果推断是事实性描述而非观念性推断。

2. 疫学因果关系理论的价值体现

疫学因果关系理论之所以在司法实践和理论建构中得到确立与发展，皆因其自身蕴含着独特的价值理想，即刑法上的秩序与公正价值。所谓秩序，即功利，为保护最大多数人的最大幸福，秩序维护的出发点在于多数群体的权益；所谓公正，即公平与正义，由于刑罚是对于违反规则之人最严厉的制裁手段，对于刑事制裁的发动，必须达到必要的程度，以实现对待犯罪嫌疑人的公正。疫学因果关系理论的运用，是秩序与公正价值的价值博弈过程中的衡平。

疫学因果关系理论对多数群体的保护体现在对证据的采用之上。首先，在证据证明标准方面，借鉴民事领域的优势证据规则，一方的证据比另一方的证据在证明能力上更具优势就是符合证明标准的要求。而在刑事领域适用疫学因果关系理论时，只要原因行为与结果事件之间的发生具有"高度盖然性"，即可判定前者与后者之间存在因果关联。其次，在举证责任分配上，采用部分的举证责任倒置，是无罪推定原则适用的软化。以环境污染犯罪为例，根据初步疫学证据判定污染行为与实害结果之间存在"高度盖然性"的因果关系，一旦犯罪嫌疑人无法提出证据加以反驳，就可以认定行为主体对污染后果承担刑事责任。

疫学因果关系理论的另一重价值作用的对象针对的是行为主体。一般而言，疫学因果判定都涉及高新技术的科学未知领域，其存在有着巨大的经济价值，如果一边倒地对从事该行业的行为主体动辄处以刑事制裁，会压抑行为主体从事前沿领域的动力，间接影响社会的长远发展。尽管在因果关系认定时采用疫学因果关系理论，在"量"的确定性的要求上有所降低，但并不意味着滥用刑罚侵犯行为主体的权利。法律在实施的过程中除了考虑法律效益，社会效益也是需要考量的重要方面，因此，在应用疫学因果关系理论时以刑事制裁的必要性、辅助性和最终手段性作为出发点，注重秩序维护与社会效益的统一。刑法应当承担起其为高新技术发展保驾护航的责任。

3. 疫学因果关系理论是对传统因果关系理论的补充与发展

第一，疫学因果关系理论的适用范围为科学法则尚未验明因果关联的

---

① 参见陈兴良《刑法因果关系研究》，载《现代法学》1999 年第 5 期。

特定类型的犯罪。根据当今立法和司法实践的情况，疫学因果关系理论在公害犯罪领域的适用是最为广泛的。公害犯罪因果关系的潜伏性与长期性，加之不同群体身体机理特质、危害因子多元且环境因素多样的背景，从科学法则角度认识公害犯罪的因果已然无法实现。从诸多判决中可以看出，采用疫学因果关系理论进行因果认定的均为当时当地的背景下无法通过科学法则检验的犯罪类型，涉及人类智识无法触及的领域。如果采用传统因果关系理论，有可能会出现放纵犯罪的恶果。公害犯罪的出现催生了疫学因果关系理论于刑法因果认定中的应用，但是却没有限缩其适用范围。根据学者们所归纳的疫学因果关系理论的适用标准来看，疫学因果关系理论普遍适用于根据科学规律尚未明确因果进程的犯罪类型，危险业务事故由于涉及前沿高端技术，其危险行为与实害结果之间的因果关联采用传统因果关系理论必将无能为力，疫学因果关系理论有其适用之必然。所以，疫学因果关系理论在个别犯罪类型中是对传统因果关系理论的补充与修正，可扩展因果认定的外延，共同构建刑法因果理论体系的框架。

第二，疫学因果关系理论是对传统因果关系理论的发展。世界万物处于普遍联系之中，因果关系作为事物间联系的一大类型，是复杂且多变的。因果关系是对于客观现实的理论化概括，随着社会的进步和人类认识的延展，因果关系并不是僵化的，其内涵是不断丰富和深化的，其理论的发展会衍生出修正的理论从而达成自身理论的修正。秉持传统因果关系理论的学者无一敢断言采用这一套理论足以解决过去的、现在的乃至将来的所有因果关系的认定问题，显然用一套固定的理论体系解决所有的现实问题的构想只能停留在空想的状态，无法解决实际问题。从传统因果关系理论在公害犯罪等类型中的消极作为，就可以看出其存在理论体系中的缺陷，而疫学因果关系理论的出现，恰巧是空缺的弥补与发展。同时，疫学因果关系理论并没有否定传统因果关系理论，在公害犯罪等科学法则不明的犯罪类型之外的其他领域，疫学因果关系理论表达了对传统的尊重，两者于刑事因果归责是共存的而不是相互排斥的。

综上所述，疫学因果关系理论于刑事归责来说的构建是对传统因果关系理论的补充与发展，弥补了传统因果认定在科学法则未知领域的特定犯罪的空白。通常而言，一般的刑事案件的事实判断也需要综合多种判断手段证明，复杂如危险业务事故的犯罪自不待言。现代社会高新科技的发展在扩大人类认识界限的同时，也带来了更多责任认定上的困难。在司法实践中，既要运用经验法则对基础事实进行总结与归纳，也需要运用演绎推理将案件事实与构成要件相联系，而现今危险业务事故的发生所引发的后续的因果认定问题，更需要疫学因果关系理论有所作为。对于因果进程具有科学不确定性的案件，综合运用各种判断手段进行构成要件分析与归纳，是对危险行为主体的权利的尊重，也是对被害群体的权利的保护。

二、危险业务事故领域引入疫学因果关系理论的现实基础

1. 惩治危险业务事故的刑事政策需要

危险业务活动潜在的高利益效用是促进一个国家经济发展的重要手段，无论是核能发电还是药物研发试验，一旦投入量产并推向市场，受益的群体范围不可估量。同时，危险业务活动所涉及的世界前沿高端科技领域的知识及技能，往往是衡量一个国家科技发展水平的重要标志。出于经济效用及技术利益的考量。一个国家将危险业务视为国家发展战略的重要组成部分是大势所趋。以我国的核电建设为例，我国于20世纪70年代开始筹建核电项目，从党的十一届三中全会批准建设秦山核电站和大亚湾核电站至今，在建（含扩建）核电站共计13个，在建装机容量达3397万千瓦，在建规模位居世界首位。截至2013年年底，我国已有8个核电站投入运营。从近20年的发展历程来看，我国核电事业起步晚但发展速度快。虽然我国在核电建设的过程中并没有发生重大的危险事故，但是潜在的危险威胁不容忽视。世界范围内重大核事故的发生并不多见，但苏联切尔诺贝利核事故和日本福岛核事故影响之重大值得反思和借鉴。根据2006年国际原子能机构（IAEA）、世界卫生组织（WHO）和联合国原子辐射效应科学委员会（UN-SCEAR）的相关部门联合乌克兰、俄罗斯等国家的官方组织所组成的"切尔诺贝利论坛"（Chernobyl Forum）机构的评估报告显示，切尔诺贝利核事故造成的死亡人数约为9000人。而2011年联合国原子辐射效应科学委员会发表的最新报告的统计结果与"切尔诺贝利论坛"的报告基本一致。该报告显示，该事故的不良后果之一是数十万抢险人员的白血病和白内障发病率高于正常群体，受影响人数可谓巨大。虽然目前尚未出现福岛核事故的影响报告，但是根据已有的累积辐射剂量超过正常数值的人数的统计，福岛核事故的波及范围同样令人担忧。

从核事故的发生后果来看，危险业务活动在带来巨大的经济效益的同时，一旦事故发生，对人体生命与健康的损伤影响同样十分突出。"事故后遗症"产生的时间和空间范围并不确定，如切尔诺贝利事故经过了20年的岁月沉淀仍然在影响着周围居民的生产与生活。除了需要必要的民事损害赔偿之外，危险业务事故的直接被害者对行为主体的刑事责任的追究的呼声同样是立法者与司法者需要面对的问题。如果任由危险事故发生后通过民事赔偿途径息讼止争，国家对相关责任主体的危险行为不加以制裁与惩罚，将会带来无法抑制的有害影响。对危险业务事故的刑事责任的追诉，一方面可以通过特殊预防对责任主体的行为加以规制和惩罚；另一方面可以产生积极的一般预防效果，促进从事危险业务活动的行为人遵守法律法规、谨慎行事，以避免事故的再次发生。但是，至今为止，动用刑法的力量对危险业务事故进行追责的案件屈指可数，一个重要的原因就在于原因行为与结果事件之间的因果关联没有办法通过传统的科学规律、经验法则加以确定。既然结果事件无法通过传统因果关系理论归责于从事危险业务所产生的危险行为，那么就无法将相关刑事罪责施加于行为主体。危险业务事故领域的犯罪行为因为缺乏适当的因果关系归责原则的支持而陷入了困境，仅能通过民事诉讼、行政诉讼甚至信访渠道宣泄民愤，因此，与危险业务事故领域引入疫学因果关系理论有其刑事政策之需要。每个国家的刑事政策的安排都是根据当前国家的经济发展形势与预防犯罪的需要综合评定的产物，当前我国危险业务领域不断发展，如果刑事手段无法对未来的事故发生做出有效的反应的话，将不利于国家法治建设的彻底落实，刑事制裁的"落空"不仅会影响到单一的事故处理，而且会对整个法治治理的根基产生动摇，要培养民众对法律规范的信赖与遵循，需要将法律的制裁手段覆盖到社会生活的方方面面，以便有效应对突发情况。

2. 落实刑法基本原则的现实需要

疫学因果关系理论是法治原则在刑法领域的重要体现。法治社会的终极意义在于实现法律规制和裁决行为的力量，作为公民行为的规范导向的法律，重要的机能之一就是引导公民依法行事，在法律的框架之下充分实现个人自由。如果危险业务事故领域仅仅是因为原因行为与实害结果之间的因果关联无法通过科学法则的验证就否定其内在关联，就无法实现实害结果归责，导致刑事制裁缺位，无法发挥法治规制行为的机能。所以，适时挣脱传统因果关系理论的框架约束，将疫学因果关系理论应用于危险业务事故的因果归责，实现法治社会的"有法必依"，是新形势下落实刑法领域法治原则的体现。

疫学因果关系原则同时也是刑法罪责自负原则的体现。罪责自负原则除了蕴含着反对株连的内涵之外，其另一层含义即为行为主体必须对自己的危险行为所导致的实害结果承担刑事责任。从刑法构成要件体系出发，因果关系的认定是判定刑事责任必不可少的要件之一。在危险业务事故领域，因果历程不同于传统犯罪形态，其长期性与复杂性增加了原因行为与结果事件因果关联认定的难度，采用疫学因果关系理论能够通过概率学统计的方法确定因果联系，真正实现罪责自负原则，避免刑事制裁的落空。

三、危险业务事故领域引入疫学因果关系理论的作用

（一）实现危险业务事故的犯罪规制

危险业务事故的因果进程，与公害犯罪等犯罪类型具有相似性，即传统因果解释规则无法通过科学法则验明原因行为与结果事件之间存在因果关联。但是，作为新兴科技产物的危险业务，其在社会生活中的作用越发突出，而其潜在的危险因子也可能在特定的环境与条件的作用下爆发，危险事故发生之后的影响范围与人数，往往是现今科学水平无法预料的。如果危险业务事故的发生涉及行为主体的犯罪行为，而由于传统因果关系理论的缺陷导致刑罚的落空，将产生不可估量的恶果。疫学因果关系理论在公害犯罪领域的司法运用表明，通过概率学统计的方法对因果关系的确定采取"高度盖然性"的标准，能够有效实现对公害犯罪的规制。而疫学因果类型作为因果关系理论的补充与发展，适用范围也不仅局限于传统的公害犯罪的圈子，危险业务事故的犯罪规制同样有疫学因果关系理论的一席之地。

（二）促进危险业务活动的健康发展

危险业务活动是伴随着高新技术发展随之而来的产物，高端前沿科技的进步为国家的综合国力提升和基础设施建设贡献巨大。一方面，危险业务事故发生的危害后果固然是危险业务发展过程中的一大弊病，但是任何

新生事物的发生都会经历一个由浅入深的过程，如果在危险业务活动诞生之初便滥用因果关系之"盖然性"理论扼杀其发展的幼芽，无形之中也摧毁了高新技术的发展前景。疫学因果关系理论的运用，可以很好地解决"促进发展"与"防止危险"之间的度的把握，其所采用的因果认定方法经过了概率学统计观察，并通过动物反复试验的验证，其"高度盖然性"标准实现了对行为主体的公正对待，不会造成行为主体举证责任过重的负担，促进了危险业务活动的顺利发展。另一方面，通过疫学因果解释的方法，能够实现结果事件归属于危险行为，行为主体的刑事责任构成要件的科学判断成为可能，可以引导从事危险业务行业的主体以审慎的态度积极采取措施加以防范，进一步改进技术，实现科学生产的跃进。

（三）保护被害公民群体的法益诉求

一旦发生危险业务事故，被害群体生命健康受到了不同程度的损伤，仅仅通过民事渠道所获得的救济杯水车薪，无论是物质上还是心理上都无法得到弥补，所带来的社会的不安定因素随着时间的推移也会不断累积扩大，最后可能会影响到社会的稳定与发展。疫学因果关系理论的秩序维护价值，能够切实实现"最大多数人幸福最大化"，以"高度盖然性"为标准从统计学观察所得到的条件中确定原因行为，并将结果事件的发生进行因果归责，进而由法官进行构成要件要素的综合衡量，将相关责任主体绳之以法，有效地保护受到危险业务事故侵害的生命、身体法益，同时也是对被害群体的心理慰藉。

作为高新技术进步的衍生物，危险业务事故的潜在危机，已经成为严重威胁人类生命、财产健康的犯罪。人类在享受危险业务活动所带来的生活便利的同时，也在忍受着事故发生所带来的恶果。危险业务事故的因果认定，由于其因果过程的长期性、因果类型的多重性以及因果方式的不确定性的特点，给传统因果关系理论造成了无法解决的困境。疫学因果关系理论以横断面研究、病例对照研究和队列研究等流行病学领域的科学方法为基础，通过观察、统计、对比的步骤，确定出最具有流行病学价值的原因行为，对危险业务事故的因果解释有着重大的借鉴意义。刑法中的疫学因果关系理论通过世界各国、各地区的理论研究与司法运用，已经发展出一套逻辑的框架体系，并于公害犯罪领域得到贯彻实施。危险业务事故的因果特点与公害犯罪有着极大的相似之处，未来事故的刑事责任的追诉，引入疫学因果关系理论能够有效解决因果认定难题。危险业务事故领域引入疫学因果关系理论具备不可或缺的科学内涵、理论价值及现实基础，能够有效发挥规制危险业务事故之犯罪行为，切实维护社会秩序，实现经济效益与社会效益的衡平。

第四章　危险业务与注意规范的保护目的

随着当今社会科技的进步与社会文明的飞速发展，我国正在经历着一系列的变化，如过失犯罪与经济的飞速发展成正比地迅猛增长，医疗过失犯罪、环境过失犯罪、交通过失犯罪、监督过失犯罪等各类过失犯罪层出不穷。由此导致的我国危险责任事故过失犯罪激增，对危险责任事故的归责与定罪等问题其实都源于对其本质的理解，那么危险责任事故的本质到底是什么呢？究竟是对结果的预见义务还是对结果的回避义务呢？对其的回答，影响着对危险责任事故犯罪的成立条件、处罚范围等一系列重要问题的理解与适用问题。因此，本文将以危险责任事故犯罪的本质为核心展开对相关问题的探讨与分析。

第一节　危险责任事故的本质：
结果回避义务的确立

危险事故指的是给社会造成人员伤亡和财产损失的事件，如火灾、爆炸、机动车辆倾覆、飞机失事等。[①] 危险事故意味着危险的可能性转化为了现实，即危险通过事故的发生导致了损害结果，其多为交通事故。

本文以医疗过失犯为视角，对危险责任事故的本质进行深入的探讨和分析。医疗过失犯罪是指从事医疗业务的人员在具备注意能力的前提下，因违反医疗注意义务而导致损害法益结果发生的犯罪行为。[②] 由于过失犯的违法性根据在于违反注意义务和发生损害法益的结果这两个要素，而结果的有效性又是以注意义务的存在为前提，因此医疗注意义务是医疗过失犯的核心。它包含结果预见义务与结果回避义务。[③] 医疗过失犯的本质是

---

① 参见石磊《危险货物道路运输事故统计分析及综合管理系统的建立》（硕士学位论文），长安大学 2014 年，第 19 页。

② 参见曾志波《医疗事故罪研究》（硕士学位论文），厦门大学 2008 年。

③ 参见刘艳红《过失犯的构成要件构造及其适用》，载《政治与法律》2003 年 1 期。

结果预见义务还是结果回避义务？根据旧的过失理论认为是结果的预见义务，而新的过失理论则认为是结果的避免义务。究竟是结果预见义务还是回避义务，对于该问题的回答是我们认定医疗过失犯罪的首要问题。笔者认为，基于医疗事业发展的需要和人类生存发展的基本要求，应采用结果回避义务作为医疗过失犯的本质。

在现代社会里，医疗技术的迅速发展给人类带来了巨大的益处和生活保障的同时，伴随着这些益处的是风险的大幅增加，医疗业务存在着比其他行业更大的风险性。旧过失理论认为只要没有尽到预见结果发生的义务，就可以成立过失犯罪。但是，医疗人员在医治的过程中，基本所有医疗人员对其自身行为的危险性以及可能导致的后果都能预知，这样在损害结果发生时，所有的医疗过失都可以被认定为医疗事故罪，即均可进行结果归责，显然这对医疗过失的归罪范围进行了扩大，明显不利于医疗事业的发展。例如，医生按照正常的手术操作流程给病人甲做胃癌手术，但是在手术过程中病人突发恶性高热①，即使在医生尽全力进行抢救之后病人还是死亡。根据旧过失论，医生能够预见自己的麻醉操作可能产生的后果，但仍然对病人进行了手术麻醉并发生了致人死亡的损害结果的发生，应成立医疗事故罪。这样，本应属于意外的医疗事件被当作犯罪处理，导致医疗事故犯罪的范围大大增加。显然，医疗行为作为人类生活必不可少的保障，这样的处罚会严重阻碍医疗事业的发展。

为了保证医疗事业的正常运行，保障人们的基本生活需要，对于医疗领域的活动应该从行为的社会意义与刑法法益保护的双重层面进行考量。刑法学为此还门创立了允许的危险理论："允许此类具有风险的行为在合理的范围内存在，并对交通运输、医疗行业等领域过失犯罪的处罚范围进行限定，限定的办法就是主张将结果回避义务作为这些领域过失犯罪的本质。即行为人即使预见到了自己的行为可能会发生损害法益的后果，如果行为人已经尽到了结果回避义务，则不构成过失犯罪。"② 为此，上述因

---

① "恶性高热"是目前（2010 年）所知的唯一可由常规麻醉用药引起的手术期死亡的遗传性疾病。它是一种亚临床肌肉病，患者平时无异常表现，在全麻过程中接触挥发性吸入麻醉药后出现骨骼肌强直性收缩，产生大量能量，导致体温持续快速增高，在没有特异性治疗药物的情况下，一般的临床降温措施难以控制体温的增高，最终可导致患者死亡。该病发病极其罕见，死亡率极高，而且术前很难检测出来，多发生在手术过程中。

② 杨建军：《我国法律监督体制与监督过失责任研究》，载《刑法论丛》2011 年第 2 期。

突发罕见麻醉过敏的医疗事故中，医生在术中全力抢救已经尽到了最大可能去避免结果的发生，但结果仍然不可避免，此时就不能认定成立医疗过失犯罪。

笔者认为，新过失论的观点更能对医疗过失犯罪的处罚范围进行限制。在当前社会文明高速发展的时代背景下，针对危险业务领域活动的特性并结合过失犯的理论学说，采取新的过失理论将结果回避义务作为危险业务过失犯的本质更具实际意义。

第二节　注意规范保护目的之前提——结果回避可能性

以结果回避义务作为危险责任事故过失犯的本质具有重要的积极意义，但是不能仅仅依据此就简单地对此类犯罪进行归责。前面我们讲到了医疗过失犯罪的含义，很明显，该过失犯的成立需要满足两个要素：一是违反注意义务即未尽到结果回避义务，二是要发生构成要件上的结果。何谓构成要件上的结果呢？指的是由违法行为直接导致的具有因果关系的法益损害结果。如果该违法行为与损害结果的发生之间并不存在明确的因果关系，则二者之间不具有规范保护目的的关联性。

何谓"注意规范保护目的"呢？在过失犯罪中，每一个危险行业领域都会存在法律法规、规章制度等预防性规则，这些规定存在的主要目的就在于通过规定特定的措施来预防某种结果的发生，因此，当发生了该规则企图预防的结果时，也就违反了注意规范保护目的。换言之，当损害结果发生在注意规范保护目的之外的应排除归责，该理论对于结果犯的刑事归责具有重要的指导作用。从上文我们可以看到，注意规范保护目的存在的意义主要在于规定特定的行为来预防某种损害结果的发生，但是，当发生我们确实违反了特定的注意义务，但即使严格遵循该特定义务时损害结果的发生也根本无法避免时，注意规范保护目的的存在还有意义吗？例如：在发生恶性高热的医疗案件中，医生在术前并没有对病人家属进行麻醉禁忌事项的询问，直接进行全身麻醉操作，而病人在术中发生恶性高热麻醉过敏，即使医生尽了最大的努力进行抢救但病人最终还是死亡了。事后查明，即使医生进行了术前询问得知病人家族之前并未发生任何一起麻醉意外死亡的情况，也无法查明该病人有遗传性恶性高热，对于病人在术中因麻醉导致的死亡结果根本无法避免。在本案中，医生违反注意义务的行为与病人死亡结果之间的因果过程并不符合进行术前麻醉询问这一规范的保护目的，因为根本不存在结果回避的可能性。根据新过失论，即使被告人可以预见危害结果的发生，如果其已经尽了最大的努力去回避损害结果但仍然无法避免，说明根本不存在结果回避的可能性，那么其就可以不承担刑事责任。也就是说，结果回避的可能性是注意规范保护目的的前提，当根本不存在结果回避的可能性时，则不符合注意规范保护目的的关联性，不适用注意规范保护目的理论。

第三节　注意规范保护目的作为危险事故过失的要素

在危险事故过失犯中，以什么作为注意规范保护目的的规范准则？注意规范保护目的在危险事故过失犯中是哪种构成要素？以及为什么要在危险事故过失犯领域倡导适用注意规范保护目的，其意义何在？对这些问题的探讨也很重要。

一、注意规范保护目的之规范准则：危险业务领域的法律法规、规章制度

探讨注意规范保护目的，一个很重要的问题在于何为"注意规范"，在确定了何为"注意规范"之后，我们才能进一步确定该注意规范的"保护目的"。因此，首先，我们要对注意规范保护目的的"注意规范"有一个清晰的认识。

笔者认为，在危险业务领域中，各业务领域的法律、行政法规、部门规章和规章制度均可作为注意规范的规范准则，例如在医疗业务领域，国家法律、法规和规章制度对医务人员的注意义务做了比较详细的规定。如《中华人民共和国执业医师法》《医疗事故处理条例》《消毒管理办法》等，当义务人员违反了这些规定时，即违反了其注意义务。在交通事故领域，作为行政法规的各种道路交通规则，对驾驶人的注意义务也进行了详

细的规定，所以，当驾驶人违反道路交通规则时，也就违反了其应尽的注意义务。新过失论将结果的回避义务作为过失犯的本质，那么我们应该如何判断是否尽到了结果回避义务？结果回避义务要求行为人尽到了客观的注意义务即采取了某种行为努力避免结果的发生，该行为就符合危险业务领域中的各项法律、法规和规章的注意规定。

一个重要的问题在于，采用各领域的行政法规作为"注意规范"的规范准则，是否会导致过失犯的认定范围扩大呢，笔者认为是不会的。首先，法律不可能将每个行业领域中的注意义务都事无巨细地罗列出来，只能依托行政法规进行详细的规定。而且该行政法规都是各行业领域从业人员作为正常的执业人员应知的必要规定，不存在扩大的嫌疑。例如，在医疗行业领域，在判定一名医疗行为人是否违反注意义务而成立过失时，法律所采取的是一个"合理的医务人员"的标准。作为一个合理的医务人员对该领域的基础规范操作应该熟练掌握，否则其根本不具有一个合格医务人员的标准，更不具备从业资格。在交通业务领域，每一个合理的驾驶员都应当对道路交通安全法规有着清楚的认识并且应在行驶时严格遵守道路交通行政法规规定的一系列的注意义务。所以，以各危险业务领域的行政法规作为判断是否违反注意规范的准则无可非议，更不会造成过失犯认定范围扩大的情况。

因此，作为危险业务领域的从业人员均应具备最基础的从业资格即对本业务领域注意义务的清楚认知。遵循了该注意义务就是合法的行为，违反了该注意义务就是没有尽到结果回避义务，成立过失。这些位于刑法之下的行政法规正是为了完善补充刑法所要求的避免损害结果发生的目的的规定而产生的。违反了行政法规的注意义务而导致了损害结果的发生即为违反了刑法的规范保护目的。

二、注意规范保护目的之体系定位：客观违法要素

前文我们说过，注意规范保护目的指若损害结果的发生超出注意规范保护的目的，应予排除，不成立过失犯。那么注意规范保护目的与损害结果之间的关系问题属于过失犯罪中的何种构成要素呢？对注意规范保护目的理论的准确定位也是在实践中引入和适用该理论需要解决的首要问题。

（一）注意规范保护目的理论可作为过失犯中客观违法要素的判断标准独立适用，放在客观归责理论之下进行讨论是多此一举

目前，对于注意规范保护目的的研究，大多是将其运用于交通过失犯中，作为客观归责的下位核心规则来讨论，用来服务于结果犯的刑事归责。

传统的犯罪构成四要件说认为，犯罪的构成应当包括主体方面、客体方面、主观方面、客观方面四个部分，其中犯罪客观方面指的是行为人不法行为的外在表现，犯罪的客观方面主要包括不法行为、危害结果、特定犯罪成立所必须具备的时间和地点等，其中不法行为与损害结果之间的因果关系是犯罪客观方面的重要内容。客观归责理论是建立在刑法因果关系理论的基础之上的，其主要试图通过另辟蹊径以解决刑法因果关系理论所无法解决的难题。[1] 在客观归责理论中讨论并适用注意规范的保护目的，其实质就是在于研究过失行为与损害结果之间的因果关系是否具有注意规范保护目的上的关联性，即当该过失行为导致的结果在注意规范保护目的的范围之内，则可进行归责。当该损害结果的发生在注意规范保护目的之外，则可排除归责。在利用注意规范保护目的理论进行归责判断的时候，其实质上就是对行为与结果的注意规范保护目的上的关联性的判断。何为二者之间的关联性呢？就是当行为人实施该行为时能够预见到风险，并由于违反了该风险的注意义务而导致该风险由过失行为变成了现实的损害结果。很明显，该损害结果的发生须为行为人事前可以预见到的并且可以通过遵循注意义务得到避免的，如此过失行为和损害结果之间才具有注意规范目的上的关联性。换言之，当我们进行客观归责时，根据已经发生的损害结果进行反推，当行为人在行为时可以预见该损害结果的发生并且有可能采取有效的措施避免该结果的发生时，则可进行归责，如果行为人无法预见到实际所发生的该损害结果或者无结果回避的可能性时，则该行为不可进行归责。

通过上述分析我们可知，客观归责理论其实质就是在判断行为人有无结果预见可能性和结果回避可能性的问题，也即解决因果关系的预见可能

① 参见周坤《刑法因果关系与客观归责理论》，载《知识经济》2011 年第 8 期。

性问题，而注意规范保护目的正是判断规范的结果回避可能性说中因果关系的理论。① 因此，在危险事故过失犯罪中可直接独立运用注意规范保护目的理论，没有必要将客观归责理论先引入，然后再运用注意规范保护目的理论。

（二）注意规范保护目的是危险事故过失犯中因果过程的违法性要素

新的过失论认为行为人有违反注意义务的行为，同时有损害结果发生时，并不一定就成立过失犯罪，还需要两者之间具有因果关系进程上的不法性。何为因果关系进程上的不法性呢？即从外在行为上看，行为人是否采取了努力回避结果的行为。因此，过失犯的成立不是简单的因果关系判断行为，还需要对其因果经过的发展进程是否违法进行判断。而对其进行判断的主要标准就是注意规范保护目的理论的注意义务，因此注意规范保护目的的解决的是危险事故过失犯中因果进程的违法性判断问题，是过失犯构成中的客观违法性要素。

第四节　注意规范保护目的在危险事故犯罪中的适用

前文谈到注意规范保护目的的理论主要是用来分析规范的结果回避可能性中因果关系成立与否的问题。那么在危险事故过失犯中适用注意规范保护目的有何意义以及应该如何适用？下面我们主要来探讨这两个问题。

一、注意规范保护目的理论在危险事故过失犯中适用的意义

传统的刑法因果关系认定中，主要采用的是相当因果关系说。其主张根据一般社会人的生活经验，在通常情况下，该行为产生某一结果若被认

---

① 参见周光权《结果回避义务与交通肇事罪——兼论与客观归责论无关的过失论》，"海峡两岸暨内地中青年刑法学者高级论坛"，2010 年 4 月。

为是相当的话，就认定该行为与结果之间存在着因果关系。① 但是，何为"相当"又是一个存在争议判断的问题。一般仅在因果关系中出现极其异常、难以预见的概率性比较低的情况时才能阻断因果关系进程。但是，在对何为异常情况进行判断时不存在一个清晰准确的判断标准，因此不同人可能会推断出截然相反的因果关系定论，显然这是刑法所不允许的。正是因为认识到了相当因果关系理论存在着不足与盲区，因此在危险事故过失犯罪领域也定然存在着因果关系界定不清的状况。因此，引入注意规范保护目的的理论十分必要，在危险事故犯罪领域，都存在着对进入该行业以及进入后需要遵循的注意义务的规定。而适用注意规范保护目的对违反注意义务规定造成损害的因果进程进行判断，可以得到清晰明确的答案。

如前面的案例，甲某在医院做胃癌手术，术前医生并未进行麻醉评估，在手术过程中出现了罕见的恶性高热麻醉过敏死亡。根据相当因果关系说，可以认为病人在手术中出现恶性高热不属于异常情况，因为每个合格的麻醉医生都应当对其麻醉领域的最大杀手恶性高热有着清晰的认识，所以因果关系成立。但是，也有一种观点认为，手术过程中发生恶性高热属于极其异常特殊的情况，因为这种病的发病极其罕见，全世界也没有几个麻醉医生在其执业生涯中真的遇到过，这样便可阻却因果关系的成立。我们可以看到，适用相当因果关系理论我们得到了两个完全相反的因果推论。但是，如果适用注意规范的保护目的理论来解释，就不会存在这个问题。在该案例中，医生违反了术前麻醉询问的注意义务，并且导致了病人麻醉过敏死亡的结果。我们只需要考察这个结果是否是医生违反的注意义务所要保护的法益目的，我们知道医生进行术前麻醉评估主要是确定用药剂量以及评估麻醉对器官的影响，而不是检查是否有恶性高热遗传病，所以病人死于麻醉过敏的恶性高热而非规范目的所保护的药剂过量造成的器官损害，该损害在注意规范保护目的之外，应予排除。我们可以看到，注意规范保护目的相较于相当因果关系理论是更明确而规范的法律概念，通过它来分析因果进程的发展是否合法更加容易也更具有操作性。

此外，注意规范保护目的的理论的适用也对各项注意义务规范的目的进行了清晰界定，对危险事故过失犯罪中过失的成立范围进行限缩，有效合理地促进危险业务领域的进步与发展。危险业务领域范围广泛，法规众

① 参见李运平《疫学因果关系在公害犯罪认定中的运用》，载《理论界》2009 年第 1 期。

多，将每一具体案件的因果关系判断都具体到每一注意义务规范的目的之下，这种将每一案件紧密结合在具体法条规定的目的之下分析的做法，合理地限制了危险过失犯的因果关系认定，具有极大的现实意义。

二、注意规范保护目的违反的适用

注意规范保护目的理论的核心在于判断所发生的损害结果是否在注意规范保护的目的范围之内，如果在注意规范保护目的范围之内则成立过失，反之，则应排除，不成立过失犯。具体在危险事故过失犯领域，就是要理清这些注意规范的保护目的是什么，具体是在预防保护何种法益。由于危险事故过失犯罪类别及注意规范众多，我们不能一概而论，应该结合具体的案件发生情况和所违反的注意规范规定才能进一步判断。并且"规范是否确实具有保护目的，也应该从具体的个案来着手检验，因为只有透过具体的案例我们才能确定规范的遵守是否可以适当地阻止结果发生"①。

危险责任事故应以结果回避义务作为其本质而非结果预见义务，而且结果预见义务是结果回避义务的前提，结果回避的可能性是结果回避义务的前提。② 在根本没有结果回避可能性的情况下，行为人也不具有结果回避义务。注意规范保护目的以行为人具有结果回避可能性，也即结果回避义务为前提。适用注意规范保护目的就是对结果回避可能性说中因果关系的判断。这一因果关系的判断不同于相当因果关系在某些案件中的模糊不确定，注意规范保护目的以所违反的注意规范的保护目的出发，将损害结果不在注意规范保护目的的范围之内的排除在危险事故过失犯罪处罚范围之外，有效地限定了危险过失犯罪的处罚范围，使得危险事故过失犯罪中的因果关系判定更加明确和规范，有效地弥补了传统因果关系理论的不足。

① 丁栋生、张达伟：《碰撞致他人被后面车辆碾死如何定性》，载《检察日报》2005 年 3 月 4 日。

② 参见刘艳红《注意规范保护目的与交通过失犯的成立》，"海峡两岸暨内地中青年刑法学者高级论坛"，2010 年 4 月。

第五章 危险业务犯罪中的被害人自陷风险

在危险业务损害中，如果被害人明知业务存在损害风险而自愿接受（尽管他反对损害结果的发生），这就会产生一个问题：能否因为被害人的自愿性而排除损害结果对行为人的归责。近年来，被害人自陷风险理论在国内日益受到重视。被害人危险接受理论认为，如果被害人明知一项活动的危险而自愿接受，因而损害其法益，则该损害之结果不可归责于参与该危险活动的行为人。值得注意的是，被害人这时只是接受危险，而非接受损害本身，也就是说，被害人对危险是故意的，但对损害的发生一般是过失。在被害人故意损害自己的场合，如自杀或者自残，往往不在危险接受理论的讨论范围之内。[①] 在客观归责理论看来，被害人的危险接受使得行为人的行为不具有规范的禁止性，[②] 或者使得损害并非发生在规范保护范围内，[③] 或者使得结果不在构成要件的效力范围内，[④] 因而排除结果的客观归责。但下文的讨论将指出，仅依赖被害人是否自愿接受某一危险，不足以排除结果的归责。要判断结果能否归责于行为人，必须联系规范的要求和行为人遵守规范的主观能力而判断，即必须遵循主观归责的思路。

第一节 被害人自我危险的客观归责

一般认为，依据危险的直接来源，被害人的危险接受可分为两大类型：其一是被害人的"自我危险"，其二是被害人"同意的他人危险"。本部分先介绍被害人自我危险的理论基础。被害人自我危险是指，被害人

---

① 参见 Anette Grünewald. Selbstgefährdung und einverständliche Fremdgefährdung，GA，2012，S. 364.

② 参见 Frisch. Selbstgefährdung im Strafrecht，NStZ 1992，S. 6 ff.；Duttge. in：Joecks/Miebach（Hrsg.），Münchener Kommentar zum Strafgesetzbuch，München，2003，§15 Rn. 151.

③ 参见 Schünemann. über die objective Zurechnung，GA，1999（5），S. 207 ff.

④ 参见 Roxin. Strafrecht Allgemeiner Teil. Band Ⅰ，Verlag C. H. Beck，2005，§11，Rn. 91.

明知自己的行为具有损害自身法益的危险，仍然自愿地实施该行为的情形。这时，损害法益的实行行为是被害人实施的，行为人对被害人的实行只是起教唆或帮助的作用。

一、判例的发展与学理的批评

被害人危险接受理论的提出，被认为源于德国判例的发展。对被害人危险接受的解决方案，德国判例存在从主观路径向客观路径偏移的过程：早期的判例多倾向于主观归责，往往肯定行为人对结果的责任，后来的判例多倾向于客观归责，重视被害人接受危险对结果归责的影响，一般会否定行为人对结果的责任。[①]

但在帝国法院时期的"梅梅尔河案"（Memel-Fall）[②] 中，判例从主观的注意义务出发，否定了被告人对结果的责任。该案中，在一个狂风暴雨的天气里，两个乘客不顾船夫的警告不断地催逼船夫送他们过河。结果，小船在风暴中翻了，乘客淹死了，仅船夫得以幸存。帝国法院认为，案件的关键在于作为船夫的被告人是否违背了基于人类共同生活而要求的对他人生命、健康的注意义务，但被告人在驾驶船只时已经履行了上述注意义务，因而不具有过失，不成立犯罪。

德国最高法院此后的案件，虽然也是主观归责的路径出发，但多认为被告人违背注意义务，因而肯定其结果责任。如在"摩托车竞赛案"（Motorradrennenfall）中，被告人在被害人的邀请下进行非法摩托车赛车，被告人企图在道路左侧强行超车，被害人紧贴道路左边防止被告人超越，被告人首先摔倒，被害人在双方没有发生碰撞的情况下也摔倒了，被害人送院后伤重不治。联邦法院判决被告人构成过失杀人罪。因为，人类共同生活要求任何人对他人的健康和生命有最基本的关切，但被告人在案中违反了这个关切义务，并在可预见和可避免的情况下招致了损害结果。案中被害人自我危险的行为是不重要的，这就好比自杀案件中被害人的同意不应影响参与自杀的他人的刑事责任。[③]但这一判决受到了学理的批评。如

---

① 参见江溯《过失犯中被害人自陷风险的体系性位置》，载《北大法律评论》2013 年第 1 期，第 117 页。

② RGSt, 57, 172.

③ BGHSt, 7, 112–118.

Puppe 认为，每个公民都有权利决定将自己置于何种危险之中，并有权利决定法律给予自己何种程度的保护。行为人的注意义务本来是为了保护他人的利益的，但在被害人自我危险的场合，被害人相当于故意、自愿地放弃这种保护，这便免除了行为人的注意义务。这就好比，商人向顾客出售滑翔伞或者潜水装备，即使顾客在滑翔或潜水活动中遇难，商人也无须承担责任，因为这属于自冒风险的顾客的个人事务。①据此，案中的被害人自冒风险地加入非法赛车时，法律已经放弃了对他的人身安全的保护，由于被告人当时已无对被害人人身安全的注意义务，因而不构成过失杀人罪。

又如在"牧师案"中，被告人是诊所的医生，他到当时为天花疫区的印度、锡兰（现名"斯里兰卡"）等地学术考察后回国，但没有按规定对行李消毒和进行身体检查，结果感染了本诊所的病人、医生及其家属、被告人家的女佣。后来牧师自愿到隔离区为感染的病人提供心灵慰藉服务，因而也感染了天花。联邦最高法院认为，牧师不存在对身体伤害的有效同意，因为同意只涉及将来的行为，但被告人的行为发生在牧师进入隔离区之前。因而认定了被告人对牧师过失伤害的责任。② Roxin 教授则认为，联邦法院的讨论方向是错误的，本案并不涉及同意的问题，但牧师通过自我隔离的行为使自己承担了一个已经发生了的风险，但这个自愿承担的风险的结果并不在故意杀人罪的构成要件的保护范围之内。③

实践中，自我危险而致死的案件多发生在吸毒的场合。根据上述判例的逻辑，凡是被害人注射海洛因后死亡的，即使注射行为是被害人自己实施的，联邦法院仍判处海洛因出售者构成过失杀人罪，因为出售者的行为不仅有义务违反性，而且与被害人的死亡具有因果关系。④

联邦法院立场之逆转发生在 1984 年著名的"海洛因针管案"（Hero-inspritzen-Fall）。案中被告人和被害人是朋友，案发当日，被害人告诉被告人搞到了海洛因，可以共同分享，但要求被告人帮忙买针管。被告人买了 3 支一次性针管，与被害人在旅店房间中吸毒。被害人把煮开的海洛因吸到针管中，将其中一支递给被告人。被告人在兴奋中失去了知觉，醒来时，发现被害人已经死亡。事后查明，被害人死于吸毒造成的窒息和心脏

① Puppe. Strafrecht Allgemeiner Teil: im Spiegel der Rechtsprechung. Nomos, 2011, S. 82.
② 参见 BGHSt, 17, S. 359.
③ 参见 Roxin, 263.
④ 参见 BGH NStZ 1981, 350; BGH NStZ 1983, 72.

病。联邦法院判决被告人无罪，其理由是，当被害人自我负责地希望和实施自我危险的行为时，这个行为并不属于杀人罪或伤害罪的构成要件。进而，若行为人只是故意或过失地使上述行为发生，或者使其成为可能，或者促使其实现，那么，被告人之行为只是参与了一个不符合构成要件的、不可罚的行为（被害人自危的行为），因而也不具有可罚性。①换言之，联邦法院根据类比适用了共犯的从属性理论，即由于"正犯"行为是被害人自己实施的，不具有构成要件符合性，因而被告人的"参与"行为也不可罚。对此，Roxin 雀跃地认为，这是联邦最高法院对客观归责思想的采纳，那些无视被害人接受风险的旧的判例（包括前述的牧师案、摩托车赛车案），已经过时了。②

但并非所有学者都赞同凡参与被害人自我危险的行为一律都不可罚。Puppe 教授就认为，参与被害人自我危险只是原则上不可罚，但在例外的情况下，即法律设定"家长主义的注意义务"（Paternalistische Sorgfaltspflichten）之场合，被害人对危险的自愿承担便无法排除行为人的结果责任。这里的家长主义是指，法律在特定的情形下，会无视法益承担者对危险的自愿接受，仍对法益加以严格保护的立场。换言之，在法律家长主义的场合，无论被害人是否认识、接受危险，他人仍有不侵害法益的义务。这时，如果他人对被害人自我危险的行为有教唆或者帮助，则需要对损害结果承担责任。

2001 年发生了"海洛因案"，被告向一位 20 岁的客户出售了高纯度的海洛因，她提醒被害人，这些毒品药力强大，只能用鼻子吸入，不能用来注射。该客户并没有药物成瘾，他购买该海洛因后最终因吸入过量而死亡。③联邦法院认为，实行行为是被害人自己实施的，被告提供毒品的帮助行为属于不可罚的参与，因而判决被告无罪。但 Puppe 认为这个判决不正确，因为法律对吸毒罪持家长主义的保护立场。禁毒法（Betäubungsmittelrecht）禁止一切毒品交易，无论购买者是否充分认识到吸食毒品的危险。这意味着，禁毒法持家长主义的立场，即禁止一切吸毒者的自我危险行为。换言之，即使被害人是自我答责地实施吸毒行为，法

① 参见 BGHSt，32，S. 262 ff.

② 参见 Roxin. Strafrecht Allgemeiner Teil. Band Ⅰ，Verlag C. H. Beck，München，2006，§11，Rn94.

③ 参见 BGH，NStZ 2001，205.

律仍会禁止他人促成被害人的这种自我危险。当被告向被害人交付毒品时，从客观归责的角度来观察，其行为便创设了禁止的风险，若被害人死于这一风险，该结果便应归责于交付毒品者的行为。同样，雇主对其雇员也有家长主义的保护义务，雇主不仅应向雇员提供工作中的防护措施（如头盔、呼吸辅助设备），还应教会他们如何使用。如果雇主忽视了这些义务，他不能以雇员工作时明知没有这些防护工具是危险的，而免除其结果责任。①

二、自我危险的"自愿性"标准

要成立被害人的自我危险，他必须"自愿"地实施对自身法益有危险的行为，这里自愿性的判断显得尤为重要。关于自愿性的判断，存在两种不同的观点：

1. 诚挚要求说

该说认为，对被害人自愿性的判断可以类推适用德国刑法第216条"基于要求杀人罪"中关于要求的判断标准，即必须出于诚挚的（ernstlich）要求。

但是，这里"诚挚要求"指向的对象并非最终造成的损害结果，而是被害人面临的损害的危险。只要被害人对损害危险的诚挚性态度达到刑法第216条基于要求杀人罪中对被害人要求的诚挚程度时，就足以认为被害人对其所遭受的危险具有自愿性。②这里的诚挚性是作为被害人的主观要素来把握的，它必须具有意志的坚定性（Willensfestigkeit）和目的的执着性（Zielstrebigkeit）。当被害人的行为是在紧急情况、被强迫、被恶意蒙骗、沮丧、醉酒或药物影响下，或者在精神性或心理学疾病的支配下，或者由于年轻或年老而导致草率做出决定，或者认识能力受损时，则缺乏诚挚性的要求。③

2. 排除罪过说

该说认为，判断被害人是否自愿承担风险，无须达到"诚挚要求"那

① 参见 Puppe. Strafrecht Allgemeiner Teil: im Spiegel der Rechtsprechung. Nomos, 2011, S. 87.

② 参见 Herzberg. Rolf-Dietrich, Beteiligung an einer Selbsttätung oder tödlichen Selbstgefährdung als Tötungsdelikt. JA, 1985, S. 336 ff.

③ 参见 Fischer. Strafgesetzbuch und Nebengesetze. Kommentar, 2009, §216 Rn. 19.

么高的标准，只要达到一个人需要对自己的犯罪行为承担责任所要求的自愿程度即可。① 行为人要对自己实施的符合构成要件的不法行为承担责任，也需要具有对不法行为的自愿性，如果行为人具有法定的排除罪过适用，说明他对该行为不具有自愿性，因而是不可罚的。据此，有学者认为，对被害人是否自愿承担风险的判断，应当类推适用刑法上的排除罪过规定，即凡被害人自陷风险时具有这些规定之情形，即可排除被害人对危险承担的自愿性。这些规定包括：

德国刑法第 19 条规定，不满 14 周岁的儿童的无责任能力；属于德国刑法第 20 条 "因精神障碍的无责任能力" 规定范围的，即精神病人、完全醉酒者，或者是处在毒品或心理疾病状态的人；按照德国刑法第 35 条第 1 款 "免责的紧急状态" 处于紧急状态的人以及按照德国少年法院法（Jugendgerechtsgesetz）第 3 条的规定没有判断力的青少年。② 此外，还有一部分学者认为，按照德国刑法第 21 条的规定，如果被害人处在降低的责任能力状态下，也应否认其自我答责。此时则需观察责任能力的降低是否导致被害人在认识能力或者控制能力上的缺陷。如果被害人没有意识到自己危险化行为的影响范围（也就是在判断力上存在缺陷），那么参与者必须对风险拥有更优势的认识，其作为正犯的行为才能够被归责。与此相反，如果被害人自己危险化时拥有更好的判断力，并且对现存的风险有完全的认识，那么即使其具有降低的责任能力，此种情况下被害人仍应自我答责，此时参与者具有独立的刑事免责性。③

3. 学说之间的批评

对排除罪责标准说的批评意见认为，排除罪责的前提，是存在可罚的不法，但在被害人自危的场合，由于自危损害是被害人自己实施的，本来就缺乏不法性，根本不适用排除罪责之规定。④但排除罪责标准说认为，这里只是类比适用刑法上的排除罪责规则，而非直接适用。⑤这里类比排除罪

---

① 参见 Dölling. Dieter, Die Behandlung der Körperverletzung im Sport im System der strafrechtlichen Sozialkontrolle. GA, 1984, S. 71.

② 参见 Joecks. Strafgesetzbuch, Studienkommentar, 8. Aufl. 2009, § 20, Rn. 3 ff.

③ 参见 Roxin. Strafrecht Allgemeiner Teil. Band Ⅱ, Verlag C. H. Beck, 2003, § 25 Rn. 152.

④ 参见 Herzberg. Rolf-Dietrich, Beteiligung an einer Selbsttätung oder tödlichen Selbstgefährdung als Tötungsdelikt. JA, 1985, S. 336 ff.

⑤ 参见 Maximilian Lasson. Eigenverantwortliche Selbstgefährdung und einverständliche Fremdgefährdung, ZJS, 2009 (4), S. 363.

责的规定，并非要讨论被害人行为的可罚性，而是要讨论个体在何种程度上基于其个人要素可能、应当对其行为负责。[①]

另一种批评意见认为，排除罪责标准说无法妥当处理被害人出于动机错误而自冒风险的情形。因为，在诚挚要求标准说看来，当被害人的自冒风险行为是出于对事实情况错误认知的动机时，被害人即缺乏对风险的诚挚性，因而不具有自愿性。但根据排除罪责标准说，由于动机错误并不属于任何排除罪责的情形，被害人对其风险行为仍具有自愿性——这被认为是不合理的。[②]

但排除罪责标准说认为，这个结论恰恰是合理的。因为法秩序本来就要求国民不应盲目听随他人的怂恿。而且，若如诚挚要求标准说主张的那样，凡是动机错误都排除个体对行为的自愿性，则所有利用他人动机错误的教唆者都不可避免地变成间接正犯。[③]但排除罪责标准说进而认为，如果被害人受到严重的欺诈，以至于处于相当于德国刑法第20条的惊恐状态，同样可以排除自愿性。[④]

排除罪责标准说认为，诚挚要求标准说违反明确性原则。因为，在诚挚要求标准说看来，对于在类似自杀的情况中，自杀者处于一种特别的精神状态（比如失恋等），有可能缺乏"诚挚"。这时，对自杀者是否具有诚挚性的讨论，就会转化为该自杀是否具有理性的讨论。但这一标准是极为模糊的，因而不符合明确性原则。[⑤]

三、救援者自我危险时的结果归责

如果被害人为了救援他人而自冒风险，造成风险的行为人是否需要对救援者的伤亡承担责任呢？这是有争议的问题。如"救援者案"（Retter-

① 参见 Roxin. Die Mitwirkung beim Suizid-ein Toetungsdeliktä Festschrift für Eduard Dreher zum 70. Geburtstag, de Gruyter, 1977, S. 331.

② 参见 Schneider. in：Joecks/Miebach（Hrsg.），Münchener Kommentar zum Strafgesetzbuch. München, 2003, Vor § § 211 ff. Rn. 51.

③ 参见 Bottke. Suizid und Strafrecht. Duncker & Humblot, 1982, S. 266 f.

④ 参见 Lasson. Eigenverantwortliche Selbstgefährdung und einverständliche Fremdgefährdung. ZJS, 2009（4），S. 363.

⑤ 参见 Lasson. Eigenverantwortliche Selbstgefährdung und einverständliche Fremdgefährdung. ZJS, 2009（4），S. 363.

fall），被告受邀到被害人家中参加一个花园派对时引起了被害人房子的火灾。当时，主人家一个 12 岁的男孩和另一个客人已经在屋中入睡。主人另一个 22 岁的儿子已经喝醉（血液酒精浓度为 2.17‰），但为了救屋中的人，仍从高处跳入屋中，结果因摔倒而失去知觉，最后死于有毒浓烟的吸入。①

但联邦法院仍然肯定了被告对救援者死亡的刑事责任，其理由在于，被告在放火时已经具备了对危险的救援措施的有预见的动机（einsichtiges Motiv）。因此，这时将自我危险的救援者包摄于刑法的保护范围内是正当的。而且，一旦救援者取得成功，其对损害结果的减少，必然导致被告刑事责任的减轻，对应地，被告也应当对救援失败时造成的损害扩大，承担加重的刑事责任。②

但在 Roxin 看来，联邦法院的理由是站不住脚的。因为，如果救援者是自我答责地介入现存的危险当中，他作为被害人就应当对损害自负其责，危险的制造者不应该承担责任。换言之，自我答责的救援者在救援中造成的自我损害，不应归责于他人。不过，Roxin 在结论上同意联邦法院的裁判，其理由是，被害人当时处于醉酒状态，根据排除罪责标准，他不具有自我答责的能力，因而排除被害人自我危险原理的适用。据此，即使救援者负有法定的救援义务（如消防员、警察等），也不能因此排除其自愿接受危险的性质。因为，救援者是基于职业身份而负有救援义务的，那么，当他自由地选择了这一职业时，便是自愿地接受了与该职业相关的风险。③而且，立法者既然规定救援者有救援的义务，就是要将救援风险分配给救援者，这也意味着，立法者不可能再将此风险转嫁给他人。④

Schünemann 则认为，从刑事政策的角度来看，在"救援者案"（Retterfall）中绝对有理由将救援者的死亡归责于放火的被告。因为，考虑到一般人的普遍倾向，都会为了抢救财产或亲人而冒着严重的风险且无法认真地对待这些风险。所以，禁止纵火的风险也应当包含这一目的，即保护

---

① 参见 BGHSt, 29, 322.

② 参见 BGHSt, 39, 322（353 f）.

③ 参见 Roxin. Strafrecht Allgemeiner Teil. Band Ⅰ, Verlag C. H. Beck, 2005，§11, Rn 139.

④ 参见 Roxin. Gedanken zur Problematik der Zurechnung im Strafrecht, in: Festschrift für Richard M. Honig zum 80. Geburtstag, Göttingen, 1970, S. 133 ff.

被害人免于因轻率而身陷危险。[①]

　　Puppe 也认为，这时救援者不符合自我答责的条件，其损害应归责于造成风险的行为人。她指出，一方面，联邦法院的根据站不住脚。因为，被告人是否会从救援成功的结果中获得好处，和他是否应当对救援失败的结果承担责任，是毫无关系的。另一方面，救援者之所以要冒着危险救援，是因为他处于一种无可选择的冲突状态之下——他要么让自己遭受危险，要么让他认为重要的人遭受损害。在上述判例中，被害人正面临这种冲突，要么使自己进入火场，要么让弟弟和客人被烧死。从道德意义我们可以说被害人是自愿的，但在法律意义上，这并不是自愿的，被害人是不得已而冒险展开救援的。[②]

　　主流意见则是折中说，认为要判断救援者的损害能否归责于行为人，必须考察救援者的决定是否合理。如果救援者的自危意思是理智的，即为了救援重大利益而自我损害，则救援者的损害对行为人是可归责的。如果救援者为了微不足道的利益而救援，则意味着救援的决定是莽撞轻率的，不能成立救援的自愿性，结果不可归责于行为人。[③]如发生火灾时，救援者为了抢救火场中快窒息的孩子而冲进屋子，结果被落下的横梁砸中，导致骨折，这便是合理的救援，结果可归责于纵火者。[④]

　　理由在于，当救援者的救援决定是合理的时候，救援者不过是履行行为人本来要履行的义务，因履行该义务而造成的损害，当然应归责于行为人。谁创设了一个风险，谁就有义务为防止风险的实现而负责，如果救援者采取妥当、必要的措施减轻损害，不过是替风险创设者履行义务。这时，行为人必须为救援者遭受的伤害承担责任，就像他如果履行自身的义务而可能遭受到的伤害一样。[⑤]

　　也有同仁认为，在救援中自我承担风险的场合，首先要判断营救者是否基于法定作为义务实施救援行为。如果救援行为符合法定作为义务，则营救者不对因此所导致的自身法益损害承担责任。当营救者不具有法定作为义务时，则需要考察其所欲救助的利益是否高于其在救援行为中所承受

　　① 参见 Schünemann. über die objective Zurechnung. GA, 1999（5）, S. 207 ff.
　　② 参见 Puppe. Strafrecht Allgemeiner Teil: im Spiegel der Rechtsprechung. Nomos, 2001, S. 86.
　　③ 参见 BGHSt, 39, 322.
　　④ 参见 Kindhäuser. Strafrecht Allgemeiner Teil. Nomos, 2013, S. 105.
　　⑤ 参见 Kindhäuser. Strafrecht Allgemeiner Teil. Nomos, 2013, S. 105.

刑法上的危险责任

的自身风险。如果救援措施是妥当且必需的，则应当肯定营救者同样不对自身法益损害自负其责。当营救者是出于挽救近亲属的生命、重大的身体和人身自由法益而不得已实施救助行为时，也不能认为其自我决定地承担了救援行为的风险。在其他场合下，则应当认为营救者出于自身的意愿自主地引起并且负担了相应的危险。①

四、危险接受与保证人义务

保证人义务有可能影响危险接受的结果归责。这里存在两个层面的问题。第一个问题是，如果行为人对法益本来就有保护义务，那么被害人危险接受是否能排除行为人的义务，从而排除结果归责呢？判例的态度认为，法益保护的保证人当然具有结果回避义务，如果结果发生了，人们当然应将结果归责于保证人。②但如果危险接受不能阻却保证人的义务，那么在医疗的场合，病人对危险的接受不足以排除医生的责任，则医生永远一只脚站在监狱里面，因为医生永远无法防止病人滥用给他开出的药物。③但有人认为，凡是不作为可罚的场合，作为也一定是可罚的。那么反过来的逆否命题是，如果作为是不可罚的场合，则不作为也是不可罚的。因此，既然通过作为的方式加功于被害人接受的危险不可罚，那么，以不作为的方式加功于这一危险也是不可罚的。④

第二个问题是，行为人参与被害人接受的危险活动后，法益出现危险时，是否有救助法益的义务？譬如，行为人将毒品提供给自愿吸毒的被害人，当被害人出现昏厥时，行为人是否有义务送被害人去医院呢？联邦最高法院持肯定的态度，认为提供毒品的行为人应对被害人的死亡承担过失杀人的责任。⑤但反对的看法认为，这实际上就是取消了危险接受对责任的排除作用，是不合理的。当毒品提供者以不可归责的方式使吸食毒品罪处于危险状态时，这种惹起行为并非故意杀人罪的重要意义的行为，人们不

---

① 参见王刚《营救者的损害与自我答责原则》，载《法学研究》2010 年第 3 期。

② 参见 BHG, JR 1979, 429；BayObLG StV 1993, 641 (642).

③ 参见 Roxin. Strafrecht Allgemeiner Teil. Band Ⅰ, Verlag C. H. Beck, 2005, §11, Rn. 91.

④ 参见 Lasson. Eigenverantwortliche Selbstgefährdung und einverständliche Fremdgefährdung. ZJS, 2009 (4), S367.

⑤ 参见 BGH, NStZ 1984, S. 452.

能通过不作为的保证作用，推导出行为人具有避免结果的义务。[1]既然对危险状态的惹起无须负责，那么也就不存在保证人的义务了。[2]

五、被害人自我危险的不罚根据

至今，德国学理已较为一致地认为，在被害人自我危险的场合，参与被害人自我危险的行为不构成犯罪。但行为人不构成犯罪的理论根据为何，仍存在极大的争议。通常有以下学说。

1. 共犯理论说

该说正是联邦最高法院的根据，认为根据德国刑法第26条，如果正犯行为不可罚，则参与行为不可罚。被害人自我危险就是被害人亲自实施了自我伤害的正犯行为，这个行为不符合伤害罪和杀人罪的构成要件，因而对这个正犯行为的参与行为也是不可罚的。这里，联邦法院还有一个举轻明重的逻辑推理：根据德国刑法第212条，若行为人只是参与他人的自杀行为，则参与行为不可罚。这样，既然行为人故意地导致了一个他人自我损害的结果是不可罚的，那么，在被害人自危的场合，行为人只是过失地导致了他人的自我损害，更应是不可罚。[3]

也有客观归责论者遵循这一思路，如 Otto 认为，虽然行为人与被害人的伤害有因果关系，而且行为也具有义务违反性，但最终的损害结果是被害人实现的，也就是说，是被害人惹起的风险的实现，因而结果应归责于被害人，而非行为人。[4]

2. 规范保护目的说

规范保护目的说认为，当法益的承担者自我危险地损害法益时，该损害便超出了规范的保护目的，即不在规范的保护范围之内。如 Puppe 认为，只有当注意义务的违反完整而充分地存在于结果原因的说明中时，才可以将注意义务的违反理解为与结果发生有因果关系，此即"充分性之要

① 参见 Roxin. Strafrecht Allgemeiner Teil. Band Ⅰ, Verlag C. H. Beck, 2005, §11, Rn. 96.

② 参见 Lasson. Eigenverantwortliche Selbstgefährdung und einverständliche Fremdgefährdung. ZJS, 2009 (4), S367.

③ 参见 BGHSt 32, 262 (264).

④ 参见 Otto, Harro. Selbstgefährdung und Fremdverantwortung. Jura, 1984, 534 (539).

求"①（Vollständigkeitserfordernis）。据此，在一般情况下，当被害人自愿承担风险造成的损害时，由于规范并不保护自担风险的被害人的法益，即行为人的义务违反无法充分地说明被害人的损害的发生，该损害之结果与行为人的参与行为缺乏可归责的因果关联，因而行为人的行为不可罚。Stree 认为，规范的保护范围存在边界，这个边界之外便是法益承担者自我负责的领域。如果行为人只是为被害人基于自我答责的自危或自我损害提供支持，便据此使行为人承担责任，这绝非规范的任务。② Schünemann 则认为，尽管刑法的任务是为了保护法益，但这一任务并不包括保护法益不受其承担者的损害。因为，当救援者自愿接受风险时，透过刑法来保护法益主体既没有可能，也没有意义。换言之，对行为人的注意义务的规范不可能包含阻止被害人自我伤害的目的。③由于被害人自我危险的结果不在规范的保护范围内，该结果便非禁止风险的实现，因而不能归责于行为人。

3. 构成要件保护范围理论

该说认为，客观归责必须检验三个方面：行为创设了禁止的风险，结果是禁止风险的实现，而且结果发生在构成要件的保护范围之内。参与被害人自我危险的结果，并非构成要件要保护的结果，因而排除客观归责。这是因为，德国刑法明文规定，参与被害人自杀或自伤的他人不构成犯罪。参与被害人自杀或自伤是比参与被害人自我危险更严重的行为，因为前者是故意实施的，后者是过失实施的。举重明轻，既然前者不在构成要件的保护范围之内，后者更就更不在构成要件的保护范围之内了。④

4. 社会相当性说（允许的危险说）

这种观点认为，对被害人自我危险的参与是一种社会相当性行为的类型，该参与行为即使有风险，也不过是允许的风险。⑤根据社会相当性理论，如果一种风险行为属于允许的生活风险，如道路交通活动或体育竞技活动的参与，则这些行为都属于社会相当性活动。如果一个行为符合社会

---

① 参见 Puppe. NK, Vor § 13 Rn. 227.

② 参见 Stree. JuS 1985, S. 179.

③ 参见 Schünemann. über die objective Zurechnung, GA 1999（5），S. 207 ff.

④ 参见 Roxin. Strafrecht Allgemeiner Teil, Band I, Verlag C. H. Beck, 2005, § 11, Rn. 91.

⑤ 参见 Duttge. in: Joecks/Miebach（Hrsg.），Münchener Kommentar zum Strafgesetzbuch. München, 2003, § 15 Rn. 151.

的相对性，则该行为之风险只是法律上无关紧要的风险，损害之结果则非禁止风险的实现，因而排除结果归责。① Frisch 从他的不法理论出发，认为这时要判断行为的风险是否禁止，必须根据参与者当时具体的利益关系，具体问题具体分析。②

5. 被害人的自我答责说

该说认为，参与行为的不可罚性的核心在于自我危险者的自我答责性。如果被害人对损害的发生是自负其责的，意味着该损害无法归责于他人，因而他人对自我危险的参与是不可罚的。要说明参与行为不可处罚，就必须说明该行为为何不具有不法性。在这个意义上，规范保护目的说、社会相当性说等，虽然表面上都没有错误，但并未触及问题的核心。因为，对这些学说都存在进一步追问的可能，即为何损害结果不在规范保护范围之内，参与行为为何具有社会的相当性。而要回答这些问题，就必须还原到被害人的自我答责性上。③自我答责首先是一种权利关系，它优于刑法的评价，对这种权利行使的尊重，自然不可能成为刑法评价的对象。④因此，自我答责是一种对被害人而言永远合法的关系，它不会被他人侵害，因而自我答责造成的损害不可能成为刑法的归责基础。⑤

我国学者冯军指出，"行为人应该对损害后果进行自我答责的根据在于：行为人尽管是一个能够自我决定的主体，却违反自己作为自由主体的内在规定性，通过把任意与行为相联系而制造出损害他人自由的结果"。他进而指出，损害结果对行为人归责的条件是，"行为人违反（被害人）'自我决定'这个一般的实践原则而设定了任意、行为、结果的统一性，所以，行为人就应该自己对所发生的损害后果承担责任"⑥。进而，被害人自我损害的结果是否具有不法，取决于被害人实行行为时是否真正自愿，是否能够真正地自我负责。换言之，如果损害结果是被害人自我答责的，这个结果就不符合可归责于他人的条件。若被害人并非真正自愿地实施自我损害的行为，则被害人对结果不能自我负责，结果应根据间接正犯

① 参见 Wessels/Beulke. Strafrecht Allgemeiner Teil. C. F. Müller, 2010, Rn 184.

② 参见 Frisch. Selbstgefährdung im Strafrecht. NStZ 1992, S. 6 ff.

③ 参见 Lasson. Eigenverantwortliche Selbstgefährdung und einverständliche Fremdgefährdung. ZJS, 2009 (4), S. 362.

④ 参见 Murmann. Die Selbstverantwortung des Opfers im Strafrecht. Springer, 2005, S. 3.

⑤ 参见 Murmann. Die Selbstverantwortung des Opfers im Strafrecht. Springer, 2005, S. 5.

⑥ 冯军：《刑法中的自我答责》，载《中国法学》2006 年第 3 期，第 96 页。

的原理归责于支持自危的行为人。①

江溯博士也认为，"在法社会中人们因具有答责的人格而处于对等的地位，每个人只需对各自固有的答责领域负责。刑法是以保护法益为首要目标的社会制度，法益的保护不仅仅在于防止为他人所侵害和干涉。法益主体亦负有保护法益的固有责任，法律期待每个人不得随意危害自己或者他人的法益"。"在被害人危险接受的情况下，既然作为法益主体的被害人对于法益侵害的危险具有清醒的认识，却仍然决定冒险，那么法益侵害的结果就必须首先归属于被害人而不是行为人。"② 总之，当被害人自我负责地实施自我损害行为时，规范就不再保护被害人的法益，行为就不具有不法性。

6. 被害人的自决权说

自决权说认为，参与被害人自我危险的不可罚性与共犯理论和规范保护目的理论无关，其真正的根据在于宪法上公民的自我答责原则。据此，行为人和被害人存在各自的责任领域，而这两个领域的界限并非技术意义层面上的正犯与共犯理论，而是存在于规范意义层面上的管辖范围（Zuständigkeit）理论。③ 也有人认为，被害人的自我决定权与禁止规范相比，前者具有优先性。换言之，当他人帮助被害人行使自我决定权时，便排除了禁止规范的适用，其行为便不具有规范的禁止性，因而是不可罚的。④

我国也有学者认为，在被害人自我损害的场合，排除不法的根据是被害人的自我决定及其实现。因为，"自我决定是自由的核心，个人通过其自我决定而切实感受并且实现自由。因此，当一个主体有能力进行有价值的行为自我决定，但却不进行该有价值的行为决定的场合，他就应该对由此而产生的损害后果负责"⑤。也就是说，损害结果是发生在被害人自己

---

① 参见 Lasson. Eigenverantwortliche Selbstgefährdung und einverständliche Fremdgefährdung. ZJS, 2009（4），S. 362.

② 江溯：《日本刑法上的被害人危险接受理论及其借鉴》，载《甘肃政法学院学报》2012年第6期，第88页。

③ Neumann. Die Strafbarkeit der Suizidbeteiligung als Problem der Eigenverantwortlichkeit des "Opfers". JA, 1987, S. 244.

④ 参见 Murmann, Die Selbstverantwortung des Opfers im Strafrecht. Springer, 2005, S. 392 f.

⑤ 马卫军：《被害人自我答责的理论根基探析》，载《刑事法评论》2013年第2期，第86页。

的管辖领域内，"与外在的人际关系概念之间没有发生任何联系"，换言之，该行为并不是"社会交往性的行为"，而是"只具有单独的非交往性的个体化行为"，因此，根本没有影响他人的机会和可能，也就是该行为不是影响他人自由的行为。因此，自然的结论就是，"发生在自己的权利范围之内的纯粹的自我损害不是不法"[①]。台湾大学的周漾沂副教授进而提出了"风险自我管辖原则"：每一个人就其社会行动所附带的风险，一般应由本人管辖，该风险的创设与实现，是本人应负责的事务，他人无权利也无义务干预；若该风险实现为损害结果，该结果落在法益权利人的负责范围内，不属于他人的负责范围。[②]换言之，行为人和被害人拥有各自的责任领域，当结果发生在被害人（而非行为人）的责任管辖范围内时，结果只能让被害人负责。

第二节　被害人同意的他人危险的客观归责

一、应否区分自我危险与他人危险

如果被害人同意他人对自己实施损害行为，这一情形即为被害人同意的他人危险。在被害人同意的自我危险的场合，对被害人的损害行为是被害人自己实施的，他人不过是对该行为起加功的作用。但在同意的他人危险的场合，对被害人的损害行为是他人实施的，只是该行为为被害人同意罢了。

是否需要区分被害人自我危险和被害人同意的他人危险，是有争议的问题。反对区分二者的理由大体是，既然被害人自我危险和同意的他人危险都是被害人对危险接受的表现，都不应将损害结果归责他人，二者的法律效果是一致的，便没有区分的意义。但支持区分的学者则认为，在被害人同意的他人危险中，有些损害结果应归责于他人，这是它不同于被害人自我危险的地方，因而需要区别两种情况讨论。

[①] 马卫军：《被害人自我答责的理论根基探析》，载《刑事法评论》2013 年第 2 期，第 88 页以下。

[②] 参见周漾沂《风险承担作为阻却不法事由》，载《中研院法学期刊》2014 年第 14 期，第 204 页。

刑法上的危险责任

Cancio Meliá 教授就明确反对这种区分。他认为，"区分自我危险和他人危险在对受害人行为进行教义学评判的理论层面上缺乏一个可以得到支持的理由"。因为，危险接受理论依赖于"自我答责原则"，而该原则是禁止通过"对自我利益的管理"来区分自危与他危行为的。如果"行为是在被害人和行为者共同的组织下实施"，即当受害人能够掌控并自我负责，而且"行为人对于受害人的利益没有特别的保护义务"，则一个共同的行为造成的损害"归入受害人自己答责的领域"。①换言之，在 Cancio Meliá 看来，既然危险接受理论的基础是被害人自我答责原则，而这一原则认为，只要被害人对损害能够掌控和自我负责，损害结果即可归责于被害人，那么，损害行为是由谁具体实施的，并不重要。因此，自我危险与他人危险的区分是完全不必的。

Puppe 教授也反对这种区分。因为在危险接受的场合，行为人与被害人都不希望损害的发生，行为人对损害的发生只可能存在过失。但根据德国的通说和判例立场，对过失犯罪均采取统一的正犯概念（Einheitsstäterbegriff），即任何对构成要件的实现有因果关系的义务违反行为者都可能成为该过失犯的正犯。因此，这时根本就不应该区分正犯行为与参与行为，可以说，这时区分自我危险和他人危险，与过失犯的基本法理是矛盾的。当被害人自愿接受危险时，参与的他人不罚的基础并非"正犯"行为不可罚，而是因为，当被害人自愿地决定其法益进入某种危险状态时，该决定不过是他对生活内容自主安排的权利的表现。换言之，问题的关键并非在于，具体的损害行为是谁实行的，而应在于，当被害人甘愿自冒风险时，被害人的法益是否还值得法律保护。②

Schünemann 教授虽然按照共犯的标准承认二者外在的区别，但其认为这在规范上并不重要。因为在这两种情形中，被害人没有缺陷而行使的自治权恰恰应推导出实施参与行为或导致危险化的行为人对结果不承担责任。按照此理论，被害人同意的他人危险化理所应当地应按照自己危险化的参与行为处理，不具有刑事可罚性。③

Lasson 则认为，这种区分不应影响法律效果。被害人危险接受排除归

① 参见 Cancio Meliá. Opferverhalten und objektive Zurechnung. ZStW，1999，S. 368 ff.
② 参见 Puppe. Strafrecht Allgemeiner Teil：im Spiegel der Rechtsprechung. Nomos，2011，S. 83 – 84.
③ 参见 Schünemann. Moderne Tendenzen in der Dogmatik der Fahrlässigkeits-und Gefädrdungsdelikter. JA，1975. 715ff.

责的基础是被害人自我答责，只要被害人对危险的态度符合自我答责的条件，就排除结果对他人的归责，至于这个危险是被害人展开的还是他人展开的，原则上并不重要。但他认为，区分被害人自我危险和他人危险是有意义的，因为在结果归责于他人的场合，如果危险是被害人自己实施的，则他人构成间接正犯；如果是他人实施的，则他人构成直接正犯。[①]

这种看法得到了许多学者的支持，因为它使得问题的处理更为简单便捷，人们无须费神耗力于在自危与他危之间划清界限，而且实务中，自我危险与他人危险在处理上也往往是等同的。Timpe 更认为，基于同意的他人危险不过是"自我答责的自危行为的特殊情况而已"。[②]

我国也有学者认为没有必要也没有可能区分故意的自己危险化和基于同意的他人危险化。因为无论是同意他人的危害化，还是自我负责的自我危害，均具有以下三个共同的特征：第一，法益侵害结果的发生是在被害人与行为人不注意的相互作用下共同产生的；第二，无论是被害人还是行为人，均不希望出现该法益侵害的结果，或者说被害人和行为人均相信甚至期待该法益侵害结果不发生；第三，被害人过失地参与了该法益侵害结果的发生过程。[③]因此，对二者的区分仅具有将案件类型化的作用，而没有规范上的意义。二者应受到完全相同的规范评价，即承认二者均有排除参与者不法的效力，在此前提之下才能探讨其正当化的理论依据。[④]

但支持区分自我危险和他人危险的学者则认为，并非所有他人危险的损害都归责于被害人。如 Dölling 认为，"将自危行为中的参与行为与基于同意的他危行为相区分，是因为在基于同意的他危行为中，其控制自身不受风险并非运用同样的方式"，而且，在他人危险的场合，行为人之间进入他人的权利空间，这是自危场合所没有的。

Roxin 也认为，基于同意的他危行为在结构上与直接的自我损害是不同的。在他人危险的场合，被害人对损害的避免能力可能会更弱。人们必须审查被害人与行为人对损害进程的支配能力，从而判断到底谁应当对损

① 参见 Maximilian Lasson. Eigenverantwortliche Selbstgefährdung und einverständliche Fremdgefährdung. ZJS, 2009（4），S. 367.

② 参见 Timpe ZJS 2009，175.

③ 参见江溯《日本刑法上的被害人危险接受理论及其借鉴》，载《甘肃政法学院学报》2012 年第 6 期，第 87 页。

④ 参见江溯《过失犯中被害人自陷风险的体系性位置》，载《北大法律评论》2013 年第 1 期，第 142 页。

刑法上的危险责任

害的结果负责。① 他更以加速度竞赛案（Der Beschleunigungstest-Fall）为例加以说明。联邦法院于 2008 年审理该案，两个年轻人举办汽车竞赛（一项加速度竞赛），两人均企图尝试在无人使用的第三赛道上以 240 千米的时速超过彼此。其中一辆车在曲折而极具难度的弯道上翻车并脱离车道，其中车尾的同乘者因此丧命。此处问题在于，整个竞赛曾被录影，证实副驾驶员乃自愿参加该竞赛，失事也发生在竞赛的起跑信号发出之后。那么，两位驾驶员是否应对过失致人死亡负责？② Roxin 指出，由于同乘者无法拥有与驾驶者一样准确的认识，而且当驾驶者正好在特别危险的弯道上，同乘者很难再"做出相应的表示"，一切都发生得太快。而且在此情况下，驾驶者是否可以听到同乘者的"表示"也是值得怀疑的。同时，加速度竞赛在下级法庭中确定，同乘者在此灾难性的超车过程中不可能对驾驶行为进行任何干涉；整个加速度竞赛只持续了 18 秒。同样，乘坐醉酒者驾驶的车的人并不能很好地认识到驾驶员自身状况，不清楚驾驶员还能艰难地驾驶多远，以在必要时拒绝驾驶员提供的帮助。因此，该案作为他人危险的案件，损害不应归责于被害人。③

Kindhäuser 认为，区分二者的理由在于：一方面，二者排除归责的形式根据不完全一致，自危之所以排除归责，是因为损害结果发生在被害人的风险管辖范围之内；他危之所以排除归责，是因为权利人对法益危险的承诺，在一定条件下能够排除行为人行为的不法。④另一方面，德国刑法中对帮助被害人自杀的行为不予处罚，但对被害人承诺的杀人行为加以处罚，恰恰说明危险由不同的人直接引起，法律效果是不一样的。⑤

二、自我危险与他人危险的区分标准

如果将同意的他人的危险视为一种独立的分类，就面临着另一个问题：如何将同意的他人危险与自我危险区分。德国判例的立场是犯罪行为支配标准。联邦法院在加速度竞赛案中指出：区分对自我答责的自我危险

① 参见 Roxin. Der Streit um die einverständliche Fremdgefährdung. GA, 2012, S. 658.
② 参见 BGHSt, 53, 55.
③ 参见 Roxin. Der Streit um die einverständliche Fremdgefährdung. GA, 2012, S. 658.
④ 参见 Kindhäuser. Strafrecht Allgemeiner Teil. Nomos, 2013, S. 95, S. 120.
⑤ 参见 Kindhäuser. Strafrecht Allgemeiner Teil. Nomos, 2013, S. 121.

不可罚的参与行为与符合构成要件的他人的危险行为的界限其实就是正犯行为与共犯行为的界限。如果危险的支配行为并非被害人单独实施，而是第三人参与了实施，那么根据共犯的从属性理论该第三人的行为便是可罚的。换言之，自我危险与他人危险的界限在于谁支配了事件的流程，这个标准源于故意犯罪中的犯罪行为支配理论。[①]也有人认为，判例纯粹从一个事实的角度来把握行为支配并不妥当，应从一个规范的角度来判断支配的标准。换言之，即使被害人在事实上实施了支配的行为，但如果存在行为决定能力上的缺陷，则仍然属于他人的危险。[②]

但这个理论受到了批评，因为犯罪行为支配理论仅适用于故意犯中区分共犯与正犯，而在过失犯中，根本不区分共犯与正犯。被害人接受危险的案件，对行为人而言，充其量只有过失。[③]

批评者进而认为，联邦法院的支配标准说会引起适用上的困难。如在艾滋案中，受害人的伴侣告诉了受害人他有艾滋病，根据支配标准说便难以判断，这到底是被害人自我危险还是同意的他人危险呢？如果根据犯罪行为支配标准，似乎发生性行为的双方都只是参与者，因为性行为由双方共同作用得以实施。但从前述引用可以看出，德国联邦法院仍然认为这类案件属于基于同意的他危行为案件，因为犯罪支配的事实并非"仅由受害人实施"。[④]事实上，无论是行为人还是被害人，谁都谈不上对犯罪事实的支配，毋宁说，正是他们无法支配事实，才发生了损害的结果。[⑤]

在 Roxin 看来，区分自我危险与他人危险的关键在于，是谁发起了那个直接导致结果的危险。如果这个危险是被害人发起的，如在海洛因针管案中被害人自己注射了毒品，或者在非法赛车案中被害人自己导致了摩托车的翻车，这便属于自我危险。这时，加功的他人便当然是不可罚的。如果这个危险的行为是被害人以外的他人实施的，这便是一个同意的他人危险。这时他人之行为是否可罚，需要进一步讨论。[⑥]

① 参见 BGHSt，53，60。

② 参见 Anette Grünewald. Selbstgefährdung und einverständliche Fremdgefährdung. GA，2012，S. 369.

③ 参见 Puppe. Mitverantwortung des Fahrlässigkeitstäters bei Selbstgefährdung des Verletzten. GA，2009，492 f.

④ 参见 Roxin. Der Streit um die einverständliche Fremdgefährdung. GA，2012，S. 659.

⑤ 参见 Roxin. Der Streit um die einverständliche Fremdgefährdung. GA，2012，S. 660.

⑥ 参见 Roxin. Der Streit um die einverständliche Fremdgefährdung. GA，2012，S. 659.

三、同意的他人危险排除结果归责的根据

1. 注意义务降低说

该说认为，当被害人自愿接受风险时，法律便降低了他人的注意义务。如 P . Frisch 认为，当被害人对其法益没有任何保护兴趣，而且自我答责地自陷于风险时，其他人对被害法益的注意义务便会因此取消。[①]部分判例也持相似的立场，认为当被害人清楚认识并接纳特定的危险，而且行为人履行了一般的注意义务时，行为人的行为便缺乏义务违反性。但是，什么才是一般的注意义务，判例认为应当具体情形具体分析。[②]

2. 社会相当性说/允许的风险说

类似于被害人自我危险的归责排除根据，学界也有观点考虑将被害人同意的他人危险化纳入社会相当性理论和允许风险的评价中来。如果行为人的行为在当时情况下属于具有社会相当性的行为或者是被允许的风险所包括，就应该排除构成要件该当性，继而不构成犯罪。[③]

3. 同意说

该说认为，只要被害人同意了他人的危险行为，即可排除他人危险行为的可罚性。然而，传统见解认为，被害人同意是对损害结果的同意，而在危险接受的场合，被害人充其量只是对危险的同意，他对结果的发生显然是不同意的，那么，这是否成立有效的同意呢？部分学者持肯定的立场。如 Schaffstein 认为，在过失的结果犯中，行为无价值构成了不法的基础。这样，它与危险犯就没有不同。因此，对犯罪的承诺不可能是关乎结果的承诺，而是关乎危险的承诺。[④] Hirsch 则认为，同意的本质是对法律保护的放弃，亦即对规范禁止的放弃。因为，在过失犯中，人们不可能纯粹禁止某个结果的惹起，而只能禁止相应的行为。因此，只要被害人承诺

---

① 参见 Frisch. Das Fahrlässigkeitsdelikt und das Verhalten des Verletzten. Duncker und Humblot，1973，S. 118.

② 参见 BGHSt 7，112（115）.

③ 参见 Dölling. Dieter. Die Behandlung der Körperverletzung im Sport im System der strafrechtlichen Sozialkontrolle. GA，1984，93.

④ 参见 Maximilian Lasson. Eigenverantwortliche Selbstgefährdung und einverständliche Fremdgefährdung. ZJS，2009（4），S. 364.

了同意的他人的行为，规范便会放弃对其法益的保护。①而部分判例则认为，对结果的同意本来就包含于对危险的同意之中，故被害人只要同意了危险，就包括了对结果的同意。②这种立场也为我国学者所赞同，如黎宏教授认为：在被害人接受风险的场合，尽管行为人所同意的是参与危险行为，而不是对所发生的危险结果也表示同意，但这是过于形式化的理解；因为，既然是蕴含有发生结果可能的危险行为，行为人同意参与就绝对不能说对该行为所可能发生的结果表示不同意，同时，这也是从违法性即社会危害性评价是对包括结果在内的行为整体评价的立场出发所得出的必然结论。③

也有学者认为，对行为危险的同意不能等同于对结果的同意。虽然被害人对他人的违反注意义务的行为表示同意，但是毕竟不是所有的违反注意义务的行为都必然会导致实害结果。因此，这种对行为及其危险性的同意本身，还不能清楚无疑、完整充分地显示出被害人对那个实害结果的真实态度。另外，对于过失犯来说，由于未遂是不罚的，因此，其不法内涵主要集中在结果上面，相对应地，一个能够排除不法的同意，只有在表达出对结果的接受态度的情况下是可能成立的，仅仅针对行为是不够的。④

但更为关键的问题是，即使对危险的同意代表了对法益损害的同意，但被害人是否具有对生命、身体健康这些重要法益的同意权呢？因为从德国刑法第 216 条或者 228 条看来，被害人同意下的杀人或者伤害原则上是构成犯罪的，亦即，被害人对生命、身体健康是不具有同意权的。这样，即使认为被害人对杀害或伤害的危险具有同意权，似乎也是与刑法的价值立场相悖的。

同意说的支持者从两个思路展开了辩护。第一种思路是过失犯罪的例外说，这是部分判例⑤和理论⑥所持的看法。该说认为德国刑法第 216 条和第 228 条都是故意犯罪，换言之，刑法对被害人同意效力的反对仅仅适用于故意犯罪。但在被害人接受危险的场合，行为人对被害人的死亡或者

---

① 参见 Hirsch，LK，2003，Vor §32，Rn. 107.

② 参见 OLG Celle NJW，1964，S. 736.

③ 参见黎宏《刑法学》，法律出版社 2012 年版，第 165 页。

④ 参见车浩《过失犯中的被害人同意与被害人自陷风险》，载《政治与法律》2014 年第 5 期，第 34 页。

⑤ 参见 OLG Zweibrücken. JR，1994，S. 518；OLG Düsseldorf NStZ-RR，1997，325（327）.

⑥ 参见 Murmann. Die Selbstverantwortung des Opfers im Strafrecht. Springer，2005，S432 f.

伤害充其量都是过失，故第 216 条和第 228 条的精神在这里并不适用。也有人从行为无价值论出发，认为不法总是主观要素，由于故意犯罪的不法比过失犯罪要高，被害人同意不足以排除前者的不法，但可以排除后者的不法。在危险接受的场合，行为人充其量是过失，因而被害人对危险的同意可以排除行为的不法。①总之，刑法只禁止在故意犯罪领域中被害人对杀害或伤害的同意的有效性，但并不禁止在过失犯罪中被害人同意的有效性。

第二种思路是被害人的重大价值说，为 Dölling 所提倡。他认为，刑法第 216 条的精神具有普适性，即被害人对死亡或者身体完整性的同意原则上是没有用的，在被害人危险接受的领域也是如此。但他进而指出，如果行为人的行为能够实现某种重大价值，加上通过被害人的同意所实现的被害人的自治权，二者之和便可排除过失杀人罪中的不法，从而排除行为人的刑事责任。据此，在梅梅尔河案中，原则上乘客对危险的同意不足以排除船夫对结果的责任。但是，如果乘客渡河的目的是见弥留之际的患病父亲最后一面，船夫的行为便具有重大价值，可以排除过失杀人罪的不法。②

4. 构成要件保护范围说

这一观点是 Roxin 的独特的看法。在他看来，被害人的危险接受之所以能够排除结果归责，与行为是否创设了禁止的风险无关，与该禁止风险是否实现无关，而在于这时结果并非发生在构成要件的范围之内。既然危险是被害人自己创设的，结果不在构成要件的保护范围之内，那么，如果他人造成的危险和被害人自己造成的危险在本质上没有什么不同，前者的结果就应当和后者一样，同样不在构成要件的保护范围之内。③但他强调，并非一切他人创设危险的结果都不可归责，而只限于，他人造成的危险和被害人自己造成的危险在本质上是等值的场合，才能排除结果归责。④

① 参见 Anette Grünewald. Selbstgefährdung und einverständliche Fremdgefährdung. GA，2012，S. 373.

② 参见 Dölling，Dieter. Die Behandlung der Körperverletzung im Sport im System der strafrechtlichen Sozialkontrolle. GA，1984，71（93）.

③ 参见 Roxin. Strafrecht Allgemeiner Teil. Band Ⅰ，Verlag C. H. Beck，2005，§11，Rn. 105.

④ 参见 Roxin. Der Streit um die einverständliche Fremdgefährdung. GA，2012，S. 664.

5. 被害人教义学原理

这种学说认为，传统的犯罪论原理都是单极化的思维模式，即只考虑行为人的情况，完全忽略了被害人的情况与责任。被害人教义学则认为，要公正地确定刑事责任，就必须同时考虑行为人和被害人两极，进行"犯罪人—被害人"的双向思维。这样，确定刑事责任时，不仅要考虑行为人在因果进程中的作用，还应考虑被害人在其中的责任。于是，被害人从单纯的客体提升到主体的位置。如果被害人对自身的损害负有责任，便可因此消减甚至排除行为人的责任。[①]据此，Hassemer 提出了被害人保护的有需要性原则，即如果法益的权利主体能够通过自身的保护措施防止其法益损害，则国家的刑法不具有发动的需要性。这意味着，当具体法益危险的增加是法益的享有者透过并非社会相当性的外部关联手段而实现时，这时法益所有者便缺乏保护的需要性，刑法对其法益不予保护。[②] 在被害人接受危险的场合，不论接受的是自我危险还是他人的危险，被害人都有能力避开这一危险，即被害人完全可以通过拒绝危险而保护自身法益。所以，这种危险完全是被害人自招的，不具有刑法保护的需要性，因而不应发动刑罚。

四、可罚的他人危险的界定

学者之所以区分自我危险与他人危险，便是认为，并非所有的他人危险的结果都不可归责。这便需要界定，哪些被害人同意的他人危险是可罚的，哪些是不可罚的。Roxin 教授在 1973 年就提出了等置说，即只有当一个被害人同意的他人危险在各个重要的方面和被害人自我危险都一样的时候，对前者可以类推适用后者的法律规则，即前者可以和后者得到同样的法律处理，排除对行为人的结果归责。他进而指出，此处的类推是允许的，因为类推的结果对被告人是有利的。[③]

---

① 参见 Amelung. Auf der Rückseite der Strafnorm, Opfer und Normvertrauen in der Strafrechtsdogmatischen Argumentation, Menchengerechtes Strafrecht Festschrift für Albin Eser, C. H. Beck, 2005, S. 6f.

② 参见 Hassemer. Schutzbedürftigkeit des Opfers und Strafrechtsdogmatik, Duncker & Humblot, 1981, S. 72.

③ 参见 Roxin. Zum Schuzzweck der Norm bei fahrlssigen Delikten, in: Festschrift für Wilhelm Gallas zum 70. Geburtstag, De Gruyter, 1973, S. 252.

遵循等置的思路，西班牙阿尔卡拉大学（Universidad de Alcalá）的Luzón Peña 教授提出了基于"通过被害人的客观危险控制"的等置方案：在一个他人危险的案件中，如果被害人在事件中控制了危险，即等置地可视为被害人的自我危险，从而排除结果对行为人的客观归责。因为，当被害人能够控制危险时，被害人便是造成该危险的正犯，人们就会说，该危险是被害人自己的事务（Sache），是被害人自己的作品（Werk），而非其他人的作品。[①] Luzón Peña 进而分析道，即使被害人与他人构成危险的共同正犯（Mittätern），但由于被害人是规范要保护的和基本利益关联的对象，他处于关涉危险的首要、决定性的角色。因此，被害人的正犯行为是决定性的，损害应归责于被害人，而非归责于他人。这时，他人的行为仅被视为相当于对被害人自我危险的不可罚的加功行为而已。[②]

据此，只要被害人和他人对危险具有同等控制程度，损害的结果就必须归责于被害人，他人的行为即不可罚。据此，如果当时被害人和他人对危险都不具有控制可能性，这也是一种同等控制程度，同样不可归责于他人的行为。Luzón Peña 将这一"同等控制标准"贯彻到了一系列案件的解决当中。

对前述的"梅梅尔河案"（Memel-Fall），[③] Luzón Peña 提出了不同的看法。因为，在小船进入有暴风的水域之前，无论是乘客还是船夫都有权命令小船返航；当小船进入有暴风的水域后，无论是乘客还是船夫都无法控制小船。这意味着，在整个航行过程中，作为被告的船夫和作为被害人的乘客对危险都具有同等的控制可能，因而损害的结果应由乘客自负其责，不能归责于船夫。[④]

在"艾滋病案"（Aids-Fall）中，一女性与一男士发生性关系，而且在此之前她知道该男士患有艾滋病，但她未使用保护性措施从而受到感染。法院认为这是一个被害人自我答责的自我危险，因而判决男方无罪。[⑤]

---

① 参见 Luzón Peña. Alteritätsprinzip oder Identitätsprinzip vs. Selbstverantwortungsprinzip, GA, 2011, S. 308.

② 参见 Luzón Peña. Alteritätsprinzip oder Identitätsprinzip vs. Selbstverantwortungsprinzip. GA, 2011, S. 308 f.

③ 参见 RGSt 57, 172.

④ 参见 Luzón Peña. Alteritätsprinzip oder Identitätsprinzip vs. Selbstverantwortungsprinzip. GA, 2011, S. 309.

⑤ 参见 BayObLG. JR, 1990, 473.

Luzón Peña 认为，这是被害人同意的他人危险。但在发生无保护性交过程中，女被害人和男行为人对疾病的传染具有相同的控制程度（或者说，具有相同的不可控制程度），因而被害人被感染的结果不可归责于男方，而应由女方自负其责。①

在"汽车滑板案"（Auto-Surfer-Fall）中，被害人与被告约定实施一项车顶滑板运动，被告驾驶汽车以时速 70～80 千米的速度行驶，被害人在车顶努力保持不掉下来。结果被害人从车顶掉下，摔成重伤。② Luzón Peña 认为被告应对被害人的重伤负责。虽然被害人和被告人约定了汽车的行驶时速，并约定当被害人要求停下的时候被告人会停下，但这些约定是不现实的，当被害人在车顶"冲浪"时，他为防止摔下必须全神贯注于身体的平衡与举动，根本不可能有机会对被告人提出请求。因此，案中的危险主要控制在作为驾驶员的被告手中，因而结果应当归责于被告。③

但 Roxin 认为 Luzón Peña 的方案不完全合理，理由在于：其一，被害人在事件能否控制危险，通常是无法查明的。如在"艾滋病案"中，人们难以断定，被害人能否在性交的过程中为避免感染而随时中断性行为；"梅梅尔河案"中，一个经验丰富的船夫在暴风雨降临时是否——如 Luzón Peña 想象的那样——和乘客同等程度地无助，人们也无从得知，毕竟乘客都淹死了，但船夫活了下来。其二，在事件的决定性阶段，是否会出现谁都无法控制危险的情况，是模糊的问题。他进而暗示 Luzón Peña 自相矛盾。因为，后者在"梅梅尔河案"中认为，在翻船的时刻谁都无法控制危险，因而认为船夫无罪，而在"汽车滑板案"中，则认为驾驶员有罪，尽管驾驶室中的驾驶员无法控制车顶的事件，而作为被害人的车顶冲浪者可以中止比赛。其三，Luzón Peña 的方案完全忽略了，到底谁对危险行为的发生有支配性影响这个问题。因为在归责的问题上，谁是危险的发起者比谁能够控制事件更重要。④

在 Roxin 看来，在被害人同意的他人危险的场合，并非一概排除结果

① 参见 Luzón Peña. Alteritätsprinzip oder Identitätsprinzip vs. Selbstverantwortungsprinzip. GA, 2011, S. 309.

② 参见 OLG Düsseldorf. NStZ-RR, 1997, 325.

③ 参见 Luzón Peña. Alteritätsprinzip oder Identitätsprinzip vs. Selbstverantwortungsprinzip. GA, 2011, S. 310.

④ 参见 Roxin. Der Streit um die einverständliche Fremdgefährdung. GA, 2012, S. 669.

归责，因为这时被害人对危险的控制能力比自我危险的场合要弱。对此，他提出了排除结果归责的三个条件：其一，被害人必须对风险具有认识；其二，被害人必须同意造成损害的风险行为；其三，被害人对共同行为最起码具有同等责任。①由于前面两个条件争议不大，故 Roxin 将其标准称为"最低限度的同等责任标准"（Kriterium der mindestens gleichrangigen Ver-antiwortlichkeit）。因为，谁使自己遭受一个他人发起的风险，谁所承担的责任就相当于，当他出于自愿的自我决定时承担风险的责任。这时，虽然被害人对损害的避免能力减弱了，但这种减弱通过被害人罔顾风险对行为的实施决意而得到补偿。为了说明"同等责任标准"，Roxin 举了两个例子：第一个例子是，乘客明知司机喝醉了酒仍进入其汽车，虽然司机警告他可能无法开车，但乘客对司机说："没事，我对自己承担责任。"第二个例子是，喝醉了酒的司机邀请乘客进车，为了打消乘客的顾虑，司机对乘客说："别担心，我搞得定。"对于第一个例子，司机本来是有顾虑的，但乘客表示若发生结果自己一力承担而开启了危险，乘客应承担主要责任，此时结果不能归责于司机，应归责于乘客。对于第二个例子，司机承担主要责任，因为乘客本来有犹豫，但司机通过拍胸脯保证而打消了乘客的担心，是司机开启了危险，因而结果应归责于司机，不应归责于乘客。②

但遗憾的是，Roxin 最终并未就如何判断同等责任给出明确的判断要素，他在论文的结尾给出了一个令人绝望的结论："迄今所有解决方案都存在争议，唯一可以肯定的是，必须继续讨论下去。"③

第三节　对被害人危险接受理论的检讨

在本书看来，单纯的被害人对危险的接受不足以排除行为的不法，不足以排除结果的归责。换言之，上述被害人危险接受理论的各种争鸣观点都存在共通的错误，均值得检讨。

---

① 参见 Roxin. Der Streit um die einverständliche Fremdgefährdung. GA，2012，S. 664.
② 参见 Roxin. Der Streit um die einverständliche Fremdgefährdung. GA，2012，S. 664.
③ 参见 Roxin. Der Streit um die einverständliche Fremdgefährdung. GA，2012，S. 669.

一、体系上的检讨

在客观归责论看来，被害人的危险接受应当在客观要件中得以解决。有人认为，这时缺乏禁止的风险，有人认为结果并非发生在规范的保护范围之内，也有人认为结果并非发生在构成要件的射程范围之内。但无论如何，殊途同归，他们都认为问题应当在客观要件中解决，即在客观上排除结果的归责。问题在于，这时结果归责的排除，真的可以独立于被告人的主观之外吗？

这一理论认为，并非所有被害人认知且自愿接受危险的场合，都可以排除被害人的责任，这需要观察、比较被告人和被害人对危险的控制程度。若被害人危险的认知不低于被告人，可以认为被害人控制了危险的因果进程，成立被害人对危险的自我负责；若被告人对危险的认知高于被害人，也就是说，被告人对危险有优越的认知，则结果应归责于被告人。例如，被告人和被害人从街道垃圾箱中捡回他人丢弃的食物共同煮食，导致被害人食物中毒死亡。如果二人均不知道食物是否变质，则结果不能归责于被告人，因为较之于被害人的认知，被告人对危险并无优越的认知。如果被告人背着被害人偷偷扔掉了食物的过期标签，则结果可归责于被告人，因为被告人对危险的认知程度高于被害人。换言之，结果能否归责于被告人，取决于被告人与被害人对危险认知程度的比较。

若结果能否归责于被告人取决于被告人对危险的认知，这就不是在"客观"归责了。因为，被告人对危险的认知，属于主观要件。在犯罪构成的体系上，客观要件的检验先于主观要件，而客观归责是客观要件检验的内容。在客观归责进行检验时，主观要件尚未检验，这便带来一个难题，如何才能检视被告人对危险的认知程度呢？如果在客观要件中不能检视被告人对危险的认知，就不能确定被害人对危险的接受，结果的客观归责也就无从展开了。

进而，基于危险认知的客观归责会造成两方面的悖论：

其一是危险认知的平行悖论。如果两个被告人共同参与被害人的危险行为，其中一被告人对危险有优越于被害人的认知，另一被告人对危险的认知与被害人相同，那么，两个被告人共同实施的行为是否不法行为呢？

这是难以回答的问题。例如，甲、乙将从垃圾箱捡回来的食物共同煮给丙吃，丙明知该食物是捡回来的仍进食，随后食物中毒死亡，甲知道食物已经过期，但乙和丙不知道，这时甲、乙共同为丙煮变质食物的行为是否具有不法性呢，或者丙的死亡是否发生于构成要件的保护范围之内呢？立足于甲对危险的优越认知，甲所参与的共同烹煮行为具有违法性，丙的死亡也当然发生在构成要件的保护范围之内；但是立足于乙和被害人丙对危险的同等认知，这是被害人对危险自愿接受的行为，不应存在违法性，或者行为虽存在违法性，但结果并未发生在杀人罪的构成要件射程范围之内。这两个推论，恰恰是矛盾的。

其二是危险认知的垂直悖论。对危险有优越认知的被告人，教唆对危险与被害人具有相同认知的另一被告人去帮助被害人实施自我危险的活动，那么，该帮助行为是否不法行为，或者被害人的伤害是否发生在构成要件的射程范围之内？这同样是难以回答的问题。例如，甲将山上采撷回来的野蘑菇交予乙，让他煮熟后给丙吃，作为植物学教授的甲虽然告诉乙和丙蘑菇是从山上采回来的，但没有告诉他们该蘑菇极可能有毒，乙虽不知道蘑菇是否有毒，但他单纯地希望这些山上的蘑菇要是能够毒死丙就好了，结果丙食用蘑菇后中毒死亡。按照优越认知理论，既然甲对蘑菇的毒性较之于被害人丙有优越的认知，这便不是被害人对危险的自愿接受，结果应当归责于甲，这也意味着甲支配下乙的帮助行为具有不法性，而且结果发生在故意杀人罪的构成要件范围之内。但从乙的角度看，由于乙对蘑菇的毒性并无优越的认知，结果不应归责于乙，这是被害人对危险的自愿接受，帮助行为缺乏不法性，结果并未发生在构成要件的保护范围之内。这两个推论，恰恰也是矛盾的。

二、法哲学根据上的检讨

1. 缺乏内涵的概念

被害人接受危险为什么可以排除行为人的结果责任，一个很重要的理由是，被害人的自我答责原理。但是被害人自我答责的内容是什么呢？这一理论的主张者又认为，这是指被害人违反规范的期待，违反自己作为自由主体内在的规定性，通过将任意性与行为相联系，进而创设出损害自己的结果，因而需要对所发生之结果承担责任。① 但如果我们进而追问，被害人对结果自我承担责任是什么意思呢？显然，这里被害人也需要对自我损害承担责任，但其承担的责任不可能是刑事责任，也不可能是民事责任。事实上，被害人从自我损害中都自我承担了责任，因为他都切实地承担了自我损害带来的痛苦。但这里自我责任也不可能是指被害人自我损害导致的自身痛苦。如果这样理解，被害人负责的"责"和被告人是否承担责任的"责"，根本就不是一个意思。以前者来否定后者，是天大的误会。

那么，被害人自我负责真正的含义只可能是，刑法无法就被害人遭受的损害要求行为人承担刑事责任，即被害人因为对自身法益的草率，因而丧失了要求国家处罚行为人的权利。但如此，被害人自我答责的提法便有些名不副实，因为这个原理本身讨论的不是被害人的责任，而是行为人的责任。所以即使这一理论的支持者也承认，"在自我答责理论看来，重要的是行为人是否应当对损害结果负责"②。但名实不符还不是最致命的，重要的是，如果这样理解就意味着，这条原理完全不能解决任何问题：如果我们问为什么行为人无须对被害人自陷风险承担责任，那是因为被害人自我负责；如果进而追问，什么是被害人要自我负责呢，那是指行为人无需就结果承担责任。这是一个循环论证。

2. 回到康德和黑格尔

被害人自危理论的一个重要支点是自由主义，即被害人自涉风险的决定自由，刑法必须尊重被害人这一自由。其中，自由主义论证的重要支点是康德和黑格尔的道德哲学。

如冯军教授认为，自我决定是自由的核心，个人通过其自我决定而感受并且实现自由。"人之所以能够自我决定，是因为人具有意志，而意志是自由的。"③为了论证刑法保障被害人自由决定的重要性，他引用了康德的学说。④康德认为，人不是根据规律来行动的，而是根据对规律的观念来行动的，人是具有意志的理性生物。"在自然界中，每一物件都是按照规律起作用。唯独有理性的东西有能力按照对规律的观念，也就是按照原则

———

① 参见冯军《刑法中的自我答责》，载《中国法学》2012 年第 3 期，第 93 页；马卫军《被害人自我答责的理论根基探析》，载《刑事法评论》2013 年第 2 期，第 86 页。

② 冯军：《刑法中的自我答责》，载《中国法学》2012 年第 3 期，第 93 页。

③ 冯军：《刑法中的自我答责》，载《中国法学》2012 年第 3 期，第 93～94 页。

④ 参见冯军《刑法中的自我答责》，载《中国法学》2012 年第 3 期，第 94 页。

刑法上的危险责任

而行动，或者说，具有意志。"① "人身上具有一种独立于感性冲动的强迫而自行规定自己的能力。"②简言之，冯军的论证逻辑在于，在康德看来，自由是人具有的区别于动物的能力，刑法要尊重人，就必须尊重这种自由，就必须保障被害人自我决定的能力。

冯军教授进而将这种被害人自我决定的能力具体化为被害人的自我答责，他认为当被害人对危险的认识和管理符合一定时，刑法便必须尊重被害人的选择，不能将结果归责于参加危险的行为人。这些条件包括：第一，被害人具有认识导致结果发生之危险和阻止危险现实化（变成结果）的能力；第二，被害人自己引起了发生损害结果的危险；第三，被害人在自己还能够管理危险时却强化了危险；第四，法规范上不存在他人应该优先地阻止危险现实化的特别义务。③

问题在于，这里的推理有问题。康德所谓的自由，并非简单的自我决定的不受干预性，而是一种高度理想化的伦理学境界。在康德看来，自由是道德法则的存在根据，而道德法则是自由的认识根据，即主体只有通过对道德法则的掌握来抵达绝对的自由。诚如他的名言："你之所以能够做此事，是因为你自觉到你应该做此事，于是你就在应该中亲身体认了自由。"④换言之，康德的自由不是我们一般所理解的自由、自愿或自我决定，而是一种圣人式的自由，即一个人洞察了一切的道德法则之后，将其内化为自我的行动法则（"你自觉到你应该做此事"）后，这时他才能具有自由。这种自由并非简单的行动选择的"能够"，同时兼备了道德法则要求的"应当"。只有当一个人完全按照道德法则的要求而自觉地选择行为时，才是康德认为的真正的自由，这是一种符合道德理性的自我主宰，是一种出于道德法则的自律。因此，当被害人自愿地或者自我决定地选择危险时，这并非康德所谓的自由，因为被害人并非出于道德法则的体认而选择行动。

更重要的是，康德是一个尊重生命的人，他反对自杀。任何轻贱生命的行为，包括被害人草率地自冒风险的行为，都不可能符合康德的道德法

①　［德］康德：《道德形而上学原理》，苗力田译，世纪出版集团、上海人民出版社 2005 年版，第 30 页。

②　［德］康德：《纯粹理性批判》，邓晓芒译，人民出版社 2004 年版，第 434 页。

③　参见冯军《刑法中的自我答责》，载《中国法学》2012 年第 3 期，第 100 页。

④　［德］康德：《实践理性批判》，韩水法译，商务印书馆 1998 年版，第 30 页。

则。康德的道德哲学强调"责任"，他认为责任是道德价值的源泉，符合责任原则的行为虽未必是善的，但违背责任原则的行为一定是恶的。①而在这个责任体系中，首要的是对自己负责，这就必须对自己的生命负责。同时，只有对自己的生命负责，才可能对他人负责。从这个角度来看，自涉风险的行为显然不是对生命负责的行为，这种行为不可能符合道德法则，他人对这种行为的参加更不可能符合道德法则。

康德同时指出，道德行为不能出于爱好，而只能出于责任。他进而分析道，同样是保存性命，如果行为人是为了贪生怕死的爱好，这不是道德行为；如果行为人虽然遭遇不幸而毫无生存乐趣，但出于责任而与命运抗争，继续生存，这便是道德行为。②所以，纯粹出于个人爱好而实施的忽视生命的行为，不可能符合道德法则。被害人自陷危险的案件，往往是被害人为了某种个人爱好而自涉风险，如在摩托车案中被害人出于对不法赛车活动的爱好，这些危险行为都是违背责任的，因为他们在实施的当时都没有考虑个人受伤对家人、社会造成的伤害。这些危险行为在康德看来，绝对是不可能符合道德法则的，因而不可能承认实施这些行为的自由。

危险接受理论的支持者们对黑格尔也存在着误解。如冯军教授引用黑格尔的文献："法的基地一般说来是精神的东西，它的确定的地位和出发点是意志。意志是自由的，所以自由就构成法的实体和规定性。至于法的体系是实现了的自由的王国，是从精神自身产生出来的、作为第二天性的那精神的世界。"③他以此来论证，"法秩序建构在主体的自由之上，并由主体的自由所规定"④。进而认为，"国家和国家的刑罚都是普遍理性的客观表现，在本质上都是自由的，都服务于实现对自由的相互尊重。完全不存在否定自由和自我决定的国家和国家的刑罚，那些否定自由和自我决定的东西都不过是纯粹的暴力"⑤。"如果一个人应该对自己的生活负责，那么，他就可以自己损害自己。"⑥最后得出结论，刑罚不应干预国民自我损

① 参见［德］康德《道德形而上学原理》，苗力田译，世纪出版集团、上海人民出版社2005年版，第12页。
② 参见［德］康德《道德形而上学原理》，苗力田译，世纪出版集团、上海人民出版社2005年版，第10页。
③ ［德］黑格尔：《法哲学原理》，范扬、张企泰译，商务印书馆1982年版，第10页。
④ 冯军：《刑法中的自我答责》，载《中国法学》2012年第3期，第94页。
⑤ 冯军：《刑法中的自我答责》，载《中国法学》2012年第3期，第95页。
⑥ 冯军：《刑法中的自我答责》，载《中国法学》2012年第3期，第96页。

害的自由。类似地，马卫军博士也从黑格尔的上述论断中推断，法的本质不是对自由的限制，而是自由本身。进而认为，法应当维护被害人的自决自由。自我损害是发生在被害人的自由管辖领域内，"对发生在自己管辖领域内的行为，不得要求他人为之答责，而是属于自己答责的问题（被害人自我答责）"①。

然而，他们可能误解了黑格尔的观点。黑格尔说，"法的基地一般说来是精神的东西，它的确定的地位和出发点是意志。意志是自由的，所以自由就构成法的实体和规定性"。这里的"法"在德语原文中是 Recht，除了有法律的意思，还有权利的意思。黑格尔这里的"法"，更准确的理解应是"权利"，而非人们通常所理解的"法律"。如果说原文中的 Recht 是指法律，那么后文中的"意志"是谁的意志呢？似乎只能是立法者的意志，因为法律是立法者根据其意志而制定的。那么，所谓"法的实体和规定性"的东西只能是立法者的意志自由。但如果黑格尔这里是强调立法者的自由，那么作为法律调整对象的国民就没有自由了。如果立法者要重视国民的自由，他制定法律便必须遵循法治的原则，他便不可能自由。这便无法得出自由主义者所谓"黑格尔强调法律保障人的自由"的结论。但联系黑格尔的下文来看，他接着要论证的恰恰是一般人（而非立法者）的自由：人皆有意志，而意志是自由的，因而人皆有自由。所以，"每个人首先在自身中发现，他能够从任何一个东西中抽象出来，因此他同样能够规定自己，以其本身努力在自身中设定一切内容"②。由此反推，黑格尔讨论的不是立法者的意志，所谓的"法"（Recht）并非指法律。进而，黑格尔也谈到了法（Recht）的定义："任何定在，只要是自由意志的定在就叫做法。"③"定在"其实是指某种抽象概念的具体表现。但如果把这里的"法"理解为法律，整个句子就无法理解——为什么任何人自由意志的具体表现叫作法律？

相反，如果将这里的"法"翻译为权利，上述引文便可解释通畅。黑格尔其实是认为，权利是精神性的东西，它的确定的地位和出发点是意志，即权利人的意志，而意志是自由的，所以自由就构成权利的实体和规

---

① 马卫军：《被害人自我答责的理论根基探析》，载《刑事法评论》2013 年第 2 期，第 85～88 页。

② ［德］黑格尔：《法哲学原理》，范扬、张企泰译，商务印书馆 1982 年版，第 11 页。

③ ［德］黑格尔：《法哲学原理》，范扬、张企泰译，商务印书馆 1982 年版，第 36 页。

定性。但黑格尔上述"法"的定义其实是权利的定义，即任何自由意志的具体表现即为权利。事实上，这一点也得到了后文的印证，黑格尔将"抽象的法"分为三个环节，包括：①对物的占有或所有权；②转移所有权的自由或权利；③自由意志作为特殊意志与自身本来的意愿相殊异、相反对，而侵犯了他人的权利。①其实这三个方面都不是法律，而是指权利或权利的对立物。简而言之，所谓"抽象的法"并非法律，而是指权利或者对权利的侵犯，应当理解为"抽象的权利"。

将"法"（Recht）理解为权利，也得到了黑格尔研究者贺麟先生的赞同。他指出："按照黑格尔的说法，法就是'自由意志的定在'……'法'字在这里主要应作'权利'解，引文德文原字 Recht，具有法、权利、正当三个不同的意思。这里'抽象的法'主要是抽象的权利的意思。"②

那么，根据黑格尔的权利观，他是否支持被害人自我伤害的权利，或者他人帮助被害人自我伤害的权利呢？恰恰相反。他认为，人格权是抽象法本身的基础，因而作为抽象法的基础的命令是——"成为一个人，并尊重他人为人"③。要尊重自己和他人成为人的权利，就必须禁止对自己和他人的伤害。这样，当被害人基于轻率而自我杀害时，便违反了第一句命令，因为他使自己不能成为人；但他人帮助被害人自我伤害时，便违反了第二句的命令，因为他没有尊重被害人成为人的权利。所以，黑格尔也是不可能认同自我危险的合法性的。

事实上，黑格尔的自由概念和康德相似，都是推崇合法则的理性的自由。黑格尔的自由意志概念包含了三个环节，但只有抵达第三个环节的自由才是真正的自由。第一个环节是抽象的自由，它是一种绝对的自由意志，这种意志从一切规定性中抽象出来，达到意志自身的无规定性。这种无规定性的自由意志就是自我在自身中的纯反思，"在这种反思中，所有出于本性、需要、欲望和冲动而直接存在的限制，或者不论通过什么方式而成为现成的和被规定的内容都消除了"④。表面上看，这是一种无限的

① 参见［德］黑格尔《法哲学原理》，范扬、张企泰译，商务印书馆1982年版，第50页。
② 贺麟：《黑格尔著〈法哲学原理〉一书述评》，见《法哲学原理》，商务印书馆1982年版，序言第9页。
③ ［德］黑格尔：《法哲学原理》，范扬、张企泰译，商务印书馆1982年版，第46页。
④ ［德］黑格尔：《法哲学原理》，范扬、张企泰译，商务印书馆1982年版，第13～14页。

自由，因为它不受任何限制，但没有任何限制的自由并非真正的自由，因为主体为外物和欲望所牵引，它仍然是受到束缚的。第二个环节是有限的自由，是一种有规定性的意志活动。这种自由不再从一切内容中脱身而出，而是要追求某种具体的目的，只是这个目的必须是主体的选择，出于主体的意愿，而非强迫。所以，有限的自由不再是一种消极的否定的自由，而是一种积极的肯定的自由，可是，这种自由仍非真正的自由。因为，这种自由仍然受制于主体所追求的目的，主体的选择便被对目的的追求束缚了，这仍然不是真正的自由。第三个环节是具体的自由，这种自由才是真正的自由，也就是前两个环节的自由的有机统一。换言之，只有把个人独特任性的主观意志融入合乎理性的客观意志中，才能最终实现全体的自由，超越主观的自由。要达到真正的自由，人们应该使自己完全进入事物的客观内容并且抛弃自己的所有幻想。这个客观的事物就是自在自为地存在着的理性的东西。当我们按照这种自在自为的理性而行动时，我们不是作为独特的个体而是依据伦理的实体在行动。在这种合乎理性的伦理行动之中，我们实现的不是自己而是事物。于是，人们也就可以把抽象的自由和有限的自由都提升到具体的自由这个层次上来了，行为的意志就不再是作为一种片面主观的意志，而是作为一种完全客观的意志，成为真正的自由意志。他进而指出，这种完全客观的普遍意志只有在国家理念中（而非市民社会）才能实现出来。一方面，只有国家才能促进普遍自由性的实现；另一方面，使个人特殊性得到充分发展，从而在自在自为的合乎理性的国家伦理实体中，真正实现个体的独立性与伦理的实体性的统一。"现代国家的原则具有这样一种惊人的力量和深度，即它使主观性的原则完美起来，成为独立的个人特殊性的极端，而同时又使它回复到实体性的统一，于是在主观性的原则中保存着这个统一。"①每个人只有成为国家的成员，才能获得真正的承认。只有在国家中，个人才能发现自己的无限自由本性，通过自己的努力，最终抵达真正的自由。

由此可见，黑格尔真正自由的概念并非自由主义者所谓的以不伤害他人为界限的行动选择，而是一种奠基于集体主义的理念，这种理念强调对他人、对社会、对国家的参与和责任。它不可能承认对他人自我涉险行为的罔顾。

---

① ［德］黑格尔：《法哲学原理》，范扬、张企泰译，商务印书馆 1982 年版，第 260 页。

黑格尔的自由概念其实和康德的自由概念存在很多共通的地方，均认为真正的自由并非消极的自由（不受束缚的自由），而是积极的自由（积极地按照自己的法则去行动），也就是说，都必须是对个人的特殊意志进行提升而获得的自由。黑格尔认为，每个人在自然状态上都具有一定的权利，这些权利虽然体现了自然的自由，但这种自由并非真正的自由。因为，这种自然的自由总是易受自然的任性冲动所支配，从而违反自己的理性所认可的法，导致不法。因为，在自然状态的自由中，意志始终以外在物为对象，它将始终被物所规定，并因物的特殊性而使自身也是特殊的。意志在自然自由中是作为与外在物相对应的人格而显现的。意志要克服为外在之物而规定的局限性，就必须从外在的物返回自身，以自身为对象。意志以自身为对象就是以人格为对象，即"在抽象法中，意志的人格单单作为人格而存在，如今意志已把人格作为它的对象。这种自为地无限的自由的主观性构成了道德观点的原则"①。意志以自身为对象，以黑格尔的话讲就是"在自身中的反思"。反思的基本含义是指人们不是停留在对象物，而是返回自身、考察自身。

但黑格尔对自身的考察并不是内心的一种单纯反思活动，而是一种与他人相互承认关系在自身内部的构成，即自我意识在面对另一个自我意识时，"它也让对方同样地返回到对方的自我意识……因而让对方又得到自由"②。黑格尔的自由概念与康德相似，都是以体认必然规律为前提的自律的自由。"这种自由并不单纯是抽象的消极的自由，而是具体的积极的自由。从这里也可以看出，认为必然性与自由相互排斥是多么错误。必然性本身当然还不是自由；但是，自由是以必然性为其前提，并且把必然性作为得到扬弃的东西，包含到了自身之内。"③黑格尔的自由概念，同样包含了伦理法则上必然性的东西，即包含了伦理学的要求。在黑格尔的伦理观看来，伦理之善不外乎"行法之所是，并关怀福利——不仅自己的福利，而且普遍性质的福利，即他人的福利"④。要体认自己和他人的福利，必须体认、尊重自己和他人的生命，承担起责任。因此，在黑格尔的自由

① ［德］黑格尔：《法哲学原理》，范扬、张企泰译，商务印书馆1982年版，第108～109页。

② ［德］黑格尔：《精神现象学》，贺麟、王玖兴译，商务印书馆1979年版。

③ ［德］黑格尔：《逻辑学》，梁志学译，人民出版社2002年版，第288页。

④ ［德］黑格尔：《法哲学原理》，范扬、张企泰译，商务印书馆1982年版，第136页。

概念中，不可能承认草率对待自己与他人生命的自由。我们也无法从黑格尔的自由理论中，推导出承认被害人自我伤害的权利，因为这些权利都不符合黑格尔自律的自由概念。

3. 是否真的自由

密尔认为，对于文明群体中的任一成员，之所以能够使用一种权力以反对其意志，而不失为正当，唯一的目的只能是防止对他人的危害。[①]尽管密尔反对为个人的利益对这个人的行为加以干预，但密尔却赞同对非自愿的自我伤害行为的干预。这种非自愿的自我伤害行为除了包括强制的行为，还包括基于错误认识的自我伤害行为。换言之，被害人基于对危险的错误认识而实施自我伤害的时候，密尔赞同对被害人的行为加以干预。他举例道，不论是一位公务人员还是任何一个人，如果看见有人要走上一座已经确定不安全的桥梁，他们可以将他抓回来，这不算侵犯了他的自由，因为自由在于一个人做他所要做的事，而这个人并不要掉在河里。[②]换言之，密尔虽反对对被害人自我伤害行为的干预，但仅限于被害人对伤害是故意的场合。当被害人对自我伤害是过失的时候，为了保护被害人而对其行为加以干预，并不违反密尔的伤害原则。

进而，密尔的自由原则是否完全妥当，值得审视。因为根据密尔的原则，只要他人明知某一伤害而自愿接受，法律便不能加以干预。他进而将这一原理应用到对贸易管制的反对上，认为诸如禁酒、禁止对中国输入鸦片、禁止出售毒药等目标在于使人们不可能得到或难于得到某一货物的干涉法律，都应当加以反对，因为这些法律侵犯了购买者的自由。[③]在他看来，只要购买者认识到所谓违禁品的危险，并自愿接受这种危险，即应当保障他们的购买自由。显然，这一立场与现代法治国家的立场不一致。因为即使吸毒罪清楚知悉毒品的危险，法律也不会保障吸毒者的自由。进而，密尔的自由原则还会导致对于斗殴、决斗的合法化，因为每个斗殴或决斗的参与者，他们对其行为的风险都有清楚的认识。显然，这些推论是不可能被现代法治国家接受的，即使斗殴或决斗的参与者对自身遭受的伤害无所畏惧，法律仍然要保护其人身安全。

密尔的自由原则以不伤害他人为前提，问题是，在被害人自我伤害的

---

① 参见［英］密尔《论自由》，许宝骙译，商务印书馆1959年版，第10～11页。
② 参见［英］密尔《论自由》，许宝骙译，商务印书馆1959年版，第117页。
③ 参见［英］密尔《论自由》，许宝骙译，商务印书馆1959年版，第116页。

场合，这个前提很难实现。被害人自陷风险，表面来看，这个风险所实现的伤害仅仅及于他本人，但事实并非如此。人不是作为孤立的原子而存在的，人是社会关系的总和。换言之，人的存在总是与他人存在千丝万缕的权利、义务关系，他同时是对他人的义务承担者。因此，某个人的自我伤害，不可能是单纯的自我伤害，他总是会损害他人的权利。譬如，一个非法赛车者死了，他生前的诸多义务便不可能履行，他不能履行对年迈父母的赡养义务，不能履行对子女的抚养义务，不能履行对其雇主的劳务职责，不能履行对其生意伙伴的合同义务，等等。每个人不仅是权利的集合，同时也是对他人、对社会的义务集合，当个人轻贱生命时，他所漠视的不仅仅是他个人的生命，还包括与之关联的他人的权利。正是在这个意义上，康德反对承认自杀的自由，因为真正的自由必须是符合德行的自由，要符合德行就必须承担责任，自杀恰恰是对责任最极端的推诿。正是在这个意义上，现代国家之所以禁止吸毒，不仅单纯因为吸毒会导致吸毒者本人身体健康受损，同时因为，社会成员大范围地因吸毒而无法履行义务后，将会导致对家庭、社会、民族、国家的整体性损害。这正是林则徐禁鸦片时说的名言，将会导致"中原几无可以御敌之兵，且无可以充饷之银"。换言之，当一个人漠视本人生命而做出无意义的冒险时，这种行为不能孤立地视为仅仅损害本人的利益，他同时也损害了他作为社会关系纽带上个人义务所指向的其他人、社会甚至国家的权益。

4. 自由大还是生命大

密尔的支持者或会认为，既然被害人愿意接受伤害的风险而行动，法律为什么不尊重他的选择自由呢？这是因为自由在法律中的价值并不是最高的，还有比自由价值更高的东西——人的生命与安全。

国内有学者认为，自我决定权也为被害人自陷风险的问题提供了理论解释的资源。"自我决定权主要是指个人对自己的利益按自己意愿进行自由支配的权利。它意味着个人是自己命运的决定者和自己生活的作者，公民在自己的生活范围之内自立为王，不受国家、社会以及他人等外界因素的干涉。"[①]这里的自我决定权，就是以被害人的自决自由为基础的。"自我决定就是主体基于对自由的普遍承认和尊重而通过行为来决定和实现自

---

① 车浩：《自我决定权与刑法家长主义》，载《中国法学》2012 年第 1 期。

己的自由，它是意志自由的客观表现。"① 也就是说，"自我决定权的哲学根基是自由主义哲学"②。"自我决定是自由的核心，个人通过其自我决定而感受并且实现自由。"③进而，自由的概念具有主体间性，即自由的实现必须通过主体之间的交往关系才能实现。"一个主体的自由是由其他主体的自由来定义的，一个主体不仅要贯彻自己的自由意志，而且总是借助定位于其他主体的自由意志来体现自己的自由意志。"④因此，被害人自陷风险时，保障他人对自陷风险的参与，正是保障被害人自陷风险的自由意志的体现。简而言之，上述论证的思路大致是：被害人自陷风险是他的自决权的表达，而自决权的基础是国民的自由，既然刑法应当保障国民的自由，当然应保障被害人自陷风险的行动选择，也当然应保障他人对被害人行使这一自由权利的参与。

刑法应当保障国民的自由，这本身没有错，但是自由之外，国民的生命和安全更值得保障。诚如霍布斯指出的那样，"自然律是理性所发现的戒条或一般法则。这种戒条或一般法则禁止人们去做毁损自己生命或剥夺保存自己生命的手段的事情，并禁止人们不去做自己认为最有利于生命保全的事情"⑤。这里，霍布斯就法律对生命和自由的先后关系做出了明确的表达，当人们去做毁损自己生命的事情时，法律有权干涉人们的自由——"禁止人们去做毁损自己生命或剥夺保存自己生命的手段的事情"。在刑法的价值取向上，人身安全总是比自由更重要。侵犯生命的故意杀人罪法定最高刑是死刑，故意伤害罪的法定最高刑也是死刑，但单纯剥夺人身自由的非法拘禁罪，仅处 3 年以下有期徒刑、拘役、管制或者剥夺政治权利，非法拘禁罪只有致人重伤时法定最高刑才能升至 10 年，非法拘禁致人死亡时才可能处以 10 年以上有期徒刑。可见，刑法对生命和人身安全的保护总是远胜于对自由的保护。另外，从刑罚的严厉性也可以看到刑法在生命和自由之间的价值位阶。剥夺生命权的是死刑，剥夺自由的是自由刑，生命刑总是比自由刑更为严厉，这是毋庸置疑的。既然生命和人身

---

① 冯军：《刑法中的自我答责》，载《中国法学》2012 年第 3 期。

② 车浩：《自我决定权与刑法家长主义》，载《中国法学》2012 年第 1 期。

③ 冯军：《刑法中的自我答责》，载《中国法学》2012 年第 3 期。

④ 马卫军：《被害人自我答责的理论根基探析》，载《刑事法评论》2013 年第 2 期，第 86 页。

⑤ 〔英〕霍布斯：《利维坦》，商务印书馆 1985 年版，第 98 页。

安全比自由更重要，刑法在考虑对国民行为的干预时，自然应考虑这种位阶关系。换言之，刑法原则上不应该干预国民涉及本人法益的行动自决，但若这种自决行动涉及本人的生命或者人身安全时，刑法应当加以干涉。

从逻辑上来看，自陷风险论者都忽略了一个重要问题，自由是人的自由，这个权利本身以存在"人"为前提，如果没有生命，就没有人，自由也就不复存在了。因此，一切主张保障个人自由的命题，都必须以保障个人生命为前提。如果刑法连个人的生命都可以漠视，还谈什么对个人自由的尊重呢？刑法处罚那些参与被害人自危活动的行为人，正是对被害人自由的尊重，因为要保障被害人的自由，首先要保证被害人作为自由的主体而存在的权利，死人是谈不上自由的。

如果认为人的自决自由是比生命更重要的价值，那么，当远足的旅行者被困深山时，当自杀者坐上天台的栏杆时，消防队员和警察都不应该加以营救，任何营救行为都是浪费公共资源。因为，被害人这时面临的风险都是他行为自决的表现，国家应当尊重他的行为自由及其造成的损害后果。显然，这是不合情理的。

从自由本身的权衡来看，对人的生命的保障，恰是为了更大的自由。即使认为刑法处罚参加被害人自陷风险的第三人干预了被害人的自决自由，但这仍然是符合被害人的自由利益的，因为保障了被害人的生命，便保障了被害人得以生存后获得更多的自由。若刑法对他人的参与行为放任不理，虽然保障了被害人一时的任性自由，但死亡的被害人之后便再无自由；若刑法对参与的他人加以禁止，虽干预了被害人一时的任性自由，但被害人的生命得以保全，从此便可更好地享受生命，拥有更多的自由。显然，后一种做法更体现了法律对国民个人自由的尊重。

三、解释论根据上的检讨

1. 允许的风险？

要在解释论上说明对被害人自陷危险行为的参加不可罚，就必须说明这种参加行为不符合故意杀人罪或过失致人死亡罪的构成要件。为了说明参加行为不具有构成要件的符合性，一种流行的说法便是，当被害人自陷风险时，他人的参与行为属于允许的危险。但是，一个明显对被害人生命法益造成危险的行为，为什么属于允许的危险呢？一种看法认为，这是因为被害人的损害是被害人违反规范期待造成的，被害人应当对损害结果自负其责。

有人认为，不能仅仅根据"谁是行为人，谁是被害人"这一标准来决定刑法上的归责，这是因为，从"谁是被害人"这一事实中，并不能必然得出"谁是正确的"这一规范的结论。被害人应该对结果的不发生负责，这是决定刑事归责的重要标准。[①]"自由不是一种状态，而是一种行动，是主体不屈服于诱因的强制而进行有价值的行为决定。谁不进行这种决定，谁就要对错误决定的后果负责。一个有能力进行有价值的行为决定的主体，却不进行有价值的行为决定，他就应该对由此而造成的损害后果负责。"[②]

进而有人认为，"法规范期待作为一个自由自主的自我决定的主体实施符合自由意志的理性的行为，但是，该主体却违反规范的期待，违反自己作为自由主体的内在规定性，通过把任意性与行为相联系，而创设出损害自己的自由的结果，被害人当然应对该结果承担责任。也就是说，被害人之所以要为自己的行为所导致的损害结果负责，就是因为其通过自己违反意志的任意自由而导致了法益侵害结果的发生"[③]。简而言之，这种观点认为，被害人对自我法益的受损存在过错，因而应当自食其果。然而，这种观点本身和被害人自我答责原则的基础相悖。如前所述，人们之所以支持被害人对结果自我答责，是认为被害人自陷风险的行为是被害人行使自决自由的表现。既然自陷风险是被害人自由权的实现方式，这种行为天然就是正当的，这就不存在违反规范期待的问题，更不存在"对错误决定的后果负责"。

有人认为，"自我决定权与自我答责是一体两面的关系。既然有了自由，当然也必须要承担相应的责任。在被害人不仅自愿进入风险，而且亲自支配和操控着风险流程的场合（自控风险型案件），其他人的参与作用都不能发挥实质性和决定性的影响"，此时，"风险的最终实现是被害人享受他进入并支配风险的自由的投影，将责任归于被害人自己，就是对被害

---

① 参见冯军《刑法中的自我答责》，载《中国法学》2012 年第 3 期，第 100 页。

② 冯军：《刑法中的自我答责》，载《中国法学》2012 年第 3 期，第 94 页。

③ 马卫军：《被害人自我答责的理论根基探析》，载《刑事法评论》2013 年第 2 期，第 85 页。

第五章　危险业务犯罪中的被害人自陷风险

人自我决定的报答，刑法再不宜将责任分配给其他人"①。但这种解释是牵强的。一方面，他混淆了与自由相对应的"责任"和被害人自我承担的"责任"两个概念。前者指涉的是自由和责任的相互制约关系，即一个人享有自由，同时应承担不能滥用自由而损坏他人的责任。后者是指被害人不得再要求行为人承担处罚的责任。这两个根本不是同一个概念。另一方面，他将自我负责视为自我决定的"报答"，也是在含糊其辞，他没有说清楚这是这褒奖性的报答，还是惩罚性的报答。这显然不可能是褒奖性的，因为法律不可能赞同被害人这种草率对待自身安全的行为。而且，如果是褒奖性的后果，则被害人完全可以不要这个褒奖，要求惩罚行为人，即被害人可以自行决定是否处罚行为人——这是危险接受理论无法同意的。如果这是一种惩罚性的报答，则在逻辑上无法自圆其说。因为，若认为被害人应当对其损害承担惩罚性后果，就是认为被害人有过错，这相当于否认了被害人对其选择的自由权；若认为被害人有自由权，他对损害的发生就没有过错，他不过是行使权利，就不存在自我答责。

即使被害人对损害本身有过错，能否因此要求被害人自我答责而免除参与的他人的责任呢？诚然，刑罚理论确实有被害人的过错能够减免被告人责任的提法。但那些过错指的是被害人对犯罪的发生具有道义上的过错，如被害人挑衅被告人在先，或者侵犯了被告人的法益在先。但在被害人自我危险的理论中，所谓被害人对法益损害有过错，并非道义上的错误，而是指被害人未能对本人的法益足够重视和保护。这种过错从来不足以减轻被告人的责任。这就好比法官不会因为被害人忘记将房门上锁就减轻入屋的盗窃犯的刑事责任，也不会因为女被害人衣着暴露、醉卧街头而受到性侵就减轻强奸犯的刑事责任。所以，即使被害人对其法益未尽保护上的注意，并不会因此减轻加害的第三人的刑事责任。

其实，在客观归责理论看来，允许的危险是指行为创设了法律上并不重要的危险，主要包括公共交通（航空、铁路、航运）、工业生产、有风险的体育竞技、医生的合法医疗措施等。这些活动本身具有较大的危险，但为了公共福利的主要利益，法律例外地将这些高危活动视为没有危险。②所以，允许的风险中的活动，往往是对公共福利有重要意义的社会存在和

---

① 车浩：《过失犯中的被害人同意与被害人自陷风险》，载《政治与法律》2014 年第 5 期，第 33 页。

② 参见 Roxin. Strafrecht Algemeiner Teil. Band Ⅰ, Verlag C. H. Beck, 2005, §11, Rn. 60.

刑法上的危险责任

发展不可或缺的事业。但在被害人自陷风险的大部分情形中，诸如非法赛车、醉酒驾驶、与艾滋病患者性交等，根本谈不上公共福利，更非社会发展不可缺少的事业。因此，将允许风险作为被害人自陷风险的构成要件根据是牵强的。

2. 缺乏正犯行为？

（1）共犯理论的错误运用。

另一种流行的看法是，在被害人自陷危险的场合，可套用共犯的从属性理论，如果缺乏正犯的行为，因而结果不可归责于参与的他人。如国内有权威学者认为，这时关键在于观察是被害人还是行为人实施正犯的行为，如果是前者，则由于被害人不可能实施构成要件的行为，因而行为人的行为作为从属行为，也不可罚。据此，在自危的场合，被害人支配实害结果发生的行为不符合任何犯罪的构成要件，故参与者（被告人）的行为不可能成立犯罪。在基于合意的他者危险化的场合，被告人支配实害结果发生的行为，符合过失犯的构成要件且不具有违法阻却事由，原则上不排除犯罪的成立；但是，如果能够认定被害人对被告人实施强制行为，或者具有优越的知识，支配了因果发生进程，对实害结果的发生处于间接正犯的地位，则被告人的行为不成立犯罪。[①]类似地，有青年学者指出，在共动性的法益侵害之场合，如果被害人的行为能够评价为正犯性，而行为人的行为能够评价为共犯性的话，按照从属性原理，被害人自我侵害法益的行为不是不法行为，对法益侵害的结果由被害人自我答责。[②]

然而，套用共犯理论并不是正确的方向。因为，共犯从属性理论的适用前提是二人构成共同犯罪，但在被害人自陷风险的场合，被害人是无论如何都不构成犯罪的，充其量只有参与的他人构成犯罪。换言之，这时我们是在以共同犯罪的理论来解决单独犯罪的问题，本身是不妥当的。

进而，被害人自陷危险的场合参与的第三人往往缺乏故意，充其量成立过失。而在过失犯的通说理论中，人们往往适用扩张的正犯概念，即并不区分正犯和共犯，凡是违反注意义务的行为都可能成立正犯。这样，共犯的从属性理论对于大部分被害人自陷危险的情形，几乎没有什么适用的余地，因为所有参与的第三人的行为都可能是正犯，其可罚性并不从属于

---

① 参见张明楷《刑法学中危险接受的法理》，载《法学研究》2012 年第 5 期，第 172 页。

② 参见马卫军《被害人自我答责的理论根基探析》，载《刑事法评论》2013 年第 2 期，第 91 页。

被害人行为的可罚性。

但统一的正犯体系支持者会认为，对过失犯也应当像故意犯那样区分共犯与正犯，过失的共犯的可罚性从属于过失的正犯的可罚性。这势必导致承认过失间接正犯的概念，即如果被害人支配了因果发生进程，对实害结果的发生处于间接正犯的地位，则被告人的行为不成立犯罪。[①]然而，要成立间接正犯，就必须对构成要件的事实具有支配性的作用。要成立"支配"，必须从支配者的主观和客观两方面加以判断。换言之，支配者必须主观上对构成要件的实现起码有支配的意思，他是将他人作为工具来实现构成要件的，这说明，支配者对构成要件的事实必须是故意的。如果所谓的支配者主观上对构成要件是过失的，他是出于疏忽大意或者过于自信而导致了结果的实现，这根本谈不上对因果过程的支配，就不可能成立间接正犯。"只有在故意犯的情况下，才能想象一种'支配'的存在。在过失犯的情况下，行为人并不存在故意犯中那种主宰犯罪事件的目的和意图。因此，在过失犯中，所谓的'行为支配'根本无从谈起。"[②]其实，过失和支配，本身是相互矛盾的。过失本身就是对构成要件事实的过失，过失主体对这一事实是反对的，但事与愿违地发生了，这恰恰说明主体未能支配当时的情状。

（2）共同正犯的困境。

有时，到底是被告人还是被害人实施正犯行为，具有偶然性，这便会导致不合理的结论。如被告人甲和被害人乙是情侣，在山上采来野蘑菇，决定冒险煮汤进食，结果乙中毒死亡。如果甲和乙当时是各自进食的，则导致乙死亡的实行行为是乙自己实施的，由于被害人无法实施正犯行为，结果不能归责于甲；如果甲和乙很恩爱，二人是相互喂食的，则导致乙死亡的实行行为是被告甲实施的，结果应归责于甲；如果甲和乙很恩爱，二人是交杯进食的，则导致乙死亡的实行行为是乙自己实施的，结果又不能归责于甲。然而，这食物到底是被害人乙自己进食还是甲喂食，是非常偶然的，二人到底是相互喂食还是各自进食，甲所表现的不法与罪责也无本质区别。要根据这一偶然因素决定甲是否构成犯罪，显然不合情理。

如果危险行为是被害人和被告人共同实施的，即正犯行为是被告人和

① 参见张明楷《刑法学中危险接受的法理》，载《法学研究》2012年第5期，第189页。
② 江溯：《过失犯中被害人自陷风险的体系性位置》，载《北大法律评论》2013年第1期，第140页。

被害人共同实施的，这时结果归责于谁，也是难以解决的问题。如艾滋病案，导致被害人感染艾滋病的性行为是被告人和被害人共同实施的，二人应是共同正犯。但共犯从属性论者往往认为，这时应认为仅是被害人实施了正犯的行为，故结果不能归责于被告人，但理由却非常牵强。如张明楷教授认为，在艾滋病案中，"被告人并没有强行与被害人发生性关系，也没有隐瞒患艾滋病的事实，是否发生性关系进而是否感染艾滋病，完全由被害人支配，而不能认定被告人支配了实害结果的发生，应属于被害人实施的自我危险行为"①。问题是，被告人没有强迫被害人和被害人认识到危险，这本身是所有被害人危险接受案件的前提，如果根据这两点就足以认定是被害人实施了正犯行为，则所有危险接受的案件都是被害人自危的类型，自危和他危的区分就没有意义了。

张明楷进而认为，"如果被害人与被告人实质上共同支配了结果，则应归入自己危险化的参与。例如，甲、乙二人共骑一辆自行车下坡时，由甲握车把、乙踩脚踏往下冲，甲身受重伤。由于被害人不是被告人，因而不可能采取部分实行全部责任的原则。一旦不采取部分实行全部责任的原则，就不能将结果归属于被告人乙的行为，即不能认定被告人乙支配了结果的发生。既然如此，就只能认定为自己危险化的参与"②。但这个论证存在明显的问题。其一，自相矛盾，一方面运用共犯理论解决被害人危险接受问题，另一方面又认为这时不能适用"部分行为全部责任"这一共犯的基本原理。其二，循环论证，在张明楷的论文中，区分自危和他危就是为了判断结果能否归责于被告人，即区分自危与他危是判断结果归责的前提。但他这里根据"不能将结果归属于被告人"，进而认为该种情况属于自危。换言之，他是将结论作为前提的判断因素的。

这种将结果仅仅归责于被害人的理论还会带来难题。例如，甲、乙二人共骑一辆双人自行车下坡，结果甲、乙都摔成重伤，现在甲、乙都是被告人，也都是被害人，结果应当由谁负责呢？立足于甲、乙都是被害人的角度，甲、乙似乎都应当对损害结果负责；立足于甲、乙都是被告人的角度，二人似乎都无须对结果负责。两个答案是相互矛盾的。

但上述论者可能辩解，这时甲和乙都对自身的损害负责，对别人的损

---

① 张明楷：《刑法学中危险接受的法理》，载《法学研究》2012 年第 5 期，第 174 页。
② 张明楷：《刑法学中危险接受的法理》，载《法学研究》2012 年第 5 期，第 174 页。

害不负责。问题是，危险行为是二人共同实施的，造成损害结果是同一因果进程。根据上述理论，谁支配了这一因果进程，谁就是损害行为的正犯。那么，在甲和乙之间，谁支配了因果进程呢？这是难以回答的问题。如果说二人共同支配了因果进程，则二人都必须对对方的损害结果承担责任。这便意味着，尽管被害人接受了危险，而且参与了危险因果进程的支配，但这个因果进程仍然是不法的。这和危险接受理论的基础又是相悖的。

上述辩解还意味着，甲和乙都支配了因果进程，而且甲和乙共同支配着因果进程，甲和乙都不想损害结果发生，但损害结果最终还是发生了。连不想发生的结果都避免不了，我们还能说，甲和乙"支配"了因果进程吗？

（3）被害人风险认知的困境。

危险接受理论有一个共识，被害人对危险的认知程度不得低于被告人对危险的认知，否则结果应归责于被告人。但在这个看法会脱离危险接受理论的基础——被害人对危险的自愿接受，转而着眼于被害人与被告人之间的知识竞赛。危险接受理论的支点在于被害人对危险的自愿接受，即只要被害人认识到本人法益的危险并予以接受，他就应当对法益损害的结果自负其责，损害结果就不能归责于他人。但这一理论的具体展开中，又认为需要比较被害人与被告人对危险的优越认知，进而决定结果归责。例如，被害人和被告人将野外采摘回来的野蘑菇共同煮食，原则上被害人中毒的结果不能归责于被告人，因为被害人对危险有清楚的认知，这是被害人对危险的自我接受。但如果发现被告人是生物学的博士，其对危险的认知优于被害人，则结果应归责于被告人。但再后来，如果发现被告人其实是主攻动物学的，对蘑菇毒性一无所知，则结果不能归责于被告人，因为被害人对危险的认知优于被告人。这样，结果能否归责于被害人，和被害人对危险是否接受并无关系，而取决于被害人和被告人对危险认知的比较。但是，被害人对危险是否接受，是他个人的认知和意欲的问题，和被告人对危险的认知没有关系。如果必须比较被害人和被告人对危险的认知程度，这就使归责的问题沦为被害人和被告人之间的"看看谁更蠢"的知识竞赛，这便背离了被害人对危险的接受的本意。

同时，被害人对危险是否有认知，这也是一个模糊的问题。因为在有些情况下，被害人之所以展开或参与一场危险活动，恰恰认为凭借一定的主、客观条件，具体的危险是不存在的。如醉酒驾驶的被害人，他会认为以他的酒量、驾驶技术、对驾驶路线的熟悉程度，是不可能有危险的。这时，被害人对危险其实没有认知。但危险接受理论往往认为，被害人醉驾是对危险的接受，应当对因此发生的自我损害承担责任。这似乎意味着，这一理论其实并不以被害人是否对危险有具体的认知为前提。

当然，辩护者或许会认为，被害人对危险的认知确实不以具体的认知为前提，只要求被害人对危险有抽象的认知就足够了。即只要被害人认识到，从社会一般立场考虑，其行为存在发生损害的危险，即使被害人认为根据其具体情况没有危险，仍认为被害人认知到了危险。这意味着，主体对危险认知的阈度是很广阔的，从抽象危险到具体危险都有可能。这样，可能会将对危险的轻微认知也纳入被害人对危险的接受，从而造成不合理的结论。

因为，危险是构成要件实现的可能性，这种可能性有程度高低之分。有些对低度危险的认知，其实近似于对危险没有认知。如果将所有危险的认知都纳入被害人接受的范围，这将无限扩大危险接受理论的适用范围。

例如，男被害人和一女性发生性行为，因而感染了艾滋病。发生性行为之时，他认识到以下不同的情况：①女方当时确诊有艾滋病，性行为未使用安全套。②女方HIV（艾滋病病毒）初检阳性，但尚未确诊，性行为未使用安全套。③女方是性服务者，而且有吸毒史，性行为未使用安全套。④女方有吸毒史，性行为未使用安全套。⑤女方有性滥交史，性行为未使用安全套。⑥女方曾经有多个男朋友，性行为未使用安全套。⑦女方曾经有多个男朋友，性行为使用了安全套。⑧女方曾经有一任男朋友，性行为使用了安全套。

从①到⑧，被害人感染艾滋病的危险性渐次由高到低。如果被害人认识到①和②，认为被害人具有对危险的接受，或者是妥当的。但对情况⑧，虽然理论上被害人也有感染艾滋病的可能性，但若因此认为被害人有对危险的自愿接受，从而让被害人对感染的结果负责，则属于不近情理。从医学上来说，只要和感染情况不明的陌生人发生性关系，即使采取了保护措施，都有感染疾病的可能性。显然不能将所有有理论上的感染可能性的情形，都视为对危险的自愿接受。进而，如果情况⑧不属于危险的接受，那么情况⑦呢，情况⑥呢？这意味着，危险接受理论必须在危险程度的高低中划出一条分界线，用以区分对何种程度危险的认知才属于对危险的接受，对何种程度危险的认知才属于对非危险的接受。这势必是一个模糊的标准，将违背罪刑法定原则所要求的明确性。

3. 与中国制定法的矛盾性

被害人危险接受的法理与我国的实定法也存在矛盾之处。从实定法的立场看，我国法理禁止对病人实施安乐死，既然对他人实施安乐死是不法的，参与他人的自冒风险的行为也是不法的。因为，安乐死中被害人对自身法益的放弃意志比危险接受场合更明确、更坚定。在安乐死的场合，被害人（病人）是明确追求自己的死亡；而在被害人接受危险的场合，被害人接受的是死亡的危险，对死亡本身是反对的。危险接受理论的基础，是被害人自决的自由。如果说在安乐死的场合被害人对自身生命是明确的自我决定，那么在危险接受的场合被害人对自身生命与安全只是一种暧昧的自我决定。既然在明确的自我决定抛弃生命时，刑法尚且加以禁止，在暧昧自我决定时，举重明轻，更应该加以禁止。可以说，从我国禁止安乐死的实定法立场，可以推断，立法者同样禁止被害人的危险接受。

反驳的意见或会认为，既然被害人接受危险是不法的，为什么接受危险的被害人（在尚未死亡的情况下）不受处罚？这是因为，被害人已经遭受到了危险和损害，这本身便是被害人对其不法行为最直接、最根本的自我负责形态。刑法以构成要件将某种行为类型化，就为了对该种行为发动刑罚，但发动刑罚的前提，是该类型的行为值得以刑罚来报应。刑罚只能报应于那些对他人造成损害的行为，而不能报应于对自己造成损害的行为。因为，刑罚的报应机能源自被害人，它是国家代表被害人就他人造成的损害而报应，被害人不可能要求刑罚对自己加以报应。另外，被害人自我损害的行为，在自我损害当中已对自己的行为承担了报应，这时，刑罚对被害人无另行施加报应的需要。甲坐上了喝醉了的乙的汽车，后来发生了车祸而重伤。甲无须就自己受到的伤害遭受刑罚，因为甲已经对自己的不法行为承担了责任——遭受重伤。简而言之，被害人的自我损害已经抵偿了报应的要求，因而原则上刑法不会把被害人作为处罚的对象。但是，参与危险接受的他人则不同，因为被害人遭受的危险与损害并不能抵偿对他的行为的报应要求。

如果承认被害人的危险接受，就不能解释刑法为什么要设立毒品犯罪。毒品犯罪的不法性最终在于，毒品会给吸毒罪的身体带来损害，但吸毒者往往是清楚毒品带来的危险和损害的，换言之，毒品犯罪都是被害人

刑法上的危险责任

危险接受的适例。刑法禁止毒品犯罪，恰恰就是表明，立法者不相信被害人接受危险可以阻却他人参与行为的可罚性。但有学者认为，被害人危险接受法理仅仅适用于被害人处理自身法益的场合，毒品犯罪等侵害的公共法益，不适用这一理论。①这种辩解是牵强的。尽管我们可以说，毒品犯罪侵害的法益是公共法益——国家的禁毒秩序，但归根到底，国家为什么要建立禁毒秩序呢？这仍然是因为，毒品犯罪会造成吸毒者身体的自我损害。因此，毒品犯罪的保护法益终究是个人法益，即每个国民的身体健康。毒品的制造、贩卖、运输、走私者，其行为都是对吸毒罪自我危险行为的帮助。既然刑法禁止这些行为，便意味着立法者反对被害人危险接受的法理。

如果承认被害人接受危险的权利，将导致斗殴和决斗的盛行。因为在斗殴和决斗中，参与者都是明知会带来身体伤害的危险而自愿接受的。这样，既然斗殴和决斗的参与者都自愿接受了危险，只要相互加害的行为不涉及第三人，这些行为都是参与者自决权利的表现，都属于允许的危险，国家不应予以干涉。显然，这些推论都是荒谬的。

进而，这一理论会导致无法处罚邪教犯罪。当邪教首领指使其成员或者其他人实施绝食、自残、自虐等行为，或者阻止病人进行正常治疗而致人死亡时，或者指使、胁迫其成员或者其他人实施自杀、自伤行为时，首领是不能被处罚的。因为，既然被害人自我接受危险是合法的，被害人故意的自残行为更是合法的。譬如，当邪教的教众为执行教主的命令而自焚时，这不过是他自决权利的表现，于是，邪教首领的教唆行为也是合法的。这与我国《刑法》第三百条（组织、利用会道门、邪教组织、利用迷信致人死亡罪）的规定不相符，也和最高人民法院的司法解释不相符。司法解释规定，"组织、策划、煽动、教唆、帮助邪教组织人员自杀、自残的，依照刑法第二百三十二条、第二百三十四条的规定，以故意杀人罪、故意伤害罪定罪处罚"，"邪教组织人员以自焚、自爆或者其他危险方法危害公共安全的，分别依照刑法第一百一十四条、第一百一十五条第一款以危险方法危害公共安全罪等规定定罪处罚"②。可见，最高人民法院

---

① 参见张明楷《刑法学中危险接受的法理》，载《法学研究》2012 年第 5 期；车浩《自我决定权与刑法家长主义》，载《中国法学》2012 年第 1 期。

② 《最高人民法院、最高人民检察院关于办理组织和利用邪教组织犯罪案件具体应用法律若干问题的解释（二）》，2001 年 6 月 10 日。

也认为，对于组织、策划、煽动、教唆、帮助他人自我伤害的行为均应加以处罚。

四、方法论上的检讨

被害人危险接受理论的重要基础之一，是被害人教义学。这一理论自称提出了一项重要的方法论革新：实现了刑法中心观的变化，从犯罪人的单极思维向犯罪人—被害人的双向思维转变。[1]在这一理论看来，传统的刑法学仅执着于根据犯罪人的主客观情状确定其刑事责任，而对被害人一端的情况则完全忽略。被害人教义学则实现了归责视野上的扩张，强调同时应从被害人一端考察犯罪人的责任。如果被害人对保护自身法益具备完整的能力，刑法便基于谦抑原则（最后手段性原则）对其法益不加保护。[2]若被害人基于故意或者草率而导致法益受损，即使行为人的行为与损害结果之间有因果关系，仍应排除结果的归责。

但被害人教义学真的实现了方法论上的革新与视野的扩张吗？在我看来，恰恰相反。

一方面，传统刑法教义学并非如他们所想象的那样，仅仅着眼于行为人一端而忽略了被害人。无疑，传统的犯罪构成理论是以行为人的行为之描述与评价为全部内容的。但是，要描述和评价行为人的行为，是不可能将行为与行为人所在的周遭世界隔离的。任何行为要进入犯罪构成评价的视野，不可能是一个孤立的存在，它总是与周遭世界发生互动和矛盾，被社会共同体所感知和评价，才可能成为犯罪构成评价的对象。因此，这个描述和评价的过程，必然要围绕与行为或行为人发生关联的法益、对象、工具、同伙、被害人、第三人而展开。如要描述故意毁坏财物罪，必然要涉及被毁坏的财物；要描述故意杀人罪，就必然要涉及被杀害的被害人。因此，犯罪构成从来都不是作为单独个体来勾画的，它总是要被置于生活世界如蛛网般绵密的繁复关系之中而得以显现。它不可能是单极的，必然是多极关系的汇聚，而被害人往往是这种多极关系的一端。

---

① 参见申柳华《德国刑法被害人信条学研究》，中国人民公安大学出版社 2011 年版，第 2 页。

② 参见申柳华《德国刑法被害人信条学研究》，中国人民公安大学出版社 2011 年版，第 2 页。

反驳的观点或许会认为，尽管传统刑法学和被害人教义学都会从被害人的一端来描述犯罪行为，但只有后者才强调被害人的责任对行为人责任的影响。其实，传统刑法理论同样重视被害人的责任。如在正当防卫制度中，基于被害人惹起的不法加害，可以排除行为人的刑事责任。在激情犯罪原理中，因受被害人错误行为的挑衅，在极度愤怒、恐惧的状态下而致其受伤、死亡，同样可以排除或者减轻行为人的责任。这些都是传统学理重视被害人责任的结果。

另外，被害人教义学过分强调被害人的责任，认为可以通过考察被害人对法益的自我保护能力，从而单方面排除行为人的责任，这恰是观察视角上的偏狭。因为，这种理论的基础就是传统因果关系理论中的回溯禁止，即既然被害人对损害承担了责任，找到责任承担者了，则损害不能越过被害人而归责到行为人身上。这样，对行为人的责任并非考察行为人是否遵守了规范的要求，而是完全脱离了行为人的情况，孤立地考察被害人一端的表现。其实，犯罪构成的评价归根到底是要去确定行为人的责任，这就必须紧密围绕行为人是否遵守规范的要求而展开。这里，规范的要求和行为人的态度才是至关重要的。即使对犯罪行为的评价必须立足于它与生活世界的多元关系，其最终的落脚点仍须放在行为人身上，即行为人是否、能否在行为当时的主客观情状中遵守规范的要求。刑事责任的判断归根到底是行为人的责任，这就必须始终以行为人为中心，考察行为人对规范要求的态度。如果脱离行为人的态度，孤立、片面地考虑被害人的情况，进而认为这种情况可以决定行为人的刑事责任，这在思路上就是离题万里。

那么能否认为，既然当时被害人有能力保护法益，刑法从谦抑原则出发，可以对法益不予保护呢？[1]这种看法值得商榷。

因为，刑法的谦抑原则是指国家能够用其他社会政策的手段时，就尽量不使用刑法的手段。"法益保护并不会仅仅通过刑法得到实现，而必须通过全部法律制度的手段才能发挥作用。在全部手段中，刑法甚至只是最后才应当考虑的保护措施，即只有在解决社会问题的其他措施（如民事诉讼、警察或工商管理规定，非刑事处罚等）不起作用时，刑法才允许被使

---

① 参见申柳华《德国刑法被害人信条学研究》，中国人民公安大学出版社 2011 年版，第 2 页。

用。刑罚因而被称为'社会政策的最后手段'，其任务被定义为'法益保护的辅助'。"①必须注意，这里优先于刑罚而采用的手段是国家可以采取的社会政策，而非被害人能够采取的措施。因而不能说，被害人能够采取措施保护法益时，刑法就不能发动。事实上，即使被害人本来就能够有效保护法益，发动刑罚仍然是正常的现象。例如，如果被害人因忘记锁自行车而被盗，这并不影响法院对小偷判处刑罚。因为，就算被害人因草率而没有尽力去保护法益，这并不意味着规范对他人的禁止侵犯法益的命令会有所改变。规范保护法益是因为这个利益具有价值，但这个价值是独立的，不会因其权利人对法益的疏忽而贬值。譬如，人的生命是值得保护的，这不会因为这个人闯了马路上的红灯而遭贬值。换言之，一个闯红灯者的生命仍然是受规范所保护的。

其实，正因为权利人错误涉险行为是社会生活的常见现象，规范在规制人们的行为时，为更周全地保护法益，常常要考虑这些情形。因为，任何人不可能永远保持对自身法益的谨慎，冒险、犯错是人的本性。试想，哪个行人不曾闯过红灯？哪个驾驶员不曾领过交警的罚单？哪个厨师不曾切伤过自己的手指？爬树、游野泳、翻山越岭探险，不正是很多人年轻时的经历吗？谁不曾忘记过给自家门上锁？哪个用电脑的不曾因误点不法网站或误用来历不明的软件而中毒呢？草率而令法益涉险是人们的常见错误，尽管是法秩序所反对的，但法律不会因此而放弃对涉险者的保护。法律对法益的保护，并不以法益享有人从不犯错为前提，法律不可能期待人通过自我保护能力就完全避免自我伤害。既然我国法律禁止安乐死，这意味着，在被害人故意要杀死自己的场合，法律仍然要保护被害人；在被害人不想杀死自己但只是草率冒险的场合，法律更加要保护被害人。

法律甚至会预先考虑法益享有人可能犯错的情形，在规范指引上做一定的预防措施。这些预防措施通过规制他人的行为，减少权利人犯错涉险的机会，或者为错误涉险行为制造障碍，从而降低法益受损的风险。譬如，广告法禁止烟草商卖广告，其实就是减少人们受广告诱惑而吸烟的机会，从而避免因吸烟而带来的身体伤害。禁毒法禁止生产、销售毒品，禁止引诱他人吸食毒品，其理由之一也是担心人们基于猎奇或受诱惑心理驱使而尝试毒品，或者减少人们接触毒品的机会。法律限制药房出售处方

① Roxin. Strafrecht Allgemeiner Teil. Band Ⅰ, Verlag C. H. Beck, 2005, §1, Rn. 38.

刑法上的危险责任

药，也正是担心购买者在缺乏医生指引下滥用药物造成身体伤害。尽管在这些例子中，那些潜在的被害人对相关危险都属于自愿接受，他们都能够有效地保护自己，但现行法律仍要采取各种措施，赋予第三人特定的义务，遏制冒险行为的发生。所以，就我国法律之实然立场而言，并不会因为被害人能够自我保护就放弃对法益的保护。

当然，即使传统的刑法学理也会认为，被害人的表现有时可能影响行为人的责任。但这里的逻辑理路在于：被害人的表现危及了规范对其他法益的保护（如正当防卫），或者损害了行为人对规范的遵守能力（如激情犯罪），因而排除或减轻行为人的责任。传统学理考虑行为人是否遵守了保护法益（被害人）的规范的要求，恰恰兼顾了行为人与被害人两端，这才是全面的评价视角和方法。相反，脱离了对行为人的考察，只看被害人对自身损害的发生是否有过错，并非方法论上的进步，而只不过是舍本逐末地误入歧途。

第四节　基于合理信赖的归责排除

危险业务活动是复杂的社会分工，行为人与被害人之间存在着风险分担的结构。不能认为只要行为人惹起了被害人的损害，就必然要对结果负责。这里风险的分配基准是业务协作人之间的对他人避免损害的合理信赖。因此，尽管被害人危险接受的理论不尽合理，但并不代表它的结论全部是错误的，这一理论并非一无是处。它提出了一个有意义的问题，如果被害人自愿接受某项危险，这有可能影响行为人对损害结果的责任。即在被害人接受危险的场合，在部分情况下被告人确实无需对被害人的损害承担责任。不过，排除归责的理由并非单纯地是被害人对危险的接受，而在于被告人主观方面——基于信赖原则（Vertrauensgrundsatz）而排除主观罪过。

一、危险接受中的合理信赖

1. 信赖原则的引入

危险接受理论认为，即使被害人接受了危险，但如果行为人对危险的认知程度高于被害人，则不能排除结果的归责。尽管这一理论的内在逻辑多有谬误，这个结论可能是正确的。但这恰恰说明，在考虑结果能否归责于行为人的时候，被害人是否接受危险并不是最重要的，重要的是行为人的主观能力。如果行为人与被害人对危险的认知程度一致，但被害人对自身控制危险的能力的认知总是优于行为人，这时，行为人或可合理地相信，由于被害人是基于自身的保护能力而自愿选择该种危险，因而他能够有效地保护自己。如果被害人对危险的认知明显低于行为人，并且行为人知道或应当知道这种优越性，行为人便不可能说，能够合理相信具有认知瑕疵的被害人能够控制危险。因此，如果说被害人对危险的接受可能影响行为人的责任，这种影响的根据在于行为人的主观——他能否合理地信赖被害人在当时的情况下有效保护自己。

要正确解决被害人危险接受的归责问题，就必须借鉴刑法上信赖原则的思想。但在传统上，信赖原则一般指行为人对他人遵守义务、实施合法行为的信赖。如 Jakobs 认为，信赖原则是指，尽管在经验上他人可能实施违法行为，但仍然可在一定范围内信赖他人实施合法行为的允许。他同时强调，这种信赖并非事实性的，而是规范性的，即并非对行为人的心理事件而言，而是一种对信赖的规范上的允许。①类似地，Kindhäuser 也认为，信赖原则就是对某一危险领域的参加者相互保持责任与谨慎的期待。这一原则意味着，基于行为人最初可以信赖的不会发生的情状（尤其是他人的举止），即使行为人实施的行为导致了结果发生，仍然因为他没有违反注意义务，不能将结果归责于行为人。②信赖原则的基础在于，社会要建立高效的分工体系，就必须降低每一个分工参与者的注意义务，每个人只对自己的管辖范围内的风险负责照看。否则，如果每个参与者都背负义务去监督那些可监管的风险，这势必降低社会协助的效率。③

信赖原则发端于交通领域，由司法判决为满足现代交通需要而发展起来。这本身是为了保证交通活动中的先行权。譬如，如果有先行权的司机还须考虑与那些本来应等待的车辆发生碰撞的可能性，那么先行权就会变成一纸空文。同时，所有车辆都必须为避免碰撞而战战兢兢地行驶，流畅的交通就不再可能。因而在交通事故的归责中，必须允许交通的参与者信

---

① 参见 Jakobs. Strafrecht Allgemeiner Teil. Walter de Druyter, 1991, S. 208 ~ 209.

② 参见 Kindhäuser. Strafrecht Allgemeiner Teil. Nomos, 2013, S. 278.

③ 参见 Jakobs. Strafrecht Allgemeiner Teil. Walter de Druyter, 1991, S. 210.

赖他人会合法地行动——除非有相反认识的具体根据。所以，在十字路口有先行权的人，无须考虑为避免与有等待义务的汽车相撞与减速，因为他能够信赖地认为，其他方向的车辆会遵守等待义务而避让。①同样，加油站的员工无须对其所加油的汽车的行驶适合性负责，即就算加油站员工明知该车有故障仍为其加油，汽车后来因故障而发生的事故，不可归责于该员工。②信赖原则另一重要领域，是数人共同实施允许的风险的活动。这时，每个风险参与者都可以合理地期许其他参与者能够有足够的谨慎。如在手术团队中，主治医师有权利相信，他的助手能够有秩序地完成他们各自的任务，如果某护士存在过失，而医师没有发现该过失，则他不必对损害结果承担责任。③

简而言之，信赖原则就是根据当时的情况，法律对行为人信赖他人实施合法行为的允许。问题是，法律允许行为人信赖被害人不实施或参与自我损害的活动吗？回答是肯定的。如前所述，由于生命权至上，任何被害人自我损害的行为——不管基于故意还是过失——都是侵犯法益的行为，都是不法行为。所以，任何公民对自己人身安全尽必要的谨慎和保护才是法秩序赞同的行为。既然任何公民可以信赖他人实施合法行为，当然可以信赖那些潜在的被害人实施对自身安全谨慎的行为。

对他人实施自我保存行为的信赖，符合现代社会的交往要求。现代社会的交往中，每个在交往关系中的他人一般都会被推定是自身利益的最优的判断者。当交往中某人明知一危险而自愿接受时，交往的另一方原则上可以推定他有能力避免危险的发生。每个人都具有一定的避免危险和损害的能力，但每个人的能力都不一样。对被害人而言，其他人未必能够知道他在当时的情境下避免危险的能力。最清楚了解自身能力的人，只可能是自愿涉险者本人。当一个不欲损害发生的主体明知有损害的危险而自愿投入该危险活动时，相关交往之他人一般即可相信，该主体有妥当处理危险的能力。换言之，当交往之他人介入法益主体自愿接受的风险活动时，他人往往能够合理地信赖法益主体能够避免损害的发生。如果损害结果真的发生，这个损害结果对于介入危险的他人来说，是不可预见的。所以，这时排除结果归责的根本原因并非被害人是否接受了危险，而是被告人是否

① 参见 Roxin. AT（Ⅰ），24-Rn. 21，22.

② 参见 Jakobs. Strafrecht Allgemeiner Teil. Walter de Druyter，1991，S. 209.

③ 参见 Kindhäuser. Strafrecht Allgemeiner Teil. Nomos，2013，S. 279.

能够合理地相信被害人基于自身的能力避免损害的发生。

这意味着，要成立对他人自我保护的信赖，首先要能够合理地相信他人对危险是自愿接受的。注意，这里是指行为人相信被害人接受危险，而不是损害的结果。如果行为人清楚认识到被害人要自我损害，如农民明知邻居向他索要的农药是用于自杀，这便不存在对他人自我保护的信赖，农民就必须对邻居自杀的结果承担责任。简而言之，行为人成立信赖的前提是，认识到被害人对危险——而非损害——的接受。

有人或许会认为，本文一方面认为不能因为被害人接受危险就放弃对法益的保护，另一方面又认为可基于行为人对被害人危险接受的认知而排除归责，是自相矛盾的。表面上看，似乎确是如此，前一方面否认了基于被害人自我保护的信赖，而后一方面又奠基于这一信赖。其实二者是并行不悖的。因为，前一方面否认的是国家对被害人自我保护能力的信赖，其讨论的对象是国家对法益的保护义务，后一方面肯定的是他人对被害人自我保护能力的信赖，其讨论的对象是一般国民对法益的注意义务。显然，就保护法益的能力和义务程度而言，国家总是较一般国民要高。国民必须对国家缴纳税收，国家必须对国民予以保障和保护，这是一般国民之间没有的关系。因此，我们对其他国民的养老和医疗并无保障、扶助义务，对遇险的旅游者并无救援的义务，但国家在一定条件下必须承担相关的责任。换言之，对于同一法益，一般国民可能没有保护法益的义务，但国家却无法豁免这一职责。在被害人自愿冒险的情况下，交往的他人可能被豁免对被害人安全的注意义务，但国家并不能，它需要全面遏制各种对国民有危险的他人的行为，从而防止国民受到伤害。因此，信赖原则只能豁免与被害人交往的其他国民，但无法豁免国家对被害人的保护职责。

2. 合理信赖与自愿性认知

行为人仅仅认识到被害人对危险的接受还是不够的，这种接受必须是"自愿"的接受。因此，行为人要以合理信赖作为抗辩理由，就必须证明，他认知到被害人接受该危险是自愿的，即行为人必须具有对被害人的自愿性认知。

但什么才是被害人对危险的"自愿"接受呢？如前所述，存在"诚挚要求说"和"排除罪责说"之对立。在笔者看来，排除罪责说是妥当的。因为，如果当时存在类似于排除罪责的情形，如年少、精神病或者缺乏期待可能性，意味着被害人对行为的选择是不自由的，就谈不上任何自愿的问题。如果不法行为人缺乏排除罪责的情形，意味着他具备了选择法益危险的自由，他是自愿地投身于危及法益的因果流程中的。同样，当被害人缺乏排除罪责事由地选择自我危险的活动时，便可推定他是自愿地选择了对危及自身法益的因果流程。诚挚要求说的谬误在于过分苛刻，甚至自相矛盾。在讨论自杀的自愿性的场合，适用诚挚要求说或者是可行的，因为自杀是被害人希望自身死亡，这种希望是否符合其真实意愿，可以通过是否具备"诚挚"来讨论，即需要讨论他对死亡是否具有诚挚性。但在被害人自我危险的场合，从来就不存在诚挚的可能。因为这时被害人只是接受危险，但对损害的发生是持反对的态度的。诚挚性要求被害人不可能被欺骗，这意味着，被害人对损害的发生是确切认知，不存在误解。而在危险接受的场合，被害人对当时的客观情形总是存在着某种错误认识，这种误解意味着被害人总是存在着"被蒙骗"（即使这种蒙骗不是行为人造成的），不可能具有真正的诚挚性。

另外，诚挚性意味着反对任何强迫，这是很难达到的状态。即使在被害人明确要自杀的场合，也很难说缺乏任何强迫。如绝症的病人要求安乐死，也是因为不堪疾病的折磨，这说明了是遭受疾病痛苦的强迫，该种情况下的求死是不得已，难以为之诚挚。危险接受的场合也是如此。被害人之所以接受某种自身安全的危险，也可能是为了服从某种道义上的强制要求。譬如，路人经不住落水孩子妈妈的哀求而跳入河中救孩子，他也许是受到了内心或现场舆论道德上的压力，但若因此否认路人对危险的接受自愿，是不合理的。

根据排除罪责说，当被害人基于类似于排除罪责能力的事由而涉入风险时，都不能认为具有接受危险的自愿性。这意味着，当被害人因未成年、精神病或缺乏期待可能性的事由而接受危险时，任何人都不能期待被害人是自愿涉险而具有自我保护的能力。尤其值得讨论的是被害人在缺乏期待可能性的场合。根据期待可能性的理论，若行为人是基于法令强制，或者基于对被害人或密切关系人重大法益安危的担忧而实施不法行为时，其行为因缺乏期待可能性而排除罪责。同样，在类似的场合，也能排除被害人对危险接受的自愿性。这包括：

其一，被害人基于法令的强制而接受危险。如果被害人参与危险是因为法令上的义务，不履行义务便会受到制裁，这种对危险的参与便不可谓之自愿。典型的情形便是具有法定职责的救援者的危险接受。例如，消防员殉职于行为人造成的火灾之中，尽管消防员是明知危险而进入火场的，但这是他的职责义务。在法定作为义务的范围内，"营救者只能冒着有损自身法益的危险施行救援行为，而没有进行自我抉择的余地。倘若营救者不履行救助义务，则不仅将面临相应的纪律处分，甚至还可能会因为构成不作为犯罪受到刑事处罚。由于营救者在这种场合下被法规范强制进行救援活动，其并没有形式上自我决定的可能，因而也不能对之适用自我答责原则"①。如果消防员拒绝进入，便会受到法律上的处分，他对火场危险的接受是受到强制的，因而不具有自愿性。当行为人制造火灾时，他应当预见到消防员会基于法律职责的强制而承担危险，而且火灾的危险可能是他临场无法控制的。所以，行为人对消防队员的自我保护能力不具有合理信赖，应对其伤亡承担责任。

其二，被害人基于对本人重大法益保护而接受的危险。如果被害人为了避免某种重大的伤害而接受某种危险，同样缺乏自愿性。例如，被告人窃取被害人家财物之后，进入被害人卧室，捆住被害人双手实施了强奸行为，被告人离开后，被捆住双手的被害人到阳台上呼救，失足坠楼身亡。②有同仁认为，这时应当由被害人对死亡的结果自我负责，排除被告人对该结果的责任。因为，"作为成人，对自己可能失去平衡而失足坠楼应该有认识的可能性，但是却做出了危险的呼救行为，最终发生了法益侵害结果，应当认为被害人基于任意，创设了任意、行为与结果的统一体，因此，初步的结论是应当由被害人对自己失足坠楼而死答责"③。但这个论证不值得支持。即使立足于被害人自我答责的立场，这时被害人也对危险缺乏自愿接受，对结果不具有答责性。因为，被害人是在被入室强暴、捆绑，她也无从判断被告人是否只是暂时离开现场，如果不立即脱离现场，极可能遭遇更大的损害。因此，被害人在被捆绑的情况下冒着失去平衡坠楼的危险而到阳台求救，并非她自愿接受的风险。套用期待可能性理论的话语便是：在该种情况下，无法期待被害人对自身安危采取合理、谨慎的行为。因此，被告人对被害人为逃脱禁锢而避免进一步的损害不具有合理

① 王刚：《营救者的损害与自我答责原则》，载《法学研究》2010 年第 3 期，第 30 页。
② 参见国家法官学院、中国人民大学法学院《中国审判案例要览（2007 年刑事审判案例卷）》，人民法院出版社、中国人民大学出版社 2008 年版，第 30～32 页。
③ 马卫军：《被害人自我答责的成立条件》，见《刑事法评论》2012 年第 2 期，中国政法大学出版社 2012 年版，第 432 页。

信赖，被害人的死亡当然应归责于被告人。

其三，为密切关系人的重大安全而接受危险。为了密切关系人的安危而实施不法行为，也属于缺乏期待可能性的情形。若行为人认识或应当认识到被害人会为了密切关系人的安全而自陷危险，便不可能信赖被害人能够合理保护自己。如在前述的"救援者案"① 中，被害人为了救火灾中的弟弟而跳入火场，最后因吸入过多浓烟而死。但作为普通人而言，"都会为了抢救财产或亲人而冒着严重的风险且无法认真地对待这些风险"②。"从道德意义我们可以说被害人是自愿的，但在法律意义上，这并不是自愿，被害人是不得已而冒险展开救援的。"③所以，当被告人制造火灾时，应当预见到房屋的主人有可能为了救屋内的至亲而不得已涉险，起码对被害人的死亡存在过失责任。

此外，信赖被害人自愿接受的危险，不能是日常的或者允许的风险，而必须是危险程度高于前者的特异的风险。如果被害人仅仅接受了一种日常或允许的风险，行为人就不能信赖被害人能够合理地自我保护。所谓特异的危险，是指一般理性、谨慎的国民面对该种危险时都会慎重考虑是否行动的危险。当一个国民接受一项日常或允许的危险时，他根本就没有做好准备应对和避免损害，因而不存在对他合理地自我保护的信赖。如去海滨泳场游泳，尽管在海里游泳也有一定的危险，但这种危险只是日常危险，泳客往往不会真正认为会在海中遭遇不测。如果海滩救生员因忘记标示鲨鱼出没标志而导致泳客被鲨鱼袭击，救生员就不能主张可以合理信赖泳客自我保护的能力，因为鲨鱼出没是一种特异的危险，而泳客恰恰没有认识到该种危险。又如，被害人深夜向被告人借车下山去看望病危的父亲，被告人借车时忘记告诉被害人刹车不灵敏的故障，导致被害人驾车摔下山崖。虽然被害人深夜在山路驾车本身有危险，但这是法律允许的风险，他没有认识到危险的特异性，被告人不可能声称对被害人具有自我保护的能力具有合理信赖。

3. 与被害人无关的注意义务

如果行为人认识到被害人接受危险了，就可能通过信赖原则排除结果责任，这意味着，对被害人自我保护的信赖排除了行为人对损害结果的注

---

① BGHSt, 29, 322.

② Schünemann. über die objective Zurechnung. GA, 1999（5）.

③ Puppe. Strafrecht Allgemeiner Teil：im Spiegel der Rechtsprechung. Nomos, 2011, S. 86.

意义务。但一种较流行的看法认为，注意义务是行为人承担的义务，不以被害人的情状为转移。"这种主张注意义务可以因为被害人自己陷入危险的行为而相对化的观点，显然错误地理解了过失犯以客观注意义务的违反作为行为不法的意义——注意义务的存在是为了从事前控制行为人对于外部世界之支配的正确性，它不会因为被害人的行为而有所改变。"①也就是说，"行为人的注意义务是刑法对行为人事前的要求，并不能因为被害人对风险的认可而排除"②。

　　但这种看法值得商榷。法律加于国民的注意义务，并非一成不变，它总是与具体行为人当时对风险的认知和控制能力相关联。行为人对风险的认知能力，往往与行为人当时所处环境的各种情状相关，这些情状当然包括被害人的情况。行为人对这些情况认识得越具体，规范分配给行为人保护法益的义务就可能越多。因为，规范总是以保护法益为目的的，而要实现这一目的，规范就不可能只发布抽象的一般化命令，它必须具体化，即指引国民根据对具体境遇的认识而做出正确的行动。例如，脱离了司机对自身生理和汽车状况的认识，规范就无从提出任何允许或禁止驾驶的指引。行为人对法益危险的认识能力越强，他回避损害的能力就越强，规范赋予他的义务当然就越多；相反，行为人的法益认识能力越弱，规范赋予他的义务自然相应减少。在这个意义上，规范对公民保护法益义务的分担总是遵循"能力越大，责任越大"的原则。在案件当中，行为人对法益危险的认识不可能一成不变，这种认知总会随着他对危险活动参与的深入而不断提升，这时规范对行为人赋予的义务也会不断增加。这就好比货运司机，他在承运一般货物时的注意义务，和他在承运过程中发现货物其实是易燃物品后的注意义务，肯定是不一样的。如果规范的注意命令是事前分配而不能改变的，它必然罔顾行为人对法益认知和控制能力的差异，这种命令只可能成为摆设，不可能真正地敦促国民因地因时制宜采取有效行动，去切实地保护法益。

　　总之，行为人的注意义务并非抽象、刚性的事前要求，而是根据行为人对风险的认知和控制能力而随时变动的灵活命令。这意味着，随着行为

　　① 周漾沂：《被害人自陷风险对于行为人不法之作用》（硕士学位论文），台湾大学法律学研究所 2005 年，第 71 页。
　　② 江溯：《过失犯中被害人自陷风险的体系性位置》，载《北大法律评论》2013 年第 1 期，第 118 页。

人对被害人具体情况的认知，其注意义务也会有所变化。一般而言，被害人作为法益的承担者总是最能评估自身控制风险能力的人，当他明确表示自愿地接受某项危险活动时，人们原则上可以信赖他能有效实施自我保护的行为。这时，行为人的注意义务变化因被害人的表示而降低。据此，当被害人向邻居提出要借用他家的游泳池时，如果被害人自信满满地告诉邻居"我会游泳"，邻居自然可以信赖被害人能够安全地使用游泳池，他对被害人的遇溺当然不负注意义务。相反，如果被害人当时明确地表示他不会游泳或者满身酒气时，邻居作为游泳池的所有人便负有确保被害人在泳池安全的义务。若被害人因此遇溺，邻居便需要对此承担责任。因此，行为人的注意义务，不可能如上述论者想象的那样，是一种脱离案件具体境遇的事前的抽象规定，规范的命令总是与行为人对案件具体情况的认知密切相关的，这种认知当然包括对被害人自愿接受危险的认知。

二、排除合理信赖的事由

但是，即使认识到被害人自愿地接受了特异的危险，也未必能绝对成立合理信赖，从而排除行为人对法益的注意义务。因为被害人也可能发生"过于自信"的情形。因而在特定情况下，基于规范和经验的判断，行为人仍可以明显地认识到被害人无法合理地避免损害，这时仍应排除信赖原则的适用。这包括以下几方面。

1. 基于法规范的禁止

如果法规范明文禁止某种行为，就是为了防止对被害人造成损害，即使被害人自愿接受这种风险，仍不能排除结果的归责。因为立法者已经通过这种禁止告诉国民，不相信被害人可以在危险中实现有效的自我保护。换言之，行为人完全可以通过法规范的禁止清楚地预见到，被害人会在危险中发生法律欲避免的损害，无论被害人是否自愿接受危险。如前述的"海洛因案"，被告向尚未药物成瘾的被害人提供海洛因，被害人购买该海洛因后最终因吸入过量而死亡。① 德国联邦法院的无罪判决是值得商榷的。虽然未成瘾的被害人购买、吸食毒品是自愿接受危险，但法律之所以禁止毒品买卖，就是要防止毒品对身体造成伤害，这是不以被害人当时是否成

---

① 参见 BGH, NStZ, 2001, S. 205.

瘾、是否自愿接受危险为前提的。任何有刑事责任能力的国民都可以预见到吸食毒品之后造成的身体伤害（包括死亡），人们无法从吸毒者的自愿性中看到他具有避免毒品损害的能力。因此，这时对被害人自我保护的合理信赖是不存在的，行为人对死亡的结果起码具有过失。同样，行为人在喝醉的情况下开车送同伴回家，或者要求喝醉的同伴开车送自己回家，因而发生交通事故致同伴死亡的，都应当对同伴的死亡承担责任。因为，法律禁止醉酒驾驶，就是为了防止醉驾导致的人身、财产损害，这同样不以被害人是否自愿接受醉驾的危险为前提的。被告人可以透过禁止醉驾的规定，清楚预见到由此造成的对司机、乘客、路人的伤害。当同伴死于醉驾事故时，这个结果当然发生在禁止规范的保护范围之内，当然可归责于行为人。

2. 基于生活交往规范的禁止

社会秩序的形成，除了依赖法规范，还需要大量不成文的生活交往规范。在不作为犯或者过失犯的构成中，人们也往往认为这些基于"生活条理"的交往规范同样构成注意义务或者作为义务的来源。在那些法规范虽然没有明文规制的场合，如果是在一个对法益有足够谨慎的公民根据社会交往规范都会拒绝的危险活动中，就不应存在对被害人自我保护能力的信赖。一种情况是，从社会经验出发，该危险活动必然要造成损害。如被害人自称能够喝下高浓度农药而不受损害，行为人为了让被害人验证该种能力而提供农药，不能依靠合理信赖而排除对被害人农药中毒的责任。

另一种情况是，危险活动虽未必造成损害，但从社会交往规范出发，任何对法益有基本尊重的公民都会拒绝的危险活动。如在"艾滋病案"中，行为人明知自己有艾滋病，即使其女友自愿接受没有安全措施的性行为，但任何对性伴侣的健康有基本尊重的公民，都不会在感染 HIV 病毒的情况下无保护地与其伴侣发生性关系。简而言之，HIV 病毒感染者性交时应当采取安全措施，这是生活交往规范的基本要求。违反这项要求时，行为人便无法信赖其性伴侣具有不被感染的能力。

又如"高压线案"中，行为人与被害人打赌高压线到底有没有电，前者以一把手电筒为赌注，后者为了验证高压线没有电而亲自去触摸电线，于是触电身亡。[①] 虽然被告并不确定电线一定有电，但高压电线是如此的

---

① 参见李培泽、朱启昌《刑事疑难案例研究》，重庆大学出版社 1993 年版，第 88 页。

危险，任何对他人生命有基本尊重的人，都不会惹起他人去触摸电线。因此，行为人无法从被害人对危险的自愿接受中信赖他能够避免损害，应当对被害人的死亡承担责任。

3. 基于行为人对危险的优越认知

如果行为人当时对危险的认知高于被害人，而且行为人知道这一点，则行为人无法从被害人自愿接受危险中信赖他能够避免损害。

如果被害人知道危险必然要转化为损害，自然谈不上对被害人自我保护的信赖。在毒蘑菇案中，作为植物学教授的行为人从山上采撷蘑菇给被害人吃，他明知该蘑菇确定是有毒蘑菇，最终导致被害人中毒死亡。虽然被害人明知蘑菇是野生的，可能有毒，但行为人在确定知道蘑菇有毒的情况下不可能信赖被害人食用后能够幸免，应当对被害人的死亡承担故意的责任。

另外，即使行为人不能肯定结果是否发生，但只要他对危险的认知比被害人高，即他认识到被害人对危险估计不足，自然不可能信赖被害人可避免损害的发生。例如，被害人因忘记带家门的钥匙而借用行为人家的阳台，打算从那里翻回自家的阳台，为确保安全他还向行为人借了一条绳索系在腰间作为安全带，行为人明知该绳索已经霉烂却未告知被害人，结果被害人因绳索断裂而从8楼高的阳台失足摔下死亡。尽管被害人自愿接受翻越阳台的危险，但他并不知道安全绳索已经霉烂，如果他知道绳索霉烂，可能会停止翻越阳台的行为。因此，行为人明知被害人对危险估计错误而未加提醒，不可能信赖被害人能够保护自己，应当对被害人的死亡承担责任。

4. 基于行为人对危险进程的优越支配

如果行为人对危险进程的控制程度比被害人更高，这时是否能确信损害不发生，应考虑行为人自身的能力，而非依赖被害人的自我保护能力。换言之，即使被害人对危险自愿接受，对因果进程掌控程度更高的行为人不能说可以信赖被害人避免结果。例如，被告人骑自行车，被害人在车后行李架上，二人从斜坡上不刹车冒险冲下来，结果摔倒使被害人重伤。在冲下斜坡的过程中，自行车始终掌握在行为人手中，被害人无法控制自行车的平衡，所以，行为人对危险进程的支配远高于被害人，自然不存在对被害人自我保护能力的信赖。故这时行为人应对被害人的伤害承担过失的责任。

但是，这里强调的是对危险进程的优越控制，而非对危险进程的控制。这是本文与 Luzón Peña 教授的危险支配说不同的地方。[①]在 Peña 那里，谁控制了危险谁就需要对结果承担责任。但如果行为人能够完全控制危险，只要他不希望危险发生，被害人的损害就不会发生了。因此，以危险的控制为归责根据是不现实的。这里讨论的只是危险进程支配程度的高低，是比较行为人和被害人对活动的控制程度高低的结论，而非对危险的控制。

5. 基于被害人特别的能力缺陷

如果行为人明知被害人存在明显的能力缺陷，在当时的场景下明显无法避免损害，便不可能主张信赖被害人具有自我保护的能力。如作为登山向导的行为人明知被害人从未受过登山训练且有心脏病，仍答应带被害人去攀登高海拔的雪峰，导致被害人因高原反应死在山上。由于被害人经验上和生理上的缺陷，行为人无法合理信赖他有能力避免攀登高海拔山峰时可能发生的伤害，他应当对被害人的死亡承担责任。又如，行为人在仓库发生大火时，明知双目失明的同事腿有残疾，仍为其打开仓库的大门让他进入火场抢救财物。从社会一般理性人的经验来看，行为人的生理缺陷已无法保证他能够在火场中脱险。这时，行为人应当对被害人的伤害承担责任。

三、诱使的被害人动机错误

最后还值得讨论的是，诱使被害人产生冒险的动机错误，是否足以排除合理信赖。这里的动机错误是指，被害人对其涉险行为将带来的利益产生误解的情形。本文认为，诱使被害人产生动机错误，原则上不会影响被害人对危险的估算和行为的自决。因为，被害人只是对涉险行为可能带来的收益产生误解，并非对行为的危险之评估产生误解。他仍然能够对自身处理危险、回避损害的能力做出正确分析，因而行为人仍可合理信赖被害人的自我保护能力。譬如，母亲为了让路人救落水的孩子，谎称可以给10万元奖励，事实上她根本拿不出这个钱。如果路人因抢救孩子而溺死，仍

---

① 参见 Luzón Peña. Alteritätsprinzip oder Identitätsprinzip vs. Selbstverantwortungsprinzip. GA, 2011, S. 308.

刑法上的危险责任

不应将其死亡归责于母亲。因为，母亲的谎言仅仅让路人对抢救行为可能获得的收益产生误解，但不影响被害人对危险的判断，这和母亲单纯哀求被害人下水救人是一样的。

另外，如果行为人制造的动机错误影响被害人接受风险时的自愿性，即行为人明知受骗的被害人并非真正自愿接受危险，当然应排除信赖的成立。如行为人谎称被害人的亲生儿子还睡在火场，导致被害人为救儿子而烧死在火场。这种错误动机产生了类似于期待可能性的错误，根据排除罪责说，被害人不具有对危险的自决权，这时也无法合理信赖被害人避免损害。

简而言之，诱使的动机错误原则上不影响结果归责的判断，除非该动机错误使被害人产生类似于缺乏期待可能性的情形，因而排除被害人接受风险的自主性。

总之，在危险活动损害中，事故结果的归责不能仅仅观察被害人是否自愿接受了危险，还需要考察行为人是否对被害人避免危险的能力足以合理信赖。如果存在该种信赖，则排除行为人对结果的责任；如果不存在合理信赖，则行为人仍需要对事故损害承担责任。

主要参考文献

一、著作类

[1] 高铭暄. 新编中国刑法学 [M]. 北京：中国人民大学出版社，1998.

[2] 张明楷. 刑法学 [M]. 5 版. 北京：法律出版社，2016.

[3] 高格. 刑法教程 [M]. 长春：吉林大学出版社，1987.

[4] 赵廷光. 中国刑法原理·分论卷 [M]. 武汉：武汉大学出版社，1992.

[5] 何秉松. 刑法教科书 [M]. 北京：中国法制出版社，2000.

[6] 赵秉志. 刑法新教程 [M]. 北京：中国人民大学出版社，2001.

[7] 高铭暄，马克昌. 刑法学 [M]. 6 版. 北京：高等教育出版社，2014.

[8] 鲍遂献，雷东生. 危害公共安全罪 [M]. 北京：中国人民公安大学出版社，2003.

[9] 周光权. 刑法各论 [M]. 2 版，北京：中国人民大学出版社，2011.

[10] 赵秉志. 刑法 [M]. 北京：高等教育出版社，2007.

[11] 王作富. 刑法 [M]. 6 版. 北京：中国人民大学出版社，2016.

[12] 赵秉志：刑法相邻相近罪名界定：上册 [M]. 长春：吉林人民出版社，2000.

[13] 林山田. 刑法特论：上册 [M]. 台北：台湾三民书局，1988.

[14] 徐凯. 抽象危险犯正当性问题研究——以德国法为视角 [M]. 北京：中国政法大学出版社，2014.

[15] 熊选国，任卫华. 刑法罪名适用指南——危害公共安全罪 [M]. 北京：中国人民公安大学出版社，2007.

[16] 赵炳寿. 刑法若干理论问题研究 [M]. 成都：四川大学出版社，2002.

[17] ［日］大塚仁. 刑法概说（总论）[M]. 冯军，译. 3 版. 北京：中国人民大学出版社，2003.

[18] ［日］大谷实. 刑法总论 [M]. 黎宏，译. 2 版. 北京：中国人民大

刑法上的危险责任

学出版社，2008．

［19］马克昌．比较刑法原理——外国刑法总论［M］．武汉：武汉大学出版社，2002．

［20］刘丁炳．监督管理过失犯罪研究［M］．北京：中国人民公安大学出版社，2009．

［21］［德］约翰内斯·韦塞尔斯．德国刑法总论［M］．李昌河，译．北京：法律出版社，2008．

［22］［德］冈特·施特拉腾韦特．刑法总论Ⅰ：犯罪论［M］．杨萌，译．5版．北京：法律出版社，2004．

［23］林亚刚．犯罪过失研究［M］．武汉：武汉大学出版社，2000．

［24］张明楷．刑法格言的展开［M］．北京：法律出版社，2003．

［25］林亚刚．犯罪过失研究［M］．武汉：武汉大学出版社，2000．

［26］张明楷．外国刑法纲要［M］．北京：清华大学出版社，2007．

［27］［日］西田典之．刑法总论［M］．刘明祥，王昭武，译．北京：中国人民大学出版社，2007．

［28］高铭暄，赵秉志．过失犯罪的基础理论［M］．北京：法律出版社，2002．

［29］［德］李斯特．德国刑法教科书［M］．［德］施密特，修订．徐久生，译．北京：法律出版社，2006．

［30］程皓．注意义务比较研究——以德日刑法理论和刑事判例为中心［M］．武汉：武汉大学出版社，2009．

［31］刘期湘．过失犯中的违反注意义务研究［M］．北京：经济科学出版社，2009．

［32］孟庆华．重大责任事故犯罪的认定与处理［M］．北京：人民法院出版社，2003．

［33］吴玉梅．德国刑法中的客观归责研究［M］．北京：中国人民公安大学出版社，2007．

［34］［德］克劳斯·罗克辛．德国刑法学（总论）：第1卷［M］．王世洲，译．3版．北京：法律出版社，2005．

［35］［日］野村稔．刑法总论［M］．全理其，何力，译．北京：法律出版社，2001．

［36］童德华．外国刑法原论［M］．北京：北京大学出版社，2005．

[37] ［德］乌尔斯·金德霍伊泽尔. 刑法总论教科书［M］. 蔡桂生，译.
北京：北京大学出版社，2015.

[38] 邱聪智. 民法研究（一）［M］. 增订版. 北京：中国人民大学出版
社，2002.

[39] 黄荣坚. 基础刑法学：上［M］. 北京：中国人民大学出版社，2009.

[40] 王建民. 流行病学［M］. 北京：人民卫生出版社，2008.

[41] 段广才. 流行病学与医学统计学［M］. 北京：人民卫生出版社，
2012.

[42] ［日］藤木英雄. 公害犯罪［M］. 丛选功，等译. 北京：中国政法大
学出版社，1992.

[43] 郭建安，张桂荣. 环境犯罪与环境刑法［M］. 北京：群众出版社，
2006.

[44] ［日］大塚仁. 犯罪论的基本问题［M］. 冯军，译. 北京：中国政法
大学出版社，1993.

[45] 汪劲. 日本环境法概论［M］. 武汉：武汉大学出版社，1994.

[46] 陈泉生，等. 环境法学基本理论［M］. 北京：中国环境科学出版
社，2004.

[47] 冷罗生. 日本公害诉讼理论与案例评析［M］. 北京：商务印书馆，
2005.

[48] ［日］藤木英雄. 公害犯罪［M］. 丛选功，等译. 北京：中国政法大
学出版社，1992.

[49] 谢勇. 宏微之际：犯罪研究的视界［M］. 北京：中国检察出版社，
2004.

[50] 郑昆山. 环境刑法之基础理论［M］. 台北：五南图书出版有限公
司，1998.

[51] 储槐植. 美国刑法［M］. 北京：北京大学出版社，2005.

[52] 卞建林. 刑事证明理论［M］. 北京：中国人民公安大学出版社，
2004.

[53] 黎宏. 刑法学［M］. 北京：法律出版社，2012.

[54] ［法］埃米尔·涂尔干. 社会分工论［M］. 渠东，译. 北京：生活·
读书·新知三联书店，2000.

[55] ［英］约翰·密尔. 论自由［M］. 许宝骙，译. 北京：商务印书馆，

[57] [英] 霍布斯. 利维坦 [M]. 黎思复，黎廷弼，译. 北京：商务印书 馆，1985.

[58] 申柳华. 德国刑法被害人信条学研究 [M]. 北京：中国人民公安大 学出版社，2011.

[59] [德] 柯武刚，史漫飞. 制度经济学 [M]. 北京：商务印书馆， 2000.

[60] 周友军. 交往安全义务理论研究 [M]. 北京：中国人民大学出版 社，2008.

[61] [德] 米夏埃尔，马丁内克. 德国民法典与中国对它的继受 [M] // 德国民法典. 陈卫佐，译注. 北京：法律出版社，2004.

二、论文类

[1] 劳东燕. 以危险方法危害公共安全罪的解释学研究 [J]. 政治与法 律，2013（3）.

[2] 曲新久. 论刑法中的"公共安全" [J]. 人民检察，2010（9）.

[3] 何洋. 试论刑法中"公共安全"的涵义 [J]. 河北法学，2012（3）.

[4] 张明楷. 论以危险方法危害公共安全罪——扩大适用的成因与限制适 用的规则 [J]. 国家检察官学院院报，2012（4）.

[5] 李川. 适格犯的特征与机能初探：兼论危险犯第三类型的发展谱系 [J]. 政法论坛，2014（5）.

[6] 陈洪兵. 准抽象危险犯概念之提倡 [J]. 法学研究，2015（5）.

[7] 高艳东. 谨慎判定"以危险方法危害公共安全罪的危险相当性"—— 兼析具体危险犯的可罚性标准 [J]. 中国刑事法杂志，2006（5）.

[8] 朱兴祥，张峰. 监督过失与重大责任事故犯罪 [J]. 人民检察，2009 （22）.

[9] 赵瑞罡，杨庆玖. 监督过失论 [J]. 政治与法律，2001（4）.

[10] 刘丁炳. 监督管理过失理论研究 [J]. 求索，2008（2）.

[11] 郝守才，任颜君. 论监管过失理论及其在我国刑法中的运用 [J].

中国刑事法杂志，2002（2）.

[12] 易益典. 论监督过失理论的刑法适用［J］. 华东政法大学学报，2010（1）.

[13] 李兰英，马文. 监督过失的提倡及其司法认定［J］. 中国刑事法杂志，2005（5）.

[14] 张亚平. 竞合过失下刑事责任的分配［J］. 刑事法杂志，2006（4）.

[15] 韩玉胜，沈玉忠. 监督过失论略［J］. 法学论坛，2007（1）.

[16] 刘艳红. 过失犯的构成要件构造及其适用［J］. 政治与法律，2003（1）.

[17] 杨建军. 我国法律监督体制与监督过失责任研究［J］. 刑法论丛，2011（2）.

[18] 李运平. 疫学因果关系在公害犯罪认定中的运用［J］. 理论界，2009（1）.

[19] 庄劲. 论传染病犯罪因果关系的认定——疫学因果关系理论的倡导［J］. 政法论丛，2003（6）.

[20] 邱聪智. 公害与刑事责任［J］. 台湾刑事法杂志，1972（5）.

[21] 陈伟. 疫学因果关系及其证明［J］. 法学研究，2015（4）.

[22] ［日］吉田克己. 疫学的因果关系和法的因果关系论［J］. 法学家，1969（440）.

[23] 赵新华. 日本水俣病诉讼概观［J］. 当代法学，1993（1）.

[24] 袁倩. 日本水俣病事件与环境抗争——基于政治机会结构理论的考察［J］. 日本问题研究，2016（1）.

[25] 陈兴良. 刑法因果关系研究［J］. 现代法学，1999（5）.

[26] 张明楷. 刑法学中危险接受的法理［J］. 法学研究，2012（5）.

[27] 江溯. 过失犯中被害人自陷风险的体系性位置［J］. 北大法律评论，2013（1）.

[28] 冯军. 刑法中的自我答责［J］. 中国法学，2012（3）.

[29] 马卫军. 被害人自我答责与过失犯［J］. 法学家，2013（4）.

[30] 车浩. 过失犯中的被害人同意与被害人自陷风险［J］. 政治与法律，2014（5）.

[31] 王骏. 论被害人的自陷风险［J］. 中国法学，2014（5）.

[32] 周漾沂. 风险承担作为阻却不法事由［J］. 中研院法学期刊，2014

(14).

[33] 车浩. 自我决定权与刑法家长主义 [J]. 中国法学, 2012 (1).

[34] 王刚. 营救者的损害与自我答责原则 [J]. 法学研究, 2010 (3).

三、外语文献

[1] Maximilian Lasson. Eigenverantwortliche Selbstgefährdung und einverständliche Fremdgefährdung [J]. ZJS, 2009 (4).

[2] Roxin. Der Streit um die einverständliche Fremdgefährdung [J]. GA, 2012.

[3] Anette Grünewald. Selbstgefährdung und einverständliche Fremdgefährdung [J]. GA, 2012.

[4] Puppe. Mitverantwortung des Fahrlässigkeitstäters bei Selbstgefährdung des Verletzten [J]. GA, 2009.

[5] Dölling, Dieter. Die Behandlung der Körperverletzung im Sport im System der strafrechtlichen Sozialkontrolle [J]. GA, 1984.

[6] Luzón Peña. Alteritätsprinzip oder Identitätsprinzip vs. Selbstverantwortungsprinzip [J]. GA, 2011.

[7] Schünemann. Über die objective Zurechnung [J]. GA, 1999.

[8] Herzberg. Rolf-Dietrich, Beteiligung an einer Selbsttätung oder tödlichen Selbstgefährdung als Tötungsdelikt [J]. JA, 1985.

[9] Neumann. Die Strafbarkeit der Suizidbeteiligung als Problem der Eigenverantwortlichkeit des "Opfers" [J]. JA, 1987.

[10] Otto, Harro. Selbstgefährdung und Fremdverantwortung [J]. Jura, 1984.

[11] Cancio Meliá. Opferverhalten und objektive Zurechnung [J]. ZStW, 1999.

[12] Schünemann. Moderne Tendenzen in der Dogmatik der Fahrlässigkeits- und Gefädrdungsdelikter [J]. JA, 1975.

[13] Murmann. Die Selbstverantwortung des Opfers im Strafrecht [M]. [S. 1.]: Springer, 2005.

[14] Puppe. Strafrecht Allgemeiner Teil: im Spiegel der Rechtsprechung

［M］. ［S. 1. ］. Nomos, 2011.

［15］ Bottke. Suizid und Strafrecht ［M］. ［S. 1. ］. Duncker & Humblot, 1982.

［16］ Kindhäuser. Strafrecht Allgemeiner Teil ［M］. ［S. 1. ］. Nomos, 2013.

［17］ Frisch. Das Fahrlässigkeitsdelikt und das Verhalten des Verletzten ［M］. ［S. 1. ］. Duncker und Humblot, 1973.

［18］ Roxin. Strafrecht Allgemeiner Teil, Band Ⅰ ［M］. ［S. 1. ］. Verlag C. H. Beck, 2005.

［19］ Roxin. Strafrecht Allgemeiner Teil, Band Ⅱ ［M］. ［S. 1. ］. Verlag C. H. Beck, 2003.

［20］ Hassemer. Schutzbedürftigkeit des Opfers und Strafrechtsdogmatik ［M］. ［S. 1. ］. Duncker & Humblot, 1981.

［21］ Maurach, Gössel, Zipf. Strafrecht Allgemeiner Teil, Band Ⅱ ［M］. ［S. 1. ］. C. F. Müller, Heidelberg, 1989.

［22］ Mezger. Strafrecht ［M］. ［S. 1. ］. 3. Aufl. Berlin, 1943.

［23］ Rudolphi, Horn, Samson. Systematischer Kommentar zum Strafgesetzbuch, Band Ⅱ ［M］. ［S. 1. ］. Luchterhand Verlag GmbH, 1993.

［24］ Sabine Tofahn. Strafrecht Allgemeiner Teil Ⅱ ［M］. ［S. 1. ］. 2. Aulg. , C. F. Müller, 2010.

［25］ Schmidhäuser. Strafrecht Allgemeiner Teil ［M］. ［S. 1. ］. Tübingen, 1975.

［26］ Schönke, Schröder, Stree. Strafgesetzbuch. Kommentar ［M］. ［S. 1. ］. Verlag C. H. Beck, München, 1997.

［27］ Stratenwerth, Kuhlen. Strafrecht Allgemeiner Teil Ⅰ ［M］. ［S. 1. ］. Carl Heymanns Verlag, 2004.

刑法上的危险责任